方法论 与其制度含义

姚中秋 主编

Methodology and its Institutional Implications

学术委员会：

张曙光　高全喜　韦　森　朱宪辰

黄春兴　余赴礼　罗卫东

ZHEJIANG UNIVERSITY PRESS
浙江大学出版社

图书在版编目（CIP）数据

方法论与其制度含义／姚中秋主编 . —杭州：
浙江大学出版社，2009.9
ISBN 978－7－308－07048－5

Ⅰ. 方⋯　Ⅱ. 姚⋯　Ⅲ. 奥地利学派－研究－
文集　Ⅳ. F091.343－53

中国版本图书馆 CIP 数据核字（2009）第 165014 号

方法论与其制度含义

姚中秋　主编

责任编辑	王志毅
文字编辑	楼伟珊
装帧设计	海云书装
出版发行	浙江大学出版社
	（杭州天目山路 148 号　邮政编码 310028）
	（网址：http://www.zjupress.com）
排　　版	北京京鲁创业科贸有限公司
印　　刷	杭州杭新印务有限公司
开　　本	640mm×960mm　1/16
印　　张	20.5
字　　数	266 千
版 印 次	2009 年 10 月第 1 版　2009 年 10 月第 1 次印刷
书　　号	ISBN 978－7－308－07048－5
定　　价	42.00 元

浙江大学出版社发行部邮购电话（0571）88925591

编辑说明

2008 年 8 月 22 至 23 日，华人哈耶克学会召开了第四届学术年会，主题为"中国 30 年改革的理论分析"。其中专门研究中国 30 年转型进程的论文，汇集为《中国转型的理论分析：奥地利学派的视角》一书出版；呈现在读者面前的这本书，则汇集了与会者提交的探究奥地利学派理论及相关主题的论文。

拿到这些论文，我感到非常喜悦，因为这些论文的作者大都是年轻学者，有多位是在读的博士生。他们或者是在导师影响下，或者自己探索，以奥地利学派作为自己的研究方向。在经济学主流范式拥有支配权的当今，这是需要知识与道德上的勇气的。但我相信，他们的选择将会得到丰厚的回报。

当我们于 8 月份召开会议的时候，中国经济已显现减速的明显迹象。两个月后，情势大变。中国经济、社会似乎完成了一个从复苏、繁荣再到衰退的周期，相应地，社会结构、人们的精神状态似乎也经历了一个周期。如此急剧的转向，对经济学及相关联的其他学科，构成了一项重大的知识挑战：这个周期的内在机理是什么？

奥地利学派在这方面或许可以作出独特的贡献。奥地利学派的商业周期理论，或许能够有效地解释本轮经济繁荣 — 衰退周期；奥地利学派关于市场规则 — 秩序的理论，或许有助于人们理解当下中国企业伦理、产业秩序乃至经济结构的扭曲；至于奥地利学派的法律与政治理论，似乎也有助于人们准确地把握中国制度转型的现状与趋势。

可以说，理解当代中国，奥地利学派可以提供诸多资源。奥地利学派特有的关注时间、关注经济社会活动主体之主观创造性、关注动态过程、关于规则与制度的学术取向，对于理解一个正在形成中的市场秩序、一个反复经历剧烈波动的经济体，应当具有特别的优势。

本书收录的论文在这方面作出了一些努力。这些论文主要讨论奥地利学派方法论问题和规则—秩序问题。这是奥地利学派研究的两大传统主题，而这两个主题之间存在着密切的联系。正是其独特的方法论，推动奥地利学派提出并发展一种独特的关于制度设计与制度演化的理论。

不过，我始终认为，奥地利学派如果要有发展，尤其是在处于转型过程中的中国，就必须更多地面对现实世界，解释现实，同时在解释的过程中细化、深化理论。正是当年的社会主义计算大论战，确立了现代奥地利学派的研究范式，而当下中国的转型过程，也为丰富奥地利学派理论提供了难得的机会。

以此与各位有志于发展奥地利学派、也渴望理解当下中国的同道共勉。

姚中秋

2008 年 11 月

目　录

论　文

译　介

随　笔

书　评

论文

奥地利学派方法论展望

梁　捷*

摘　要：新古典经济学方法论日益陷入困境，很多学者对未来的经济学方法论提出设想。本文就在此基础上比较了奥地利学派与新古典学派方法论的异同，提出三个可能对未来经济学的发展有益的研究进路，指出奥地利学派和新古典学派在这些新的研究进路上分别可能作出的贡献。同时，我们重点讨论了奥地利学派的发展趋势，揭示奥地利学派内部存在的张力，通过剖析市场过程理论试图勾勒出奥地利学派或者经济学未来可能的方法论范式。

关键词：奥地利学派；方法论；米塞斯；市场过程；资本理论

引言

主流经济学发展到今天，还是遭遇到了方法论层面的困境。迈尔·科恩在 2004 年的一篇论文中指出，当前主流经济学陷于由萨缪尔森、希克斯等开创的"价值范式"和由科斯、诺斯、布坎南等开创的"交换范式"之间，迷失了方向。许多新兴学科都包含了

* 梁捷，复旦大学经济学院（200433），E-mail：xiaogan2008@gmail.com。本文主要思想曾与郑娟讨论，也感谢韦森老师的精心指导。

富有洞见的思想，可是它们如果没有认清经济学在"价值范式"和"交换范式"之间的斗争，就无法明确进一步的发展方向。[1]

奥地利学派无疑包含了最丰富的方法论反思，有可能为未来经济学方法论的创新提供思想资源。总体来看，我们认为奥地利学派经济学方法论的基础是由米塞斯奠定，即人类行动理论；由科兹纳扩展而成，即市场过程理论；而哈耶克对价格、知识和市场过程的理解，也在整个奥地利学派的框架中起到重要作用。

但同时，奥地利学派的两种重要思想：主观主义和企业家精神（市场过程）理论之间存在着一定的矛盾。本文将主要讨论这几位思想家对奥地利学派经济学方法论的思考及其在当下的价值，一方面与新古典经济学的方法论进行对话，另一方面也指出奥地利学派经济学方法论的可能发展方向。

顺着科恩的思路，我们认为，以米塞斯为核心的奥地利学派经济学方法论至少在三个层面，能够对未来经济学的发展提供有益的参考借鉴。第一个层面，米塞斯的方法论可以用于阐释以经济周期为代表的经济层面经验事实，能够为经济史研究提供一种内在的叙事逻辑；第二个层面，米塞斯的方法论可以帮助我们加深对人在与社会互动中的行动的理解；第三个层面，米塞斯方法论还可以应用于制度研究，从而拓展新制度经济学的研究视野。[2]

在主观主义和企业家精神这两种不能相互兼容的理论之间，我们更偏向后一种理论进路，这也是科兹纳以及加里森（Roger Garrison）等奥地利学派经济学家主张的进路。我们要进一步发展奥地利学派经济学的话，还有两方面的工作有待完成。其一是继

---

[1] Meir Kohn，2004，"Value and Exchange"，*Cato Journal*，24 (3)。迈尔·科恩是一位以研究凯恩斯宏观经济学出名的资深学者。他这篇论文发表后，在奥地利学派内部引起极大的反响，《奥地利经济学评论》出了专刊，邀请很多学者，评述了这篇论文的观点。

[2] 国内几乎没有专门研究米塞斯的专著或权威论文。最近的较为全面综述米塞斯思想的英文著作是：Peter J. Boettke and Peter Leeson (eds.)，2006，*The Legacy of Ludwig von Mises*，Aldershot：Edward Elgar，vol. 2。

续巩固奥地利学派的微观基础，借鉴吸收哈耶克思想（认识论和知识论）和行为经济学的进步，这同时也意味着重建奥地利学派宏观经济学，为其建设微观基础。其二则是重建奥地利学派的资本理论，霍维茨（Steven Horwitz）在《微观基础与宏观经济学》（*Microfoundation and Macroeconomics*）中称之为"失去的联系"。至少哈耶克还认识到资本理论与宏观经济的关联，但是随着凯恩斯宏观经济学和新古典宏观经济学的兴起，资本理论与宏观经济的关联逐渐被人遗忘。

　　本文以下将分五节，分别讨论这几个问题。

一、奥地利学派对经济史研究的启示

　　先讨论第一个层面的问题。为什么要关注经验事实？为什么在新范式中应该加入"经济史"研究？

　　科恩的论文指出，主流经济学分裂为"价值范式"和"交换范式"，就是因为缺少能够容纳两种范式的研究方法和研究对象。科恩认为，经济史有可能起到这个统括的作用，为现在越来越狭隘的主流经济学理论研究指引方向。事实上，在早期的古典经济学家如斯密那里，经济学理论和经济经验事实的研究并没有两分，两者相互参照，浑然一体。从李嘉图开始，经济学理论逐渐明确了"价值范式"的取向，到新古典经济学那里才慢慢完善。而"交换范式"则是从反抗"价值范式"的非主流经济学中汲取营养，慢慢演化形成。现在要打破这两种范式的对立，就不妨回到它们最初分裂的地方。[1]

---

[1] 这个问题早在百余年前就成为美国经济学界最热门的话题。美国经济学会长 F. A. Fetter 组织讨论过这个主题的会议，他的论文发表在《美国经济评论》上：F. A. Fetter, 1912, "The Definition of Price", *American Economic Review*, 2 (December), pp. 783 - 813。后来 F. Knight 又把这个讨论带到了芝加哥，他的代表作是 1935 年的论文 "Value and Price"，收入其文集 *The Ethics of Competition*。

　　而奥地利学派学者一直注重经济史的研究。虽然门格尔等人反对德国历史学派缺乏理论的经济史研究，但并不单纯地反对经济史。事实上，门格尔晚年也一直从事经济史的研究工作。奥地利学派另一位著名学者熊彼特，曾经花费十年时间写作一本《经济周期》(*Business Cycles*)，试图把经济理论、统计资料和历史研究融为一体。这部著作在当时并没有引起学界足够的重视。但现如今，各种流派的新经济史发展了几十年后，纷纷陷入困境，已有越来越多的学者开始认识到熊彼特综合性思考的可贵之处。

　　米塞斯曾多次强调，关于人类行动的科学有两个分支，一个是历史学，另一个是人类行动学，这两个不同的科学应该采取截然不同的研究方法。可惜他将经济学和历史学进行严格区分的做法，很少被后来的研究者继承下来，因为历史学本身是个极为复杂的概念，很难简单地套用理论。但我们若是把米塞斯的方法论思考推广到某些历史性的范畴，特别是以商业周期为核心的经济史范畴，发现那些范畴确实可以有效运用米塞斯的思想，让他的分析方法发挥出最大威力。罗斯巴德堪称原教旨米塞斯主义者，坚决坚持米塞斯的范式。他向我们展示，米塞斯的方法论不仅具有抽象理论和整体理解经济过程的意义，还能用以评价经验事实。

　　20 世纪 50 年代，经济学家和经济史家之间发生了一场大的争论，很多人对经济史研究中所分析数据的有效性与合法性产生了疑问。从此，经济史研究就陷入低潮，不复当年风光。直至今日，经济史的解释范式还是没能够被主流经济学吸收同化。事实上，这应该是一种不可能的任务，经济史也是历史学的一个分支，必须尊重历史的复杂性和多样性。历史叙事中，大量非经济要素如思想、环境、社会结构、文化传统等都会起到关键作用。早有史学家指出，历史叙事和逻辑叙事是完全不同的两种叙事方式，不可调和，遑论经济史被经济学所吸收。即使有少数学者套用新古典经济模型来解释历史问题，也会由于缺乏"历史感"和"准确性"

的论述而受到历史学家的全面批评。但罗斯巴德认为，并非经济学无助于历史研究，只是没有找到合适的经济学理论罢了。

归根到底，虽然目前的主流经济学认为经济理论可以用来解释大多数历史事实，但事实上，这种理论框架是极不完备的，于是使经济史陷入了缺少理论分析、不能强有力地给出市场波动的动态逻辑并且对经验事实进行有效解释的境况。就经济史本身来说，目前最为主流的经济史范式仍然是马克思主义的经济史范式，用社会结构、生产方式、意识形态等话语来描述整个历史的变迁。这套话语经过上百年的锤炼，具有一定的解释和预测能力。可是它有太多内在局限无法克服。而且，这套话语本身缺乏"历史感"，或者说它的基础是"非历史的"。

许多经济学家对此都有共识：马克思主义经济史是一种宏观的、长时段的、高度抽象的理论范式，它缺乏关于个人行动的微观基础和能够施以实证检验的微观结构。也就是说，市场和个人行为缺失了。如果我们关注马克思主义对制度的论述，并引入制度分析的工具，那又无法与马克思的宏观逻辑保持一致。且马克思对资本主义结构的很多论述，随着时间迁移也不再恰当。这几十年，马克思主义经济史并没有取得有效的方法论的进展，这正是中国经济史研究停滞不前的重要原因。

经济史或者经济周期是一个动态过程，经济学家确实必须要把握住一些相对固定的结构。米塞斯的方法论中就暗含了这种思路，也就是认为从人的行动交往中可以慢慢固定下来一些稳定的结构，即一般意义上的制度。这就意味着，经济史研究本质上应是制度史或者制度变迁的研究。

然而值得注意的是，新制度经济学家的方法论是不够完善的。1994 年，经济史学家诺斯和福格尔获得了诺贝尔经济学奖，这对经济史家是一种极大的鼓舞。诺斯采用制度分析的方法，特别注重历史中的正式和非正式的制度结构、产权结构，以"制度变迁"的视角来阐释历史环境的变化。福格尔则主要使用计量经济学的方法，验证新古典经济学理论在历史中的解释能力。有人把他们的工作合称为"新经济史学"，寄予厚望。可是十余年过去了，"新经济史学"没有很好的继承人，诺斯的研究兴趣也转向更深层次的制度分析，从而离狭义的经济史越来越远。相比之下，奥地利学派如米塞斯对市场交换以外的制度谈得很少。他认为其他制度都是边缘的制度，无论情况怎么复杂，最终必定会作用到核心的市场行为，会回归到消费者主权。所有的复杂制度，都可以回归到人的行为，我们只要牢牢地把握住这一根本点就足够了。[1]

　　近些年另一个引人注目的经济史家是斯坦福大学的格雷夫（Avner Greif），他用不同的研究手段表达了与米塞斯方法论接近的观点。格雷夫以一篇对意大利马格里布商人的研究享誉学界，他在学术上的最大特点是将博弈论和其他微观契约理论引入经济史的分析，从而获得比较严格的结论。这种博弈论经济史学与米塞斯的方法论立场是一致的，都是想通过历史中核心的市场波动来促进我们对市场本质和历史本质的理解，而不考虑过于抽象的文化、政治等广义制度要素。以博弈论为基础的契约理论正是经济学界的热门方向，格雷夫能找到这种角度，将它与历史制度分析结合起来，使人们似乎看到一丝经济史的未来希望。与米塞斯方法论相比，这种手段更为精巧，结论却不及米塞斯及罗斯巴德的工作那么具有普遍性。毕竟能够用博弈形式来表达的经济史结构只是非常有限的一部分，因而格雷夫的框架在开放性和普遍性上不如米塞斯。米塞斯从不拘泥于某项具体制度。他的兴趣是包含一切、普遍成立的一般意义的人类行动，而不需要具体市场结构的前提假设。很多历史学家早就对格雷夫这类要求特殊市场结构的微观经济史理论提出了毁灭性的批评。其中最有代表性

---

[1] 也就是说，以米塞斯为代表的奥地利学派与旧、新制度经济学派有巨大的分歧，不可混淆。虽然基于个人主义的新古典经济学是两者共同的批评对象，但前者的研究对象是"人类行动"，后者的研究对象是"制度"。

的当属卡尔·波兰尼（Karl Polanyi）和法国年鉴学派过去一代的领袖布罗代尔。[1]

和米塞斯一样，波兰尼反对新古典经济学对市场功能和人类理性的狭隘理解。波兰尼在半个多世纪之前的《大转型》一书中，就对经济学家将"市场结构"滥用到社会其他方面的做法提出反对意见。波兰尼认为经济运作必然要"嵌入"到社会之中，所以研究经济史的话，很忌讳单纯发掘历史中的"市场结构"而忽视其他结构，因为其他结构正是市场结构的支撑。布罗代尔则通过他自己的历史写作来批判经济学家所做的历史研究。布罗代尔认为日常的细节的行动，包含了最丰富的历史含义。他在马克思主义结构理论的基础上，进一步区分长时段和短时段的历史解释，几部卷帙浩繁的作品都从不同的时段描绘历史细节，无所不包，力图真实地还原现代市场经济的发生过程。

将他们的工作与米塞斯方法论对照起来看，也很有意义。波兰尼和布罗代尔比诺斯、格雷夫等制度经济学家更重视一般的结构，如社会组织等，而不是狭隘的市场。而米塞斯并不想把微观的人类行动扩展到更广大的范畴，这一点上他不同于波兰尼或布罗代尔。米塞斯的方法论的核心并不关注制度本身，而是关注制度与人类行动的互动过程。而且米塞斯的经济学方法论高度自洽，更多或者更少地接受实践检验，都无法使它产生动摇。[2]

波兰尼和布罗代尔这两位历史学家对主流经济学在历史中殖民行为的批判，都已经过去几十年。史学本身的主要趋势是在"后现代史学"和"现代史学"之间摇摆。史学家更多关注区域的、局部的、被压抑和隐藏的、非主流的历史叙述，而很少再有学

---

[1] 布罗代尔等人的这套思想，通过许宝强、渠敬东编的《反市场的资本主义》（中央编译出版社，2000）传入中国，影响颇大。
[2] 米塞斯本人极少做"历史学"的研究，可他的学生罗斯巴德做了大量属于这个范畴的研究。罗斯巴德坚持原教旨的米塞斯主义，完全采用先验逻辑，所以可以无视许多学者基于经验研究而对其理论进行的批判。

者有兴趣构建统一的框架来处理经济史问题。格雷夫这样的经济学家的努力，在某些问题上固然取得较为有力的说明，但总体上仍然无法摆脱波兰尼和布罗代尔的批判，故而很难为历史学家所认同。要构建一种既包含经济分析工具、又尊重历史叙述的框架，无论从经济学还是历史学的角度观察，暂时都还看不到希望。

正是在这样的环境下，米塞斯方法论的继承者罗斯巴德作出了重要贡献。他的《美国大萧条》完全遵循米塞斯的方法，先验地勾勒出市场的逻辑，再以此来分析历史事实。在复杂的经济史中，因果性解释极为困难，但是市场运作的一般规律肯定成立。只有抓住市场的逻辑，对比市场成功和失败之处，才有可能比较深刻地认识历史。[1]

总而言之，未来经济学范式的发展不能将经济史排除在外，而且用经济学框架来阐释历史并非没有可能，但能实现这一目的的经济框架应该是比马克思主义经济学、新古典经济学、新制度经济学和博弈论经济学等更宽泛的一般经济学框架，以米塞斯为核心的奥地利学派经济学正可以为此提供一种思考的角度。正如前文所指出的，米塞斯的人类行动学并不需要理性经济人的假设，只需要人能自由、健康、积极地参与社会行动和市场交换，我们就能通过逻辑演绎把握一系列的经济制度。这正是奥地利学派的优越之处。

二、奥地利学派对"人"的研究启示

目前主流微观经济学的拓展大致可以分为两个方向，对应前面所说的米塞斯方法论对新古典经济学可能提供帮助的另两个层

---

[1] 不过，与弗里德曼、伯南克等货币主义学者相比，罗斯巴德过于忽视货币作用，所以他关于大萧条的阐述在学界一直很边缘，从未取得学界的普遍认同。

面。第一个方向是回到人本身，研究人的认知和决策过程；另一个方向是回到支撑市场作用的制度环境。从某种意义上说，这两个方向必须相互结合，因为它们是认识人类行动的两个不同侧面。而这两个方向，都是新古典经济学和奥地利学派经济学所共同关注的。

在对人的理解方面，实验经济学最具代表性。实验经济学的实验表明，在不同认知情况和认知情绪的影响下，个人经常作出违背形式上最大化个人效用的选择，这类现象在实验室内和现实经济生活中都广泛存在，如著名的阿莱悖论和艾尔斯伯格悖论。

要克服这样的困难，我们只有两种选择，要么放弃最大化个人效用的原则，要么修改和扩展效用的概念。贝克尔的工作就是采取第二种方法。但是越来越多的经济学家认识到，为了保证理论逻辑的一致性而对相对模糊的效用概念进行小修小补，并不能完全回避它所面临的困境。为了对人类行为的本质进行直接接触，我们只能放弃最大化个人效用的原则，通过理解人类决策的实质过程，重新制定人类行为规则。这正是米塞斯的方法论。

我们可以看到，米塞斯的方法论是以对人的行动的内在理解为核心。他并不鼓励深入研究人类认知的具体功能，而是希望把狭隘的认知功能通过人的行动与市场过程结合起来，在一个更宏观和更真实的层面上，从人的行动的角度来理解人。我们不能直接研究大脑行为，但可以直接研究大脑行为导致的人的行动，这才是经济学家的工作。哈耶克在这方面的后继工作最为重要，很好地发展了米塞斯方法论中所包含的思想萌芽。[1]

哈耶克的知识论工作主要在上世纪三四十年代完成，代表作

---

[1] 哈耶克于 1953 年出版了主要研究认知心理学的专著 *The Sensory Order*。有些学者如考德威尔认为这项研究为奥地利学派乃至整个经济学的创新开辟了新的方向。更多坚持奥地利学派思想的学者则认为这项研究已经偏离了奥地利学派的先验主旨，对奥地利学派意义不大。

有 1937 年的论文《经济学与知识》和 1945 年的论文《知识在社会中的利用》。[1]

哈耶克这几篇文章的目的是要把自己对微观市场过程的理解，与日益强大的基于均衡分析的新古典经济学区分开来。在哈耶克看来，只有在市场所有行动者拥有局部知识、相互竞争的框架里才可能准确认识"均衡"。如果要把均衡与个人行动联系起来，那么我们必须要求所有行动者都在同一时点上作出最优选择。然而，终究有大量知识掌握在个人手里，因而无法实现这一目的。只要行动者的知识有可能改变，他就无法真正处于均衡状态之中。每一个人都有自己从出生到死亡的心理演化史，每一个人的心理秩序都是这个人积极寻找发展机会并且适应环境不确定性的产物。每一个人的认知能力和偏好绝非天然给定或者基因遗传，必然是先天生物基因和后天文化基因共同演化的结果。所以人的认知并不单单是认知科学的问题，也应该是社会科学的研究对象。这个复杂的动态过程，直接影响到社会的一般均衡。

哈耶克认为知识即使有"可得性"，也完全不同于门格尔所要求的"客观性"，因为即使海量信息是客观的、可获得的，它们也无法保证得到及时有效处理。而迈克尔·波兰尼更进一步，区分开"默会知识"和"显明知识"。"默会知识"不可能有"客观性"，也很难有"可得性"。只要有默会知识存在，人们就永远不可能掌握所有需要的知识。

在市场上，行动者根据价格做出反应，调节自己的行动。这种论述是奥地利学派与计划经济学者争论时采取的策略，它能与新古典的均衡理论相容，却逐渐违背了奥地利学派的另一点根本性思想：市场过程。市场过程理论并不反对行动者对价格的主动反应，但更强调人们在市场中通过企业家精神来发现盈利机会。

---

[1] F. A. Hayek, 1937, "Economics and Knowledge", *Economica*, 4 (13)：33 – 54. F. A. Hayek, 1945, "The Use of Knowledge in Society", *American Economic Review*, 35 (4)：519 – 530.

过于关注价格对行动者的影响，有可能导向静态均衡分析，从而违背奥地利学派一贯主张的动态演化视角。

所以社会主义经济大论战以后，以米塞斯为核心的奥地利学派不再单独研究认知问题，避免了把人和社会制度两个维度割裂开来的工具理性的做法。而新古典经济学则陷入了类似困境。过去的实验经济学过于看重把理性的经济选择行为从市场博弈中剥离出来，最终陷入困境。弗农·史密斯这位实验经济学的开创者已经深深认识到这一问题，在很多场合都提出主张，希望实验经济学回到哈耶克和米塞斯所代表的奥地利传统，因为实验经济学永远不可能只研究人的心智秩序而不研究社会秩序。以米塞斯为核心的奥地利学派方法论中对社会本质的洞悉在这一研究领域的前进方向上已经起到了重大作用。

事实上，实验经济学与奥地利学派的联姻，实验经济学的收益要大得多。而实验经济学目前的发展水平远不能给奥地利学派理解人类心智提供有力的支持。奥地利学派需要了解的人类心智水平，仍只要米塞斯或者哈耶克的水平就足够了。

所以哈耶克的认识论，在目前奥地利经济学的研究中处于一个微妙的位置。有些学者主张进一步发掘它的价值，而更主流的看法则是把它嫁接到市场过程和对市场理解的研究中去。奥地利学派应该根植于市场过程理论，这样比根植于哈耶克的认识论要稳妥得多。

三、奥地利学派对制度研究的启示

正因为如此，以米塞斯为核心的奥地利学派方法论迫使我们更加注重对经济过程和交换制度的研究。通过研究制度来思考人在制度约束下行为的特征，这也就是科恩所说的"交换范式"学者所喜欢追求的经济学研究进路。

制度的定义异常复杂，我们仅取它最单纯的含义，即人际交往中的规则及社会组织的结构和机制。制度不是固定和外在于社会的，人在市场上的参与活动和对市场的认知，本身就是制度的一个方面。米塞斯的方法论中所蕴涵的研究途径，绝不是单纯地回到新制度经济学，而是导向一种全新的制度经济学。我们应当认识到人类认知和制度之间的关系，这才是有意义的制度经济学。

罗纳德·海纳（Ronald Heiner）在一篇有开创意义的论文中讨论了这个问题，以形式化的方法对奥地利学派主观主义方法论进行了一次实践。他认为，由于个体能力与所决策问题困难性之间存在着认识上的差距，人类在这种差距面前，必须构造一些规则去限制选择的灵活性，而这些规则就被我们称为制度。制度创新的动力就是克服认知差距所包含的不确定性的努力。[1]

海纳的框架很好地勾勒出奥地利学派方法论所应关心的领域，即个人和市场的问题。尽管制度是多数人一致的意见，是用于联系个人认识能力和客观世界的桥梁，可是不同人对这些桥梁的认识和主观价值判断却不尽相同，据此做出的行动决策更有千差万别。有些人很好地理解了制度的含义，积极维护；也有不少人误解制度，做出与制度诱导方向相反的决策，增加社会复杂程度。其实这种无序和混乱，正是人们的不同认识能力和主观价值判断所导致的客观现实，也正是每个严肃经济学家都必须面对的真实世界。

诺斯指出，有不少主张"自由放任主义"的经济学家就犯下这类错误。他们认定这项制度能给全社会带来更高福利。他们总觉得这是最好的观念，民众会自然地接受和支持。即便有人反对，也只是因为他们没有认识到这项制度的好处。说服教育以后，还有谁会不支持这么好的制度？

---

[1] Ronald Heiner, 1983, "The Origins of Predictable Behavior", *American Economic Review*, 73: 560 – 595.

奥地利学派方法论并不会接受这样的观点。那些经济学家偏偏忘记了一点，正是由于大量民众在观念上不接受"自由放任主义"，在行动上抵触，才使得制度起不到理想状态时的作用。"意识形态"的作用过程并非单向，而是一个有机过程。民众的这种对"自由放任主义"的误解和忽视，正是制度经济学家所研究问题的重要部分，不能当做噪音简单忽略掉。

米塞斯一直强烈地反对计划经济，就因为他深知制度环境和人类理性选择的互动过程的复杂性。人们进行理性选择时，不可能依据获得的知识就作出永远一致的选择，因为决定其行动的主观价值判断还必然受到市场和制度环境的反作用，这是第二层次的知识。博弈论可以在有限范围内刻画这种过程，但是在更复杂的环境下，米塞斯主张的一般意义的人类行动更有解释力。

米塞斯所主张的自由交换市场，归根到底也是一种制度，而且是很有效、很自然的一种制度。每个人都以自己的能力和掌握的信息到市场上进行交易，交易的过程在时间中一步一步展开，未来永远是不确定的，因而市场过程也永远是动态演进的，没有均衡结果。奥地利学派对这种方法论高度推崇，认为它减少了风险和不确定性。当然风险和不确定性永远无法彻底消失，每个人最终必须要认识到人的有限性。

四、市场过程及其微观基础

米塞斯最大的贡献是明确了市场过程的研究进路。[1] 在米塞斯看来，静态均衡方法只是对市场进行构想的一种手段，不是市场的实质。在他的方法论中，所谓的市场，其实是指"一个过程，是由形形色色的个人的、在分工合作下的行为相互激荡而发动的。决定这个不停变动的市场情况的力量，是这些人的价值判

---

[1] 米塞斯，《货币、方法与市场过程》，戴忠玉、刘亚平译，北京：新星出版社，2007。

断，以及这些价值判断所指导的行为"。它也是一个未被发现的利润机会不断被发现的过程，在市场中，企业家对于供需的不确定状况进行判断和预测，决断的结果决定其行动成败与否。但供需的不确定性来源于所有消费者和供给者的主观价值判断，这是没有穷尽且变化多端的，所以市场过程的特点就是无知，并且这种无知和知识被发现密切相关。一部分潜在市场参与者相互无知的状况被描述为一种非均衡的状态。正是由于相互无知才导致未被发掘而对经济当事人有利的机会的存在，而这种机会不能持久地存在下去，它迟早会被发现。一系列的这种发现就导致交易，从而构成了趋向均衡的进程。但是市场进程的这种趋向均衡的特征显然是以这种发现的正确性或者说发现可以消除以前未被发掘的机会为前提。最后，无知一定被完全消除，市场就处于均衡状态。但是市场进程的这种趋于均衡状态的性质并不意味着均衡可以达到。在现实世界中，这种趋于均衡的进程往往频繁地被内在变量的变化所打断，所以均衡进程是不能完成的。即使这样，我们说市场过程具有趋于均衡的特质并不意味着市场过程的每个部分都是趋于均衡的，相反，有一部分的发现是不正确的，不仅不能消除甚至可能增加无知。由于未知变量的不断变化，即使是正确的发现也不见得就必然使经济当事人在做出决策时更理性。这是因为经济当事人对未知变量的变化趋势的预测不可能完全准确。之所以说市场过程是具有趋向均衡的性质，是因为总的来看，系统的趋势朝向均衡。

所以市场过程理论包含三个方面的含义。第一层含义，它属于一种竞争过程，我们可以把它简单地定义为发现市场机会的行为。第二层含义，它是兴趣的传递过程，在新奥地利学派中实际就是价格形成理论。第三层含义，它是学习过程，核心是发现偏好。要找到有利可图的机会，首先要发现偏好。而学习过程相当于试错的过程，帮助行动者逐渐发现偏好。

从人的行动的交互过程即市场的理解来看，市场过程确实是米塞斯方法论的一块核心基石。市场过程是有目的的个人行为的结果的观点，正是米塞斯和科兹纳最天才的洞见。在奥地利学派的继承者当中，科兹纳最为突出地继承和发展了米塞斯方法论中的市场过程思想。科兹纳自称，他一生的研究中存在着一个一以贯之的主题，那就是精心地、持续地阐明他自己对市场过程的理解。[1]

在米塞斯的方法论中，他把市场过程理解为所有参与者对相互合作的行为进行必要调整的过程，在这个过程中，信息和机会得以发现。这种发现究竟是什么性质，实际上也反映了市场过程的分析方法和均衡的分析方法之间的区别。这一点如果不区分清楚，就有可能从市场过程的分析方法滑向均衡的分析方法。奥地利学派认为无知有两种，一种是理性无知（rational ignorance），即"我们知道我们不知道"（We know that we don't know）；另一种是绝对无知（utter ignorance），即"我们不知道我们不知道"（We don't know that we don't know）。主流经济学的标准搜寻理论就是把我们的状况限制在理性无知的层面。当我们知道我们的知识在何处缺乏时，我们也知道如何并以何种成本通过学习来弥补这些不足，甚至知道学习的收益会大于成本。这种学习的过程没有丝毫的意外因素。但奥地利学派更为强调的是绝对无知。在米塞斯看来，事件的展开过程需要时间和未来的不确定性才是市场过程的根本属性。显而易见，在这样的过程中，参与者只能是绝对无知，所以正是这种发现才构成了市场过程。市场过程是被打上了蕴涵在发现中的意外的烙印的，经济当事人并不知道以前无知的性质，而主流经济学的搜寻模型则是一个最优无知程度决定模型，是一个从高一些最优无知程度的均衡到低一些最优无知程

---

[1] 这一点表面看起来与米塞斯"人的行动"的研究有所不同，实质上只是表述时的切入点不同。可以参看：劳伦斯·怀特，"奥地利学派经济学的方法论"，收入卡尔·门格尔，《经济学方法论探究》，姚中秋译，北京：新星出版社，2007，第327页。

度的均衡，而不是从非均衡到均衡的过程。[1]

而科兹纳对于市场过程的论证核心其实相当简单：企图理性地控制经济体系就需要非理性，因为经济协调所需要的知识是任何单个或集团的心智所无法知晓和掌握的。竞争的市场过程则能够系统地使人们发现和利用经济协调所必需的知识。市场参与者的激烈竞争生成并显现了恰当的经济知识。另一方面，干预市场过程所得到的结果绝不可能达到干预者的计划和目的，他们必然大失所望。而干预的这种失望情绪并不会导致取消干预政策，相反，必将导致更进一步的国家主义和经济控制。最低工资法或租金控制法就导致法律所欲帮助的那些人的利益反倒受到损害，尽管如此，这些法律仍然年复一年地获得通过。

作为激进主观主义者，科兹纳认识到了经济主体唯有作为人类心智的互相作用来讨论才是有意义的，因此并不会堕入唯我论的陷阱。市场制度就是协调这些个体心智有意义的表达的机制。人们在社会互动中发现机会的趋向为某种社会秩序奠定了基础，这种社会秩序绝非是任何人刻意的设计，而是千千万万人有目的的行动的结果。[2]

因此，作为米塞斯和奥地利学派方法论核心的市场过程理论就有很明确的现实意义。日常经济问题的关键之处在于：当政府试图打着公共利益的名义寻求改进经济条件的时候，经济学分析应该揭示出，对市场过程的干预必将产生与公共利益正好相反的结局。这种立场并不仅仅局限于每个经济学家都承认的工资或价格控制所带来的问题，而应该将其运用到政府干预市场过程的一切领域。从税收到凯恩斯的经济调控（fine-tuning），所带来的经济

---

[1] 一些博弈论学者如奥曼（R. J. Aumann）也讨论过这些问题，并推进了博弈论中关于"共同知识"的研究，但是奥曼也承认这个知识论问题无法从数学上解决，从而引发了博弈论的危机。
[2] 在这些方面，科兹纳最有影响的综述性著作当属 *The Meaning of Market Process* (1992)。

后果都是相同的：干预主义必将破坏经济福利并使人类丧失自由。

五、奥地利学派的资本理论

资本理论曾经是经济学的核心，现在却已经被边缘化了。正如科恩所说，萨缪尔森、希克斯等构建的新古典经济学理论本身就是一套资本理论。在一般均衡的状态下，所有商品都能被有效地资产定价。这套理论已经被广泛接受，从而不再需要讨论资本的本质问题。然而奥地利学派并不能接受这样的资本理论。奥地利学派学者认为，同样的资本落在不同人手里，或者同一个人在不同时间观察这些资本，它们的价值并不相同。资本的价值是一个被企业家精神发现的过程，而不仅仅是用主观认识论对不同的价值指标进行调整的过程。所以要复兴和发展奥地利学派，我们就必须重新审视资本理论。

卢因（P. Lewin）指出，尽管人力资本（乃至社会资本）的概念在新古典经济学中已经极为普及，但是我们仍然应该使用资本—劳动的两分，而不是把劳动简单归入人力资本理论。无论市场发展到什么水平，劳动力不可消灭的天性决定了，它都不可能像资本一样自由流动，也不可能无限地加快流转速度。所以我们与其贪婪地把劳动与资本归为一谈，倒不如把奥地利学派资本理论套用到劳动上面，一样可以得出近乎完美的结论。[1]

奥地利学派对资本的认识与新古典学派不同。奥地利学派不相信客观存在、一成不变的资本，它的价值由市场过程决定，由掌握它的人决定，从而能够完美地嵌入奥地利学派的系统之中，构成奥地利学派独有的宏观经济学。而且与新古典经济学相比，

[1] P. Lewin, 1994, "Knowledge, Expectations and Capital: The Economics of Ludwig M. Lachmann", in Peter J. Boettke, S. Ikeda (eds.) *Advances in Austrian Economics*, vol. 1, pp. 233–256.

奥地利学派宏观经济学的微观基础虽不够数学化，但更接近我们的常识。

霍维茨认为，正因为缺乏对奥地利学派资本理论的认识，才导致 20 世纪 30 年代哈耶克与凯恩斯那场争论。奥地利学派并不把资本与人分离，门格尔就坚持这一点，现在到了回归门格尔的时候了。[1]

这一点的自然推论就是，单纯考虑加总数据如 GDP 是没有意义的。用奥地利学派方法分析宏观经济现象如通货膨胀，这时就会发现只观察 GDP 会严重低估通货膨胀的成本，经济周期冲击着人们对货币的认识，正是这种迷信和误解加总数据最终加剧了经济周期的危害。在这个过程中，被新古典经济学所忽视的资本结构也往往起到关键作用。

早期的奥地利学派就特别重视生产结构中时间这个要素。同样的资本，只要加快运转时间，就意味着价值的提高。然而门格尔和庞巴维克在这一点上就发生了极大分歧。门格尔坚持主观价值论。而庞巴维克虽然表面上也坚持主观价值论，实际上却偷偷把它放入资本循环的过程中去理解。熊彼特在《经济分析史》中就对老师的这种做法进行了毁灭性的批判，认为庞巴维克混淆了概念。

在《资本实证论》一书中，庞巴维克试图系统地对作为马克思主义剥削理论基础的劳动学说进行批判，所以不得不在一定程度上背叛主观价值论。庞巴维克的批判主要基于三个理由：第一，人们倾向于过高地估计未来可得的资源；第二，人们倾向于过低地估计未来的需求；第三，今日可得的商品在未来可能体现出更高的价值。

庞巴维克的前两点理由被后来新古典经济学中所谓"基于时

---

[1] 值得注意的是，门格尔对"人"的界定比米塞斯严格。他认为，要研究经济的完美规律，不仅需要人是永恒自利的教条，还需要经济事务中的人"不可能出错"、"全知全能"这样的教条。正因为找不到这样的人，经济学也失去其严格的规律性。

间偏好"的利息理论所完全吸收。而在第三条理由的论证过程中，庞巴维克提出了著名的"迂回生产过程"的价值理论。庞巴维克认为资本使用增加了土地的劳动生产力，因为它的使用"消耗时间"，并且需要更多的"迂回生产过程"，从而延长生产时间。庞巴维克在"迂回生产过程"的基础上，提出了类似于边际生产理论的分配理论，但是遭到以奈特为代表的美国经济学派的批评。奈特认为庞巴维克的理论是一个无限回归过程，在静态框架内无法得到明确的答案。奈特的批评很有力量。现代学者认为，要摆脱庞巴维克的困境，要么走向新古典的资本理论，要么走向市场过程的奥地利学派理论。

一旦我们回归市场过程的资本理论来研究资本结构，就会发现单纯地用主观认识论来否定计划也不可行。企业家虽然依靠嗅觉敏锐地捕捉盈利机会，但是他们也在一定程度上执行计划。他们必须在一定范围内计算投入、产出和资本运转的时间，而不是庞巴维克期望的全面性"归算"。而企业家在何种程度上执行计划，这正是奥地利学派内部的紧张。如果把这种企业家执行计划的逻辑推向极致，那就与计划经济一般无二了。[1]

米塞斯为了避免庞巴维克的困境，坚持从人类行动这一基本范畴来理解资本。他认为资本是一种观看行动问题的模式，是一种满足人类目的的手段。我们无法把资本从货币、银行体系、生产结构中抽象出来，人的行动和市场选择才是核心问题，不应再像古典经济学家那样把重点放在主观或者客观的价值论上面。

但是，米塞斯这么做，绝不表示奥地利学派已经放弃资本理论。事实上，米塞斯以及他的继承者如拉赫曼、科兹纳、加里森等都有大量工作来讨论价值理论。奥地利学派的信念是，只要讨论价格问题，就一定会遇到价值问题，这一点正是新古典学派试图

---

[1] 正因如此，许多芝加哥学派经济学家认为极端的市场经济与极端的计划经济等价，兰格（Oskar Lange）与米塞斯关于计划经济之争，很多地方是无谓的。

否认的。

从庞巴维克以降,奥地利学派研究价值和利息的目的,是要最终解释不同生产要素在不同时间里不同价格的联系。奥地利学派对单纯的"基于时间偏好"或者"贴现"的解释不能满意。人们偏好当下甚于未来,必定与整个经济系统的循环周转有关。

历代多数学者之所以把资本单独抽出研究,是因为它实在复杂。但是奥地利学派学者不认为它能独立加以研究,因为它是导致价格非均衡的原因而非结果。加里森等学者进一步指出,主流经济学家追求的货币均衡也只是一种幻觉。货币作为特殊的资本,流动性要强得多,但也遵循市场过程的基本原则,永远在非均衡的水平下寻找更具企业家精神的企业家。[1]

结论

以上,我们从多个方面比较了奥地利经济学与主流的新古典经济学在方法论上的异同,提出他们可能相互借鉴、相互影响的几个方面。

而且我们注意到,奥地利学派内部也有很多分歧和矛盾。很多被新古典经济学所追捧的新兴思想,正是传统奥地利学派竭力批判的内容。要想恢复和发扬奥地利学派方法论,为新的经济学方法论奠定基础,那么就必须正视奥地利学派内部的分歧,找出主线,筑实根基,直面现代经济对理论提出的问题和要求。而我们认为,以米塞斯、科兹纳为代表的市场过程理论,加上加里森的资本理论,最有可能为奥地利经济学提供一个从微观基础到宏观运用再到历史阐释的完整的现代经济学体系。

---

[1] 科兹纳为《新帕尔格雷夫经济学大辞典》撰写的"奥地利学派"条目中准确地总结了这一观点。参见:I. M. Kirzner, 1991, "Austrian School of Economics", in *The New Palgrave:A Dictionary of Economics*, vol. 1, London:Macmillan。

米塞斯的经济学方法论

黄 雄[*]

摘 要：本文试图从米塞斯讨论方法论著作的文本出发，梳理他来自三方面的思想渊源：（1）奥地利学派的传统，（2）韦伯的方法论，以及（3）康德的先验论，揭示他与这三者之间的紧密联系和显著区别，并试图勾画出米塞斯基于这三方面思想来发展其独特方法论的脉络图，最后对其方法论在当代经济学发展中的意义作出简单评价。

关键词：奥地利学派；方法论；米塞斯；主观价值论；人类行为学；先验

　　在门格尔创立奥地利经济学派之初，这一学派就以独特的方法论显著地区别于其他经济学者，并逐渐获得国际经济学界的普遍关注和认可。[1] 但是，在 20 世纪 30 年代以后，米塞斯（Ludwig von

---

[*] 黄雄，复旦大学经济学院博士研究生。通讯地址：上海市国权路 600 号（200433）。E-mail：terryhaungx@gmail.com。

[1] 谈到经济学方法论，我们首先看看《新帕尔格雷夫经济学大辞典》（中文版 1996 年，英文版 1991 年）中博兰（Lawrence A. Boland）写的"方法论"词条："'方法论'一词指的是对方法的研究，通常是指对科学方法的研究。"英国著名学者马克·布劳格（Mark Blaug）在《经济学方法论》一书的前言中是这么说的："人们使用'……的方法论'这个措辞往往是极为含糊的。方法论这个术语有时是用来指一门学科的技术步骤，这就完全成为方法的同义词。然而，这个术语更经常的是用来指对论证一门学科的概念、理论和基本原理的研究，本书所关心的正是该术语的这个更广的含义。"我们这里也采用这一更广的含义。

Mises, 1881—1973）提出先验主义方法论，并试图将这一方法应用到更广泛的人类行为学研究中时，他的方法论并没有得到经济学同行们的多少好评，甚至受到极端的蔑视和嘲笑。[1] 反而在经济学以外，如政治学、哲学、公共选择等领域，却受到了不同程度的关注，当然也同样还是备受争议。但事实上，大部分对其不怀好意的批评都是没有切中目标的。本文试图从米塞斯讨论方法论著作的文本出发，梳理他来自三方面的思想渊源：（1）奥地利学派的传统，（2）韦伯的方法论，以及（3）康德的先验论，揭示他与这三者之间的紧密联系和显著区别，并试图勾画出米塞斯基于这三方面思想来发展其独特方法论的脉络图，最后对其方法论在当代经济学发展中的意义作出简单评价。

一、奥地利学派的传统

作为奥地利学派的关键性的第三代代表人物，米塞斯首先是站在前两代奥地利学派传统的基础上发展自己思想的。基于此，我们在这一节中试图考察米塞斯是如何继承这一奥地利学派传统的。我们首先概述门格尔开创奥地利学派之初与历史学派的"方法论之争"，接着分析米塞斯对其"个人主义方法论原则"和"主观价值论"的继承和发展。

---

[1] 与此同时，经济学的发展也没有给予米塞斯多少有利的机会。众所周知，从萨缪尔森到弗里德曼，无不倡导：为了使得经济学获得真正科学的地位，经济学需要往更加形式化和数量化的方向发展。其他人，如哈奇森（T. W. Hutchison）则推崇极端的实证主义方法。随着时间的推移，博弈论方法的发展和不动点定理的确立，使得经济学家们乐于追求数学形式上的优雅纯粹以及更准确精细的数量化的经济预测能力。我们看到经济学模型和计量方法大行其道的时代到来了，以致马克·布劳格在他著名的《经济学方法论》中说米塞斯的方法论著作是"那么失常和古怪"。就像萨缪尔森曾经说的："想到奴隶，托马斯·杰弗逊说过，当他考虑到在天堂有一个公正的上帝时，他为他的国家感到不寒而栗。那么，想到过去在经济学中对演绎和先验的论证作用的夸大的宣扬——被古典作家、被卡尔·门格尔、被里欧涅尔·罗宾斯在 1932 年……被福兰克·奈特、被路德威格·冯·米塞斯夸大地宣扬——我对我的学科的声誉感到不寒而栗。幸运的是，我们已经抛掉了这些东西。"（转引自布劳格 [1992]）

（一）方法论之争

在经济学思想史上，卡尔·门格尔（Carl Menger，1840 — 1920）于 1883 年出版了《经济学方法论探究》，引发了以古斯塔夫·冯·施穆勒（Gustav von Schmoller，1838 — 1917）为首的德国历史学派与奥地利学派之间的方法论之争。[1] 下表简要列举了双方论争的内容及其共同点：

	奥地利学派（门格尔）	德国历史学派
理论研究的"取向"	精确取向（exact orientation）：精确性理论任务是让我们以其特有的方法理解全部现象的某一方面；政治经济学的精确理论教我们以精确的方式探究并理解经济人在满足其物质需求的活动中其自利之心的种种表现形态，让我们理解人的某一个别方面，可能是最重要的，即经济的一面。	现实主义—经验主义取向（realistic-empirical orientation）：历史学的理论任务是教我们理解某一社会现象的各个方面。
研究的出发点	原子论（atomism）：将复杂现象还原至他们的构成要素，还原至其因果关系中的个体因素，探究个体因素（个体人的经济现象）的规律来理解复杂现象的发展，这种方法同样适合于非意图结果的社会制度的探究。	有机体论（social organism）：国民经济"集体主义"的有机体论，将这些社会现象理解为作为整体的现实的社会有机体的功能和生命力之体现（互相决定）。
共同点：都强调"行为着的人"的事实分析；都反对实证主义的"伪科学"；都反对"社会主义"的乌托邦；都致力于研究制度的起源和发展。		

对于这次论争，尽管熊彼特在《经济分析史》中用极富嘲讽

---

[1] 批判和论争是方法论发展史的"最重要的部分"，请参考《新帕尔格雷夫经济学大辞典》的"方法论"词条，其中有这么一段文字："很容易表明，许多流行的方法论观点实际上是对另一些方法论观点的批判。弗里德曼批判了 30 年代的实证主义（实证主义本身是对 18 世纪经验主义的批判），萨缪尔森批判了弗里德曼的工具主义。不知道又有谁会来批判所谓的萨缪尔森方法论，并因此成为下一个批判对象。但是就目前而论，批判是当代方法论之争最重要的部分。"

的口吻写道:"战场上战士的炮火大都朝着他们想像中的敌方堡垒纷飞,而过后一看,所击中的只不过是好端端的风车而已。"另外他还认为:"由于事实上方法论的冲突常常就是气质与智能癖好的冲突,情况就更加恶化。事实上就存在着历史气质与理论气质这样的东西。"(熊彼特,2005:97)然而事实上,直到现在,还有大量文献资料讨论这次方法论之争。现代学者普遍认为,门格尔为经济学的发展提供了一个新的范型,使得在德语世界里,重新确立了演绎方法在经济学中的地位,使德语世界的经济学在方法论上克服了历史学派的褊狭性(蒋自强,张旭昆,1996:265)。在方法论之争以后,尤其是门格尔两位杰出的追随者庞巴维克和维塞尔的极力宣扬,使得奥地利学派的研究方法和经济理论赢得了包括英美等英语世界的经济学家的普遍认同和肯定。

按照上述表格对方法论之争的简要归纳,米塞斯也从"精确取向"和"原子论"的研究方法两方面继承了门格尔的思想,极力反对在经济学中的历史主义、经验主义、实证主义、整体主义(universalism)的研究方法。首先,在针对包括历史主义在内的各种经验主义研究方法的批判中,米塞斯延续了门格尔"精确取向"的研究思路,严格区分理论与历史的两种研究方法,不过他走得更远。他认为,为了实现人类行为科学研究人类行为的相关性及其意义的目的,我们有两种认识论的方法:概念化(conception)和理解(understanding),它们分别对应为研究行为学和历史学独特的心智工具。因此他把人的行为科学(the sciences of human action)的研究分为两类:一类是偏重于理论的行为学(Praxeology),另一类是偏重经验的历史学(Mises,1962:51)。他认为经济理论是行为学的一部分,而且是迄今为止最发达的一部分。行为学不处理变动的行为内容,而只处理它的形式和范畴。因为它直接来源于人的行为的逻辑范畴,通过这些先验范畴严格演绎得来的命题是不需要经验来证实或者证伪的,所以它对任何时期、任何地区的人的行为都能提供切实有效的分析。而历史学是借助于这些行为学理论，针对历史中个别的、不重复的经验事件来阐明行为人赋予行为的意义和价值、选择的目标和采取的手段之间的联系，并作出其行为结果的评价。至于历史学与行为学及其"理解"方法的详细讨论，我们留到后文讨论韦伯方法论思想的第二节，而先验的范畴演绎则放到第三节康德先验论的讨论。这里只需要强调一点，米塞斯不仅继承了门格尔"精确取向"的研究思路，严格区分理论与历史对于人类行为科学的不同的研究方法，而且采用"先验"一词来进一步突显其行为学理论的普遍有效性。

（二）个人主义方法论原则

对于上述第二方面"原子论"研究的出发点，米塞斯首先从词义上重点剖析了"我与我们"（I and We）这两个概念："自我"（Ego）是行为者的统一，它是无可非议的给定的，不能通过任何推理或者诡辩来分解它和使之消失。"我们"（We）往往是把两个或两个以上的"自我"放到一起加总的结果。如果某人说到"我"（I），其意义已足够明确，无须进一步追究。心理学试图把"自我"拿来分解并把它揭示为一种幻觉，这种努力是徒劳的。行为学意义上的"自我"绝无任何疑问，无论任何人，也无论他后来变成什么人，只要他有选择和行动，他就是一个"自我"。同样地，关于"你"（thou）和"他"（he），如果所意指的人是明确的，也无须进一步深究。但是，如果一个人说到"我们"（We），那就需要更多的信息来指出组成这个"我们"的那些"自我"的人究竟是谁。说"我们"的，总是指一个个的人，即使让他们异口同声，那也仍然是各个人的发声（Mises，1996：44）。[1]

---

[1] 诺齐克（2006）在"论奥地利学派的方法论"一章中就质疑方法论个人主义的研究方法，那么从整体化约到个人时化约的标准是什么呢，是以一个人、两个人，还是三个人为标准呢？同样他也质疑为什么不能把一个人继续化约下去，譬如说以行为主义的方式来研究人类行为呢？这一问题也许值得我们进一步探索。

米塞斯认为："行为学是研究个人的行为，至于人类合作知识的获得以及社会行为被当做人类行为这一更普遍范畴的一种特例，乃是行为学中更深一层次研究的课题。"（Mises，1996：41）这句话表明，米塞斯完全同意以个人为出发点来研究行为学，这就是他所谓的方法论个人主义原则（The Principle of Methodological Individualism）。他也同样重申了门格尔关于以个人主义方法来研究历史复杂现象的重要性："谁也不能否认民族、国家、城市、政党、宗教团体是决定人类事件历程的真实因素。方法论个人主义绝不争论这些整体的意义，而是把对它们的形成、消失、变迁和运行进行描述和分析当做主要任务之一，而且选择唯一适合于满意解答这些问题的方法，即个人主义的方法。"（Mises，1996：42）而且，他并没有忘记作为社会中的个人对于人类合作秩序的依赖。他在《人的行为》中用专门一章的内容来探讨"社会的人"，他认为整体主义和集体主义都具有准神学的特征，给一个集体赋予人类的意志或道德理念的宣传，势必造成神权政治或者独裁暴力统治。他说："社会不是一个种马农场，不是为着产生某一特定类型的人而活动的。在人的生物演化上，没有一个'自然的'标准来确定怎样是好的、怎样是不好的。任何选择标准，都是武断的，都是纯主观的，简言之，是个价值判断。"（Mises，1996：166）而从个人的观点来看，社会是达成他自己的一切目的的一个大手段。他非常推崇李嘉图的比较成本原则，他认为这一行为学原则清晰地阐明了这样的结论：基于个人主义的理性计算带来了人类的分工和合作秩序，从而带来了自由主义理念的民主政治原则。他说，自由主义的社会哲学基于功利主义的伦理学和经济学，是以科学的社会合作理论作为基础，它所推荐的政策是知识体系的应用，不涉及情感和神秘的直觉信念。[1]

---

[1] 米塞斯认为，为求得民主和平，自由主义的目的是建立民主政府。他认为，民主政府不是一个革命的设施，相反，它是防止革命和内战的手段。

当然，在论述方法论个人主义原则和自由主义以及民主政治的关系时，哈耶克的论证更有说服力。[1] 之所以集体主义的思路必定失败，在于集体主义者对个人理性的过分自负。事实上，我们每个人的理性是有限的，每个人获得的信息都是不完善的，这里不光指的是客观上我们无法获得完全的信息，更深的含义是主观上我们也不关注与我利益无关的信息。因此，人类行为就是在不完全信息或者说有限理性的状况下展开的，任何人都无法计划和预测一切。哈耶克强有力地论证了：必须依靠分散的决策体系、一个分工合作的自发秩序，让具有相对利益的在场的人去随时随地关注和运用相对充分的信息，这样才能使得分散的信息更有效地被行为人捕捉和利用，才能使得整个社会更优地运用信息以配置资源，这也是市场经济充分体现自由主义的理念所在。在此基础上，哈耶克更加严密和深刻地剖析了市场经济、自由主义、民主和法治与集体主义的不相容。[2]

---

[1] 在此值得注意哈耶克提出的问题：仅仅有行为学公理不足以演绎出整个行为学理论。譬如，至少还要包括行为人对其他人行为的预测，而这属于经验层面。事实上，米塞斯同样注意到了这一点，他承认："为着有系统地呈现其研究的结果，经济学的结构是先验的理论以及对历史现象的解释交织起来的。"他认为，任何已有的社会秩序在成型之前，必定被想出或者设计，但这仅仅是逻辑和时间上观念发生作用的程序，并不意味着像乌托邦所设想的那样：人们可以拟定一个社会系统的全面计划。这里的"提前想出"不是指个人行为如何协调到一个统一的社会组织系统中，而是指有关他人的个人行为，以及有关其他集团中个人的行为。个人并不计划和采取行为来建构社会，他的行为和别人相适应的行为，产生了一些社会实体。米塞斯的这些观点与门格尔探讨货币起源问题的方法，以及后来被哈耶克发展的"自发秩序"都是一脉相承的。

[2] 据哈耶克晚年口述史访谈中，他谈道："我当然知道，他（米塞斯）的结论通常是正确的，但是我对他的论证并不是很满意。我想，这种感觉伴随了我一生。我总是受到米塞斯的答案的影响，但不是十分满意他的论证。我承认这些论证得出了正确的结论，所以我才付出巨大的努力去改进这些论证。但是，他为何没有说服其他大多数人，这个问题对我十分重要；所以我才想赋予它更加有效的形式。"（考德威尔，2007：177）无独有偶的是，奈特（Knight, 1941）在评米塞斯德文版的《经济学：行为和交换的理论》的文章中也有类似的说法："这种情形尤其典型：在我同意米塞斯教授的结论的地方，我经常发现他正确的结论来自错误的推理——并且相应地，正确的前提用来支持'错误'。"有可能哈耶克早就读过奈特的这个评论，只是到晚年才谈及这一点。

(三) 主观价值论

在总结奥地利学派的主要特征时，我们很容易想到方法论个人主义、主观主义、边际主义等方面[1]，米塞斯本人却更愿意用"主观价值论"（或主观主义）一词来概括奥地利学派在经济思想史上所作出的最重要的贡献[2]，他认为这一思想主要归功于门格尔和庞巴维克两位前辈，他甚至认为主观价值论的发现标志着社会科学领域的"哥白尼革命"（Mises，2003：163）。古典经济学把交换价值而不是使用价值放在它对价格决定问题讨论的中心，它是从企业家的行为出发，没能解释"水和钻石的价值悖论"的问题。而主观价值论则从消费者（或行为人）的主观评价和这些评价所支配的行动出发，成功地解释了价值悖论的问题。行为人行动的时候，他选择的不是抽象的价值，他不在所有的水或者所有的钻石之间作选择，而是在一定时间、一定地点，在确定数量的水和钻石之间作选择。由于水的存量的无限丰富，而钻石的存量稀缺，我们可知其边际效用有天壤之别，前者的边际效用显然要低于后者，所以放弃一定量的水获得一定量稀缺的钻石在消费者看来是可取的，这里不存在水或者钻石总效用比较的问题，而只是边际效用的比较。米塞斯强调："经济行为总是与行为人赋予他必须直接从中选择的那个有限数量的重要性相一致，它与他所得到的全部供给对他的重要性无关，与社会哲学家关于人们所能得到的全部供给对于人类的重要性的判读也无关。对这一事实的认识是现代理论的本质。它与所有哲学的和伦理的考虑无关。"（Mises，2003：180）

---

[1] 参见科兹纳（Kirzner，1991）为《新帕尔格雷夫经济学大辞典》所写的"奥地利学派"的词条。

[2] 米塞斯在 1928 年发表的《评主观价值论的基本问题》（收录到 1933 年出版的《经济学的认识论问题》第五章）指出，新理论经常地被称为边际效用递减规律而不是主观主义，他认为主观主义学派的学说更为合适，能够避免很多误解（Mises，2003：180）。

不仅如此，米塞斯还指出，古典经济学的价值理论有其社会哲学的基础，早期研究价格决定问题的努力是以整体主义原则为基础的，这种原则是在概念实在论的控制影响下被接受的，他们试图寻求价值的实在含义或者说"正确"含义，以此来解释价格决定问题。这是一种学究式的研究方法，注定是困难重重，一无所获（Mises，2003：162）。而个人主义原则为整体主义的瓦解扫清了道路，主观价值论则从实际出发（参照后文，韦伯称之为某种"实用主义"）：从行为人的主观评价出发，而不管这些评价是否符合某种客观上"正确的"价值标准；从这些评价所支配的实际行动出发，而不管他想做而没有做出的行动。仅仅借助于它的主观主义，现代经济理论变成了客观的科学。（请注意，这里米塞斯用到的是"客观的"科学，不是"先验的"科学，我想这是因为处于早期1928年的米塞斯还没有发展出先验的思想。）它并不对行动作出评价，而只是像他本来所是的那样看待这种评价；而且，它不是根据"正确"的行动来解释市场现象，而是根据可观察的给定的行为来解释市场现象（Mises，2003：192）。

为防止对主观价值理论的各种误解，米塞斯在继承主观价值论的同时，也对门格尔和庞巴维克的理论中没有严格脱离客观价值论的部分作了详尽的批评，这是他对主观价值论的发展。米塞斯认为，门格尔对物质欲望和非物质欲望的区分或者实际的欲望与想像的欲望的区分，以及庞巴维克对"交易中的直接获益"与习惯、习俗、公正、仁慈等其他动机的二分法，都是毫无意义的，因为对于行为者来说，只要他行为了，就表明他的选择，而我们不去问行为人是出于什么动机或者欲望。他指出，门格尔和庞巴维克的这种表述虽然没有影响到他们经济理论问题分析的正确性，但极其容易引起不必要的误解，而事实上，可以把主观价值论应用到更广泛的人类行为科学中去。这样，米塞斯的主观价值论就完全脱离了心理学的基础，与心理学没有任何关系。这也是韦伯所宣称的，边际效用理论"不是心理学所可以证明的，而是——如果用一个

认识论的名词来讲 —— 建立在实用主义基础上，也即基于目的与
手段这两个范畴的发展"[1]。总之，米塞斯的主要论点是，门格尔
和庞巴维克开创的主观价值论超越了传统的经济科学的界限，实际
上可称之为人类行为一般理论的核心要素。价值理论能够应用到任
何时间和任何地点的人类行为，而经济理论只能应用到人类行为的
一个狭窄领域，即经济计算指导下的人类行为。

二、韦伯的方法论思想

拉赫曼（Ludwig M. Lachmann，1906 — 1990）在为米塞斯
的《人的行为》所写的书评中声称："这里所阐述的其实是马克
斯·韦伯的思想。韦伯一直坚持认为，理论社会科学在方法论上
独立于自然科学，他强调的是手段和目的作为人的活动的基本范
畴的极端重要性。"他认为，韦伯的理解的方法（解释学的或移情
的方法）也是奥地利学派无意识加以利用的一种理论方法（黄
雄，2008）。在这一节中，我们就重点考察韦伯的方法论思想对于
米塞斯的影响。

马克斯·韦伯（Max Weber，1864 — 1920）作为 20 世纪最伟大
的社会科学家之一，在社会科学的各个领域提出了很多有创见性的
观点。韦伯在 1903 — 1909 年间的大多数作品都与他对经济学的一般
理解有关。他的方法论论文中有一些主要处理经济学的方法论，韦
伯试图超越历史的和分析的经济学方法，发展出一个既吸收奥地利
学派经济学，又吸收历史学派经济学的研究方法（斯威德伯格，
2007：250，256）。他这一努力的主要贡献体现在 1904 年为《社会科

---

[1] 转引自米塞斯《人的行为》（Mises，1996：127）。有趣的是，米塞斯在引用韦伯的
这段话时，他以类似于哈耶克和奈特评价他本人的话来评价韦伯。他说："马克
斯·韦伯对经济学固然不够娴熟，而且过分地受了历史主义的支配，以致看不清经
济思想的一些基本原理；但是，他的天才使得他在这个问题上得到了正确的结论。"
而且，他还在注释中说道，韦伯使用的"实用主义"（pragmatical）一词，自然容易产
生混淆，如果他知道"行为学"（praxeology）这个名词，也许他会采用它。

学与社会政策学报》第一卷所写的经典文章《社会科学中的"客观性"和社会政策》，他在这一论文中至少引出了与我们的论题相关的三个重要方面：客观性、理想类型和"理解"的方法。[1]

（一）客观性、理想类型

首先，韦伯对历史学派沉浸于经验实在的数据积累，试图从"事实本身"推演出一整套观念的做法提出了严正质疑，他认为"这只是来源于专家的自我欺骗"。任何社会科学的研究者在面对繁复多变的具体实在时，都或多或少是透过某种为现实赋予意义的"视角"来观察经验实在的。毕竟，"认识到某物对我们具有重要意义，是它成为研究对象的前提"。所以，完全没有预设、"毫无成见"的科学是不可能的，这里就存在着一个如何保持社会科学的"客观性"的问题。韦伯认为，科学在判断社会政策时的职责是澄清手段与目的之间的关系，而不是对选定的具体目标作出裁决。韦伯宣称："一切关于人类行为的基本要素的严肃思考首先是与目的及手段这两个范畴直接联系在一起的……通过科学分析，我们可以准确知晓手段对于给定目的的适用性……科学可以帮助行为者意识到，所有的行为都意味着在其结果中拥护某些特定价值，并同时反对另一些特定价值。而选择行为本身则是他自己的责任。"（韦伯，2007）[2] 他还强调，在经济分析中，在任何情况下，事实与价值不可以混淆，经济现象必须以行为者本人所秉持的意义来理解，所有用来分析经济的概念必然伴随着分析性的抽

---

[1] 事实上，韦伯与米塞斯都是德语世界中对社会科学有卓越贡献的学者，他们不仅仅在私下生活层面上建立了很好的友谊（韦伯在1918年前后在维也纳大学任教），而且在思想上尤其是方法论上也有许多相互倾慕之处。在当时米塞斯讨论班上所热衷的论题就是关于韦伯的方法论，韦伯也在不同的场合对米塞斯1912年的《货币与信用理论》表示赞扬。

[2] 这里提到的目的与手段的范畴、目的和价值无涉的观点，后来经过米塞斯讨论班的研讨和宣扬，也影响到了英国伦敦经济学院的罗宾斯教授。他在30年代出版的经典著作《经济科学的性质和意义》中的第二章的标题就是"目的与手段"，这本书一直备受争议，也使他名声大振。

象，无论它们来自哪一种社会科学。毫无疑问，韦伯的客观性标准、目的与手段的范畴以及区分价值与事实的观点与奥地利学派的理论研究取向有某种共通之处。[1] 正如上一节主观价值论中指出的，米塞斯认为现代经济学正是摒弃了主观价值背后的目的或原因的分析，彻底脱离道德哲学和心理学的羁绊，而仅仅分析可观察行为的事实本身（即手段对于目的的适用性），才成功实现了经济学的"哥白尼革命"，使其获得了客观的科学地位。[2]

韦伯在对奥地利学派的理论分析性抽象表示赞同时，也提出了自己不同于他们的意见。他认为，"我们感兴趣的社会科学是一门关于具体实在的经验科学"，但"一旦当我们试图思考在直接具体的情景中所面对的生活方式，生活便向我们呈现出无限的多样性，在我们之中或之外的种种事物同时或不同时地出现或消失……有限的人类心智对无限的实在的所有分析都依赖于以下的隐含前提：科学研究的推向仅仅包括这个无限实在的有限部分，唯有那些值得认识的部分才是重要的。但是，这个部分是依据什么标准选择出来的呢？很多人一向认为，文化科学中的决定性标准很可能也在于某些符合规律的、特定因果关系的反复发生……然而，我们所讨论的，不是严密精确的狭义的自然科学意义上的

---

[1] 在1909年社会政策协会的维也纳大会上，韦伯采取的立场更接近于奥地利学派，而不是德国历史学派的经济学家。他坚决拒绝施穆勒等人把经济学当做伦理科学的观点。有关价值判断在经济学中的作用的争论并没有随着维也纳大会的闭幕而结束，而是一直在其后数年的社会政策协会的大会上持续着，后来，便以所谓"价值判断之争"为人所知（斯威德伯格，2007：257）。

[2] 当然，关于事实与价值的区分，韦伯并不是第一个也不是唯一一个提出这一论断的人。"实然与应然"的区分可以追溯到休谟。即使在经济学领域中，早在1890年，老凯恩斯（John Neville Keynes）也在《政治经济学的范围与方法》一书中严格区分了"实证与规范"的方法。意味深长的是，这两个几乎在所有事情上都没有相同之处的团体，即实证主义者和奥地利学派经济学家，都接受了韦伯关于在科学讨论中必须区分事实与价值的观点。而且，很可能是在被实证主义者接受之后，这一观点才赢得了更广泛的信奉者（考deruncil威尔，2007：105）。老凯恩斯的实证与规范的二分法经过弗里德曼的引用（在1953年他的经典论文《实证主义与经济学方法论》中）后，几乎得到经济学界普遍的认同，成为每本经济学教科书中介绍经济学研究方法的标准分类方式。

规律,而是在规则中表现出来的恰当的因果关系和对客观可能性范畴的运用;这一说法即便对于一切所谓的经济规律也完全有效。建立这样的合规律性,与其说是知识的目的,不如说是获取知识的手段"(韦伯,2007)。正因为如此,他建议,门格尔所说的"精确类型",最好用另一个概念"理想类型"(ideal type)来表示。理想类型只是一个工具,是我们用以接近无限实在来阐释文化事实的途径,它不看重现象的本质的方面,而是从无限丰富的现实中挑选出研究者最感兴趣的方面。理想类型不是对客观事实的描述,而是一种韦伯所谓的"乌托邦"或"一种纯粹理想的有限概念,用来与现实条件或行为进行对比"。这个特定的理想类型是否有用,取决于社会的性质特征与理想类型是否相似。他还提到,在今天的生存条件下,现实与经济学理论前提的相似性一直在持续增加(考德威尔,2007:107—109)。

米塞斯同意韦伯否认自然科学的方法适用于历史学的观点,他也同意使用理想类型去研究某种类型的历史,但是,他不同意经济学也采用理想类型。[1] 他认为,建立在普遍规律上的先验的人类行为科学是可能的,经济学就属于这样的一个分支。行为学的理论研究不采用理想类型,也就是说,它不选取行为的某些方面,而是以所有人类行为中永远存在的因素为基础(考德威尔,2007:144)。米塞斯以"理性"这一理想类型为例来论证他对经济学采用理想类型的否定。他说,普遍的误解在于似乎存在理性行为与非理性行为之分,而经济原则仅仅存在于理性的经济行为之中。他针对韦伯在"有意义的行为"的范围内区分的四种类型的行为——目的理性的、价值的、感情的和传统的行为——进行了驳斥。首先他驳斥了有意义的行为与单纯本能反射的行为之分,他认为当人们发现纯粹反应性的行为并不明智的时候,就会有意

---

[1] 拉赫曼认为韦伯的理想类型的概念含义过于宽泛以至于无法应用,因此他试图淡化韦伯理想类型在其思想体系中的地位,提出社会行为理论的出发点和概念是行为人制订计划,以此来缓解米塞斯对理想类型的批评(Lachmann,1971)。

识地去消除这类行为，有意义的行为与纯粹反应性行为之间的界限难以确定。[1] 其次，他对理性行为与其他三类行为的划分逐一进行了有力的驳斥。他一再坚持彻底的主观价值论的观点，认为行为学理论不考虑行为的内容是什么，而仅仅关注其形式，也就是手段达成目的的有效性，即行为本身。至于行为是否是价值的、感情的、或者传统的，那是行为人本身的主观价值，行为学视之为给定的，并不问它是否"理性"。因此，从这个意义上来说，韦伯在有意义的行为范围内所做的划分对于经济学理论并不成立。行为学的概念并不是理想类型也不是平均类型，而是涉及每个单独事例中特征的一般化，它表述的是在它们假设条件已给定的范围内总是必然地必定出现的东西（Mises，2003：88—98）。

（二）"理解"的方法和社会科学的重建

拉赫曼在为米塞斯的《经济学的认识论问题》第二版写的前言中指出："在某种意义上，这两位思想家（指米塞斯和韦伯）共同努力建立行为科学，即有关文化问题的一般化学科。"米塞斯的专门研究者许尔斯曼（Jörg Guido Hülsmann）在为同一本书的第三版所写的简介中也有类似的观点，他认为米塞斯一直致力于这样的一般行为科学，只是在其思想发展历程的不同阶段上赋予该学科不同的名称术语，起初他也采用类似于韦伯的广义的"社会学"，后来出于对先验的行为学理论的强调，他称之为"人类行为学"（Praxeology）。[2]

---

[1] 诺齐克（2006）在"论奥地利学派的方法论"一章中就对米塞斯先验理论提出质疑，我们怎样判断米塞斯意义上的人类行为与纯粹操作性反射行为的界限，难道这种判断也是先验的吗？就米塞斯来说，似乎觉得完全没有这样区分的必要。我认为对这一问题的确还需要进一步考察研究。

[2] 关于米塞斯采用"行为学"（Praxeology）这一术语，据许尔斯曼介绍，米塞斯本人很讨厌发明新的术语，不喜欢用新词作为标签贴在自己的理论框架上。米塞斯多年来避免用某种标签来指称人类行为的一般理论。在 1933 年，他只是称这一理论为"人类行为科学"（the science of human action）。直到 1940 年，他才在德文版的巨著《经济学：行为和交换的理论》中称之为"行为学"，即便如此，它也没有成为书的标题。9 年后，他出版了英文版的《人的行为》（*Human Action*），仍然没有把"行为学"作为其书名。

　　韦伯和米塞斯都认为，必须把经济学看做更广泛的有关人类行为科学的一部分，他们都反对实证主义的一元论。一元论宣称，无论对于诸如物理学的自然科学还是诸如人类行为的社会科学，只有一种科学的研究方法，即借助物理学实验的研究方法。逻辑实证主义，尤其是维也纳小组的成员，他们宣称，在人心中根本不存在任何先验的原则，任何内省或不可实证的方法都是不科学的，科学的研究方法只有依据可观察的事实，科学理论必须经过经验的检验，能够证伪的理论才能称之为理论，这是唯一的科学方法。而韦伯认为，人类行为科学与自然科学的研究方法有着本质的不同。对于自然科学，由于存在严格的规律，我们可以首先提出一套假设和推论，然后借助物理的实验方法控制参数的变化来研究它的严格规律性，最后依据试验结果来证实或者证伪我们的理论假设。社会科学并不存在自然科学严格意义上的规律，不存在自然世界中严格普遍的因果关系，没有可以重复的实验数据，势必存在有些无法通过外部手段来了解的因素，社会学家的工作就是要构建不同的理想类型来对无限复杂多变的具体实在进行归因（imputation），找出各种因素的合规律性。那么，社会学家怎样来进行这种有效的归因呢？这就要依靠韦伯意义上的"理解"（verstehen）方法。因为研究者本身就是研究对象，他们可以借助内省的方式，通过"移情理解"（empathetic understanding）来获得对人类行为的解释能力。[1] 米塞斯也同意自然学科与

_____

[1] 拉赫曼（Lachmann，1971）在《马克斯·韦伯的遗产》一书中把这种理解的方法称之为"释义学的方法"。他认为释义学的最原初含义来自于一个人如何理解一个实在文本，如何保证读者领会的意思与作者想传达的意思一致。这是在不同的人之间建立共同语境的重要方法。这似乎与斯密的"同情心"以及现象学中的"主体间性"（intersubjectivity）也有某种契合。麦迪逊（G. B. Madison）就曾经试图在奥地利学派与现象学之间寻求诸多类似之处：现象学对时间的看法无疑与奥地利学派经济学的时间观念有重要相似之处；哈耶克对自发秩序的阐发也与现象学中的"主体间性"有某种契合；米塞斯的一些论点，如"行为人一定具有某种目的和有意识的行动"和"观念理论指导人的行为"等，都可以从现象学中的解释学上找到很多类似的看法。参见：门格尔，《经济学方法论探究》，姚中秋译，北京：新星出版社，2007，第 283—295 页。

社会学科认识论上的二元论，他认为自然学科服从因果律，我们不能对自然世界说出任何最终理由或者第一推动力，自然科学家不知道最后的目的是什么；而人类行为学科是目的论的，我们能够通过内省的方式了解任何行为的最终性——目的，理解的方法是我们了解人类行为目的和意义的重要方法。

米塞斯赞扬韦伯对观察可以没有预设前提的历史主义观点的批判，他一再坚持说，历史研究的每一步骤都要利用理论，历史研究的每一个前提都内含着社会学原理，没有理论的历史是不可设想的。他也同意，理解的方法在历史研究中具有不可替代的重要性。他指出，历史研究因为不存在任何将来的经验部分，与自然科学一样，历史学处理的是过去发生的经验，然而两者有本质区别。历史学的研究对象是关于人的行为的经验部分，它是人的行为的记录。关于人类行为的经验部分往往是一种复杂现象的经验，没有任何关于人类行为的实验室试验可以重复这类经验。因此，实证主义和形而上学及其类似的学派研究历史仅仅是一种幻想。作为探究人类行为历史科学的方法，理解在范畴上与每个人在日常生活中处理世俗事物的程序并无不同，它并不是仅仅属于历史学家的特殊方法。人类行为的环境包括两方面，一是自然的外部环境，二是人类行为自身形成的。未来的不确定性，不仅由于他人的将来行为的不确定性，也因为我们对许多影响行为的自然现象的知识不够。在面临将来的不确定情况下，理解使人们得以了解过去，这一功用，只是为预测将来和适应将来作准备。它包括处理那些决定人们行为的心智活动，那些自然科学所不能察觉的无形的东西。人心的逻辑结构，连同所有的先验范畴，是形成理解的必要条件。理解为的是预测未来，未来的情形又取决于人的观念、价值判断和行为，包括其他人的行为。其具体目的是要确认如下事实：人们对于他们的环境赋予一定的意义并作出价值判断，而且采取某些手段来保持或取得某种状态，从而满足某些符合其价值判断的目的。因此，理解必定涉及价值判断，涉及目的及其手段的选择，涉及行为后果的评价。历史就是记述着人们在何种观念激发下，作出何种价值判断，选择了哪些目的，采取了哪些手段和行为，以及其行为带来哪些结果，并作出评价（Mises，1962：45—50）。

但米塞斯不仅仅停留在自然科学与社会科学的二元论上，他追随门格尔的方法论立场，严格区分理论与历史，并认为这种区分极为重要。在他看来，对人类行为研究也存在着二元分野：一类偏重于理论的行为学，另一类是偏重经验的历史学。为了实现人类行为科学研究人类行为的相关性及其意义的目的，我们有两种认识论的方法：概念化和理解，它们分别对应为处理行为学和历史学的两种独特的心智工具。在韦伯看来，历史研究和经济学研究采用同样的方法，这两个领域都利用从现实中选择出的某个方面，或是对其加以强化的理想类型，两者仅仅是接近理想的程度不同而已。韦伯主张所有的描述都包含着理论，理想类型本身绝不是目的，仅仅是一个理解的工具，社会研究者借此来获得他对具体实在的解释能力。而米塞斯不同意经济学采用理想类型，他试图采用"概念化"的方法来证明建立一门普遍有效的规律性的人类行为的理论学科也是可能的。概念化的方法就是要基于先验的行为学公理，澄清行为学范畴所蕴涵的概念，并证明它们之间的必然关系。米塞斯说："作为思考并行为着的人，我们抓住行为这个概念。在把握这个概念时，我们同时把握了价值、财富、交换、价格和成本这些与之密切相关的概念。在行为的概念中必然蕴涵着这些概念，而且与这些概念一起还有评价、价值的范围与重要性、稀缺与丰富、利与弊、成功、利润和亏损的概念。所有这些概念和范畴在基本的行为概念的推演中逻辑展开，以及对它们之间的必然关系的证明，构成了我们这门科学的主要任务。"（Mises，2003：24—25）米塞斯后来在《人的行为》中就是要构建这样一门人类行为学，以此来展现所有的经济理论是如何从人的行为的基本范畴中逻辑推演而来的。正因为它在逻辑上先于经验，所以他把它看做是先验的行为学理论。

三、人类行为学的先验论

如果说米塞斯从门格尔和韦伯那里继承过来的方法论引起了经济学界的关注和批评的同时，至少还有一部分人愿意站在他的立场上来维护他的话，那么他将从康德先验论那里借来的"先验"一词用在自己的经济学方法论上时，他完全处于无人声援、孤军奋战的局面。除了几个年轻的学者如罗斯巴德、科兹纳外，几乎没有人愿意再靠近他，整体地与他划清界限，甚至出现没有批评的难堪境地，似乎经济学家已经不屑于评论他。用布劳格的话说，"我们不得不怀疑是否有人会认真地对待这些论著"（布劳格，1992）。这一节我们首先简要介绍康德的先验论，然后阐释米塞斯从康德那里借来的"先验"二字并没有使他的经济学理论变成其他人所认为的脱离实际、无法检验的伪科学。那么他如何对他的先验论的人类行为学自圆其说呢？我们试图从米塞斯本人的文本出发来揭开这一谜团，并从中解读出他对各类批评的有力回应。

（一）康德"先验"释义

讨论先验的问题，我们有"一座怎么也绕不过的桥，这座桥就是康德"。当然我们在此无意全面探究康德的先验论问题，这既超出笔者的能力范围之外，也与本文的经济学方法论主题无益，因此，我们仅对在米塞斯意义上相关的康德先验论作一简单说明。

康德的问题是一个古老的认识论问题，即现象（事物呈现的表象）与本质（事物本身）之间的鸿沟的问题：人类如何保证从现象中得来的知识能够真实反映其本质？在这个问题上，历来有两种主要的思路：唯理派和经验派，但康德对两者都不满意，他认为极端理性主义和经验主义都是行不通的。像极端的理性主义者如莱布尼茨、沃尔夫等那样，通过理性自身，没有经验的数据，注定要失败，因为纯粹逻辑并不能教给我们关于真实世界的任何东西；同样，像洛克、贝克莱和休谟那样的极端经验主义者也不行，因为外部事实从来没有完全地呈现于"心灵的白板"，他们只能依靠存在于人心的范畴的帮助才能获得知识，而这些范畴是超越于任何经验的。正是在这个意义上，为了克服这两方面的困难，康德提出了一整套为人所知的"先验的"知识体系。

我们先来看看"先验的"这个概念与相关的术语的辨析。"先验的"（transcendental）与"先天的"（*a priori*）这两个术语有一点是共同的，就是它们都是先于经验的；但"先天的"只管先于经验，至于先于经验来干什么，它并不考虑；而"先验的"则是指先于经验（就此而言它也是一种"先天的"）而又关于经验，它应当考察经验知识是如何可能的，是以哪些先天条件为前提才得以可能的。因此，"先验的"这个术语是指对一切先天知识的一种认识论上的处理方式，它本身也是先天的，但又不仅仅是先天的。[1] 与此相关，在康德那里，transcendental 是还作"超越的"讲，而 transcendent 则是"超绝"或"超离"义，两字同含有"超经验"的意思。transcendent 乃"超绝经验"之意，即离经验独立而绝对不可知。transcendental 乃"超越经验"而同时内蕴于经验之中，为构成经验或知识可能之先决条件。换句话说，transcendent 乃超绝一切经验，而 transcendental 仅是超越任何经验，而并不超绝一切

---

[1] 关于"先验的"与"先天的"这两个术语上的辨析，请参考邓晓芒（2005）。他在文中还指出，康德在这里为了区别两者，而把先验的知识与形式逻辑和几何学的先天知识作了对比。所以先验的知识包括先验感性论、先验逻辑中的先验分析论和先验辩证论，它们有一个共同的特点，都是从认识论上探讨知识（数学知识、自然科学知识和形而上学知识）何以可能（或何以不可能），因而都具有认识论含义。所以凡是在康德那里遇到"先验的"一词，都具有认识论含义，即都是指向有关对象的知识。例如形式逻辑本来不关心对象的知识，它只是"先天的"；但是一旦我们赋予形式逻辑的判断形式以有关对象知识的意义，这同一个先天的判断形式就变成了先验的"范畴"，这就从逻辑学进到了认识论。

经验。[1]

然后我们看看康德在先验逻辑中用到的"范畴"术语，这是他从亚里士多德那儿借用过来的，用来指称先验逻辑中的那些基本的先验概念。第一，康德认为范畴是先天的，通过内省我们了解到这些范畴，并以此来构造我们的思维和对世界的感知，先验公理是通过一整套超越于经验的范畴内嵌于人心的。第二，这些先验的范畴是人们借以认识外部世界事物的判断力所必需的，因为依靠这些范畴使得我们获得经验的感知，否则认知世界将是不可能的。在康德看来，依据先验范畴的应用我们获得了对外部世界认知的客观有效性。第三，也是至关重要的，那就是范畴的使用仅限制于经验之内。[2] 只有当范畴使经验成为可能，范畴才是可能的概念；当范畴应用到经验以外的地方，便成了空洞的文字，这就是范畴使用的限制。这也是为什么许多研究者认为康德的"先验"概念既超越于经验，又内在于经验的原因。因此，范畴是一切可能经验的必然预设，并且它只有与经验相关时，其使用才是证成的（库恩，2008：283—284）。

康德由此说明，人类一切科学知识并不像休谟所说的那样只是感觉印象加上主观心理的"习惯性联想"的偶然产物，没有任

---

[1] 关于 transcendental 是还作"超越的"讲，与"超绝"（transcendent）的区别，请参考郑家栋（2001）。

[2] 关于范畴使用的限制，请参考邓晓芒（2005）。他指出，本身是先验的范畴，却不可能有"先验的运用"，而只能有"经验性的运用"，弄清这里面的关系，对于我们更准确地把握"先验的"一词具有关键意义。其实，既然范畴在针对一个对象而发生作用这种意义上才是"先验的"，所以凡是范畴就已经意味着指向一个对象并且准备要规定一个对象了。然而这个对象在这种意义上还只是一种"先验对象"，即"所认为的对象"，它还没有确定这个对象究竟是一个经验对象还是一个超经验的对象（自在之物），而只是"一般对象"。所以如果它指向的是一个经验对象，这时这个"先验对象"的表象就被充实以具体的感性直观材料的内容，并因而在有关一个经验对象的知识中起了积极的作用，这就是范畴的"经验性的运用"。反之，如果它指向一个自在之物，那么它虽然同样"认为"自己有一个对象，但那个对象并不能给予它，因为它并不具有"智性直观"，因此这只是它的一相情愿；这时它自以为有一种"先验的运用"，而实际上却没有任何运用。所以康德多次强调先验的范畴不可能有"先验的运用"，只能有"经验性的运用"。

何普遍必然性和可靠性；而是在任何一个知识中都包含有"人为自然立法"的成分，即认识主体通过先验逻辑的诸范畴为经验性的后天材料立法、并由此建立起对客观对象（现象）的主体能动成分。通过这种方式，人类科学知识大厦就恢复了其可信赖的普遍必然性或客观性（邓晓芒，2004）。

（二）米塞斯的人类行为先验论

为了驳斥实证主义者的一元论，同时区别于历史学派的研究方法，米塞斯从康德的先验认识论中借来了三个概念：一是先验的公理，二是人心的逻辑范畴，三是通过内省的方式来了解个体（有可能韦伯的理解概念也是出自康德）。除了借用这三个概念，米塞斯还借用了康德的两个重要论点：一是为了实际的用途，行为学的研究范围有所界定，先验公理和逻辑范畴仅关心经验内的人类行为；二是行为学的命题对所有的经验行为都普遍有效，但由于它是先验的，并不能被经验证实或者证伪。除了这些共同点外，我们可以看到他与康德的先验论有许多不同之处，以至于许多研究者指出米塞斯的先验论与康德先验论的关系仅仅是名词术语上的借用，除此之外几乎没有任何实质联系。基于我们详细的考察分析，这种说法似乎有一定的道理。

首先，米塞斯与康德虽然都试图证明经验之外还存在着不能被经验证实或证伪的知识体系，但他们各自处于不同的时代背景下，他们各自搬出"先验"所要对抗的目标是不一样的。康德处于18世纪的启蒙时代，一方面牛顿力学创造的经典物理世界为我们认识世界提供了可靠的工具，另一方面休谟的彻底怀疑论给予理性主义摧毁性的致命打击，康德则试图调和理性主义与经验主义的这一矛盾，试图为新的形而上学或者牛顿的世界观奠定稳固的哲学基础，因此他的先验论中有一个重要的论题是：自然科学的先天综合是如何可能的。而米塞斯面临的情况截然不同，他没有康德的雄心，为一切科学寻找基础，他只是为他要建立的人类行

为学寻找认识论基础。此时，他面前有两大拦路虎：一方面是实
证主义在人文学科的泛滥，他们是要用物理学的研究方法来研究
一切社会科学，并宣称这是唯一"科学"的；另一方面还盛行一种
历史主义的研究方法，历史主义强调每个民族、国家的特殊性，
否认人文学科的一切规律，认为不同的时期、不同的国家有着不
同的逻辑规律。米塞斯既要驳斥前一种认识论上的一元论，也要
否定后一种多逻辑论，他试图阐述经验之外也存在着严格的理
论，所以他借用"先验"一词，既是区别于经验论的实证主义，也
是否认多逻辑论的历史主义。因此，米塞斯的先验论并没有像康
德那样气势磅礴、纷繁复杂，他的目的很明确，主要是为他的这
一行为学理论存在的可能性服务，从这一点上来说，米塞斯与康
德的关系仅仅是名词上的雷同，别无他处。

　　关于一元认识论上文已有论述，这里对米塞斯要驳斥的多逻
辑论稍加说明。多逻辑论（polylogism）认为，不同的种族、时
期、地域、国家、阶级的人们有不同的人心逻辑结构，他们思维方
式各不相同，"某些观念之所以正确，是因为保持这种观念的人属
于正当的阶级、正常的邦国、或正当的种族"（Mises，1949：
76）。这类观点的典型代表是法西斯主义的种族说。米塞斯在这里
借用先验的范畴，他指出，人的思想和行为的诸范畴，既不是人
心武断的结果，也不是一些习惯，它们是人们调整自己以适应外
部世界的工具，所以先验的悟性和纯粹理性是符合现实结构的，
它们对于外部世界的结构是适应的，是一切人类知识的最终根
源。正如李嘉图比较成本学说摧毁了种族主义多逻辑的种族矛盾
论，它是先验的逻辑推论，对于所有的种族、民族、阶级而言都是
适用和有效的。有些多逻辑论者也承认所有人仅有同一的心理逻
辑结构的事实，但他们宣称，对历史的理解、美的感受以及价值
判断都受限于一个人的背景。米塞斯指出，即便对于这类事实的
承认，也不足以说明：种族遗传或阶级关系是价值判断、目的选
择、美的感受的最终决定因素。人生观与行为方式的差异，并不

相当于种族、民族或阶级关系的差异（Mises，1949：87）。

其次，很多批评者指责先验的分析如果是正确的，那么仅仅是逻辑上的一种同义反复，米塞斯与康德对于这类指责采取了不同的回答方式。康德提出先天综合的判断如何可能并加以证明。而米塞斯回避了综合与分析的二分法，完全抛弃了康德先验综合的概念。他甚至承认自己的行为选择的逻辑演绎的确是同义反复，但是他认为这样的逻辑展开是有意义的，并不是批评者所指的毫无意义。尤其是对于行为学来说，行为学公理是其研究的起点，从这一研究起点展开的先验命题与现实世界是密切相关的。而且，如果没有这些先验的命题，我们无法理解经济的运行，无法理解经验实在。事实上，米塞斯也正面驳斥过分析与综合的这种指责。由于逻辑实证主义者否认任何先验知识的认知价值，他们认为先验的命题仅仅是分析的，不会提供什么新的信息，仅仅是言语上的同义反复，而只有经验能够带来综合的命题，米塞斯就驳斥道，他们无法解释这一事实：他们的"否认先天综合命题的存在"这一论断本身就是一个先天综合命题，因为它不可能是来自于经验的归纳综合（Mises，1962：5）。[1]

最后，我们重点考察米塞斯人类行为学的研究起点及其研究范围，他与康德的先验研究也相差甚远。米塞斯关注的是人类行为学，而康德关注的是科学（包括所有科学）如何可能，两者在范围上有着重大差别。虽然米塞斯以"先验"标识他的人类行为学，但从它的研究起点（行为学公理）到终点（适用范围）始终是经验的人类行为。米塞斯招到各方面的批评，集中点也在他的行为学公理的起点上。为什么行为学公理是先验的？既然是先验的，如何能处理经验实在的行为？为什么不选择其他的先验公理？为什么先验的行为学公理演绎出来的命题又是对经验实在有效的？而

[1] 这也正如米塞斯在驳斥"否认人的行为科学中任何理论的存在"这一论断的时候，他说任何语言都蕴涵着理论，批评者在宣称他的这一论断时，本身就已经是一种理论，批评者无法逃出这一逻辑矛盾。

且不需要经验的证实或证伪而宣称普遍有效？下面我们来看米塞斯对这些问题的回答。

（1）什么是行为学公理？为什么它是先验的？米塞斯认为："人行为，意味着追求某种目的，也就是说，选择一个目的，并求助于某些适合达到这一目标的手段。"（Mises，1962：4—5）这一命题称为行为学公理，是一切行为学命题的出发点。它是通过每个人的内省而为每个人所知，它本身就是我们区别于其他生物、人之为人的前提。不仅如此，在米塞斯看来，思想与行为是一件事情的两面。思想和行为是人类所专有的特征，所有的人都具有这两个特征，人之所以为人而超越动物学上的人，就是因为具有这些特征。行为之前是思想，思想是预测将来的行为，并回顾以往的行为，思想与行为是不可分的。[1] 人心的表现有两面：一面是先验思维与理性，另一面是人的行为。理性和行为是同源的，而且是同一现象的两面（Mises，1962：42）。人是有意行为的，人是行为的动物，我们并不是通过经验来获得人区别于其他生物的这一行为学公理的，因为我们不可能完全不依靠行为或者不依靠思考而去"经验"，因此它是"先验"的。[2]

（2）为什么行为学公理并不是任意选择的？诚然，我们也可

---

[1] 关于思想和观念对于行为人的影响，米塞斯认为社会就是人类行为的产物，人类行为又是受"意蒂牢结"（ideologies）所指导的，所以，社会及社会事务的任何具体秩序都是"意蒂牢结"的产物。米塞斯所谓的"意蒂牢结"与马克思所说的意识形态不同，马克思的意识形态只是一定社会状态的产物，而米塞斯的"意蒂牢结"是指社会观念，它具有主动性，能够指导行为，同时还包含思想和行为者相互之间合作演进。他强调，社会总是观念的产物，观念在时序上和逻辑上总是在先的，行为总是受一些观念的指导同时实现思想所预定的事情。新的社会观念产生或者替代旧的观念，从而改变社会制度。米塞斯认为社会观念有一种塑造行为的能力——甚至称之为"支配的权力"，任何有权力的人或者集团，其权力来自"意蒂牢结"（观念）。只有观念才能赋予一个人得以影响其他人选择和行为的力量。行为学的一个任务就是要暴露现有的"意蒂牢结"所蕴涵的错误（Mises，1998，p187 - 192）。

[2] 诺齐克（2006）在"论奥地利学派的方法论"一章中就对米塞斯先验理论提出质疑。他指出，设身处地的移情理解同样也并不能先验地知道我们完全有能力去这样理解对象，即使有这种能力，也应当意识到这大概是根据适合的心理程序获得的一种后见之明。另外，他还讨论了偏好的本质及其与选择行为的关系以及时间偏好的根据等问题，提出了诸多富有挑战性的问题。

能从别的公理出发来演绎经济学，例如，阿罗—德布鲁一般均衡的世界是先验演绎的，但是它与现实世界没有多少相关。米塞斯有两方面的考虑，一方面他要保证公理是先验的，另一方面他的兴趣在于阐释现实，所以行为学公理正好满足这两个条件，既是与经验无关的，同时又与现实世界中的人紧密相关。它既是先验的，又能向我们传达外部世界的知识。所以，米塞斯从行为学公理出发是由于它有着独特的能力架起了先验理论与现实世界的鸿沟之间的桥梁，并不是任意选择（Leeson and Boettke，2006）。这里让人想起了康德，类似于康德哲学中的时间与空间，它们既是先验的，又是思维现实实在的必备条件，连接了人心与外物的两端。事实上，行为学公理的逻辑也说明了这一点：对于关注真实世界的行为学来说，除了借助于行为学公理别无他法。因为行为和思想是我们观察世界、经验实在的唯一途径，我们唯有透过人心的逻辑结构，使用行为的逻辑范畴才能了解世界。因此，如果我们试图使经济学圈定于外部经验的实在，我们只能以行为学公理为出发点。正如米塞斯所言："行为学思想的出发点并不是任意选择、武断的公理，而是在每个人心中充分明白的呈现的一种自明的命题。"（Mises，1962：4—5）

　　（3）为什么先验的行为学公理演绎出来的命题又是对经验实在有效的？而且不需要经验的证实或证伪而宣称普遍有效？人类行为都是有目的的，也就是说致力于某些目标。这是必然的，因为我们生活在一个匮乏的世界里，甚至财富也受到时间的约束，我们终有一死。任何行动都是为了改进我们的状况，或消除不适感（考德威尔，2007：144—145）。所以米塞斯说："每个行为都涉及在各种可能性之间的选择，所有的行为都是有效地利用可用的手段来实现可达成的目标。行为的基本规律是经济原则，每个行为都要受它的支配。"（Mises，2003：86）从先验的公理出发，通过严格的逻辑演绎（只要这一过程中没有任何错误），演绎出来的逻辑命题的结果当然对经验实在有必然普遍的约束力，它既不需要经验来证实，也不需要经验来证伪。[1] 正如经验无法证实也无法证伪几何学上的勾股定理一样，经验的测量永远都是有误差的，而且也是个别的，无法证明这么普遍的先验命题。

（4）最后，我们来考察米塞斯的行为学研究的范围是否仅限于经验世界。当然，从先验行为学公理也可以演绎出很多与经验实在不相关的命题。譬如，假定所有的人都以劳动为光荣，认为它带来更多的满足，那么从这一假定严格演绎出来的劳动就业理论同样是正确的，但这可能仅仅对于劳动正效用的情况适用。然而，行为学的目的在于理解现实世界，我们观察到外部世界的条件（在我们的例子中是劳动负效用）并使用这一经验的辅助假设来限定我们的理论。值得一提的是，米塞斯认为："这样谈到经验并不妨碍行为学和经济学的先验性。经验只是指使我们的好奇心从某些问题转向另一些问题。经验告诉我们应该探究什么，但它并不告诉我们如何可以进行求知的研究。"他认为科学的目的是要了解现实，科学不是精神锻炼或者逻辑的游戏场，所以行为学的研究限于现实世界的那些条件和前提下的行为。有时它也研究一些不能实现或理想条件下的行为，但这种研究仅仅是为研究现实经验条件下的行为而服务的（Mises，1998：65）。这与康德的先验论也有类似之处，康德也宣称他的先验范畴可以用来描绘一个上帝的世界，但是他禁止自己这么做，因为这毫无意义。

综上所述，米塞斯行为学的起点是人的行为，终点也即他感兴趣的范围是经验世界的人的行为。这样看来，他的先验的经济学很难说有一般人所理解的那种脱离经验的先验的意味。事实上，他从

---

[1] 关于对先验公理或概念的证实，我认为可以借鉴马克卢普（Fritz Machlup）关于"论间接证实"的观点，他提出在我们的推理过程中间有一部分是自明的先验公理，而有一部分是可以关于经验的现实条件，最后可以推出一个关于经验的结论。为了检验自明的先验公理，我们可以检验这一推导的其他两个部分，如果推断的结论能够证实，而且除了自明先验公理外的条件也能证实，那么我们就认为先验的公理也被证实了。不过，有可能另外一个更适合推理的先验公理出现了，那么先前被证实的先验公理照样可以退居二线，被新的更有效的先验公理所取代（豪斯曼，2007）。

始至终都高度关注真实世界，堪称"真实世界的经济学"的典范。

四、简要评价

通过以上对米塞斯经济学方法论来自奥地利学派的传统、韦伯方法论以及康德先验论三方面思想渊源的回顾梳理，我们大致清楚了米塞斯经济学方法论的观点和自身发展逻辑：米塞斯首先继承了门格尔理论与历史的二分法，重点发展了他的主观价值论，同时结合韦伯提出的价值无涉的观点，使得基于个人主义的主观价值论突破了纯物质经济领域的行为研究，并试图建立包括经济学在内的更广的"人类行为学"，最后他为了对付实证主义和历史主义的双重夹击，从康德那里借来"先验"一词标记在自己的学科上，并从先验的"人的行为学公理"出发严格演绎出一整套经济学先验命题，以展示他所倡导建立的人类行为学先验论的可能性。

然而，当我们试图为米塞斯的经济学方法论归类时，我们陷入了困境。首先，正如第三节分析所展示的，它冠以"先验"之名，其实处处关注经验。他的经济学强调经济过程，强调时间中的人面临的不确定性，强调研究行为人正在行为时的主观价值，这些无不切入现实实在。其次，它既不是实证的方法，也不是规范的方法。一方面自始至终他都反对实证主义，他之所以提出先验的概念，某种程度上就是对付实证主义；另一方面他的经济学理论也不是规范的，并不告诉我们该怎么做，而只是告诉你什么样的行为会带来怎样的结果，其理论仅仅是一个行为学公理逻辑的展开过程。[1] 正如前文讲到韦伯的价值无涉对奥地利学派与实

---

[1] 考德威尔在《哈耶克评传》中称，米塞斯致力于建立普遍规律上的"规范性"的社会科学，他超越了韦伯，认为经济学是一门"规范性科学"（考德威尔，2007：144，147）。我想作者的意思可能是说，米塞斯致力于建立理论性的社会科学，而不仅仅是广义的历史学。

证主义的影响时所说的，其实二者也有某种相似之处，他们都接
受了韦伯价值无涉的观点。虽然米塞斯强调行为的逻辑，但他同
时也强调仅仅关注行为本身，我们仅仅分析现实中的行为、而非
想像的行为，也不管行为者究竟出自什么目的、抱有什么价值
观，用实证主义的话来说，我们仅仅处理可观察的数据。第三，米
塞斯是属于亚里士多德主义还是康德主义呢？这同样也没有定
论。史密斯（Barry Smith）就认为，奥地利学派方法论思想来源于
亚里士多德主义的某种本质主义和先验主义，而且这种先验主义
在门格尔那里体现为纯粹的可认知的反映论，即先验的命题反映
着那些实在中存在的本质；而在米塞斯那里多少有些混乱地掺杂
了某种康德主义的强加论，即先验的范畴是人的心智创造出来
的，反映的是心智的逻辑结构。[1] 所以，无论从先验与经验之
分，还是从实证与规范之分，以及康德主义与亚里士多德主义之
分，都很难把米塞斯归入到任何一类。

　　尽管我们还可以从很多方面对米塞斯的方法论提出批评和质
疑，但正如诺齐克在一篇讨论奥地利学派经济学方法论的文章中
所言，我们不能把先验的方法论"抛掷一边"，它对于我们来说还
是非常重要的，至少提出了许多富有挑战性的观点。另外从实际
的观点出发，这一方法论也发展出了诸如商业周期、动态市场过
程以及企业家精神等卓有成效的理论。其实，抽掉"先验"的术语
外壳，米塞斯的经济学依然成立，哈耶克在他晚年的口述史访谈
中对米塞斯的评述也有类似观点。因此，米塞斯的经济学方法论
至少给当代经济学的经验主义的"一支独大"提出了警示，我们
应该把米塞斯当做一面"镜子"。虽然镜子本身不一定完全是真理
的化身，但我们仍然需要时不时拿出这面镜子，来反观一下我们
自身的缺陷，以防止我们正在走向米塞斯所警示过的歧途，这一

---

[1] 参见：门格尔，《经济学方法论探究》，姚中秋译，北京：新星出版社，2007，第
253—259 页。

点尤为重要。

如今在经济学界中流行的"真实世界"的经济学，以及布坎南的跨学科的研究等，无不与米塞斯的方法论有某种契合之处。事实证明，在国内也有越来越多的人在关注奥地利学派，在宣传米塞斯的经济学思想及其方法论（黄雄，2008）。也许，"在世界未来的经济学发展中，奥地利学派的思想方法和理论洞识，还将会为学术界进一步挖掘，并将会得到进一步张扬和重新进行理论阐释"（韦森，2005）。即便大多数经济学家"已经抛掉了这些东西"，可是谁又能预测得到，在不久的将来，米塞斯独特的方法论是否还会卷土重来、甚至出现"极地反弹"呢？依我看，它将是我们长久的课题。

参考文献

1. 艾伯斯坦，《哈耶克传》，秋风译，北京：中国社会科学出版社，2003。

2. 布劳格，《经济学方法论》，石士钧译，北京：商务印书馆，1992。

3. 邓晓芒，"康德先验逻辑对形式逻辑的奠基"，《江苏社会科学》，2004年第6期。

4. ——，"康德的'先验'与'超验'之辨"，《同济大学学报（社会科学版）》，2005年第5期。

5. 哈耶克，《个人主义与经济秩序》，邓正来译，北京：生活·读书·新知三联书店，2003。

6. 豪斯曼，《经济学的哲学》，丁建峰译，上海：上海人民出版社，2007。

7. 黄雄，"奥地利经济学派：一个文献综述"，《社会科学战线》，2008年第4期。

8. 蒋自强，张旭昆，《三次革命和三次综合》，上海：上海人民出版社，1996。

9. 考德威尔，《哈耶克评传》，冯克利译，北京：商务印书馆，2007。

10. 库恩，《康德传》，黄添盛译，上海：上海人民出版社，2008。

11. 罗宾斯，《经济科学的性质和意义》，朱泱译，北京：商务印书馆，2007。

12. 门格尔，《经济学方法论探究》，姚中秋译，北京：新星出版社，2007。

13. 诺齐克，《苏格拉底的困惑》，郭建玲、程郁华译，北京：新星出版社，2006。

14. 斯威德伯格，《马克斯·韦伯与经济社会学思想》，何蓉译，北京：商务印书馆，2007。

15. 韦伯，"客观性和经济学的理解"，收入豪斯曼编，《经济学的哲学》，丁建峰译，上海：上海人民出版社，2007。

16. 韦森，"奥地利学派的方法论及其在当代经济科学中的意义及问题"，《学术月刊》，2005 年第 4 期。

17. 熊彼特，《经济分析史》（三卷本），朱泱等译，北京：商务印书馆，2005。

18. 郑家栋，"'超越'与'内在超越'——牟宗三与康德之间"，《中国社会科学》，2001 年第 4 期。

19. 郑昕，《康德述评》，北京：商务印书馆，1984。

20. Boland, Lawrence A., 1991, "Methodology", in John Eatwell, Murray Milgate and Peter Newman (eds.), *The New Palgrave：A Dictionary Of Economics*, Vol. 3, London：Macmillan.（中译本：伊特维尔，米尔盖特，纽曼，《新帕尔格雷夫经济学大辞典》，陈岱孙主编，北京：经济科学出版社，1996，第 488 页）

21. Hülsmann, Jörg Guido, 2007, *Mises：The Last Knight of Liberalism*, Auburn, Ala.：Ludwig von Mises Institute.

22. Kirzner, Israel M. , 1991, "Austrian School of Economics", in John Eatwell, Murray Milgate and Peter Newman (eds.), *The New Palgrave: A Dictionary Of Economics*, Vol. 1, London: Macmillan.

23. Knight, Frank H. , 1941, "Professor Mises and the Theory of Capital", *Economica*, New Series, Vol. 8, No. 32, Nov. , pp. 409 – 427.

24. Leeson, Peter T. and Peter J. Boettke, 2006, "Was Mises Right?", *Review of Social Economy*, Volume 64, Issue 2, June, pp. 247 – 265.

25. Lachmann, Ludwig M. , 1971, *The Legacy Of Max Weber*, Berkeley, California: The Glendessary Press.

26. ——, 1976, "From Mises to Shackle: An Essay on Austrian Economics and the Kaleidic Society", *Journal of Economic Literature*, Vol. 14, No. 1, Mar. , pp. 54 – 62.

27. Mises, Ludwig von, 1962, *The Ultimate Foundation of Economic Science: An Essay on Method*, Princeton, New Jersey: D. Van Nostrand Co. , Inc. (中译本:米塞斯,《经济学的最后基础》,夏道平译,台北:远流出版公司,1991)

28. ——, 1996, *Human Action: A Treatise on Economics*, 4th edition, Auburn, Ala. : Ludwig von Mises Institute. (中译本:米塞斯,《人的行为》,夏道平译,台北:远流出版公司,1991)

29. ——, 2003, *Epistemological Problems of Economics*, 3rd edition, translated by George Reisman, Auburn, Ala. : Ludwig von Mises Institute. (中译本:米塞斯,《经济学的认识论问题》,梁小民译,北京:经济科学出版社,2001)

抽象规则与经济秩序

刘业进[*]

摘　要：本文梳理了哈耶克思想中的经济秩序思想，探索经济秩序与抽象规则遵循之间的关系。利用抽象规则遵循和经济秩序涌现的原理分析中国最近实施的《劳动合同法》，认为该法存在重大瑕疵，对于市场中的自由契约构成重大障碍，严格执行该法最终将损害雇主和雇员双方的利益。

关键词：抽象规则；经济秩序；涌现

一、"抽象规则遵循行为"

对于复杂适应系统，例如经济系统的"复杂行为"——大型企业制造出包含数以亿计个零件的极为复杂的现代产品，我们可以追溯到其中的简单过程的相互作用，这些简单过程以非线性的方式对局部信息作出响应。系统中的组分遵循简单规则，在适应过程中学习，通过反馈实施"信用分派"，使得具有更大适存度的规则在主体之间盛行起来。主体在行动中遵循的是用于处理局部信息的简单规则。"系统中的每一个元素与整体系统的行为是无知

---

* 刘业进，首都经济贸易大学公共管理系讲师。通讯地址：首都经济贸易大学公共管理系（100070）。

的，它仅仅对于其可以获得的局部信息作出响应。复杂性是要素间丰富的相互作用的结果。这种简单要素仅仅对呈现给它的有限信息作出响应。当我们观察作为整体的复杂系统行为时，我们的注意力就从系统的个别要素转移到了系统的复杂结构。复杂性是作为要素之间的相互作用模式的结果而涌现出来的。"（西利亚斯，2006：6）系统组分/要素在相互作用时，利用局部信息知识，遵循简单的一般的抽象规则。在经济系统中，与最优化范式的假设相反，代理人主要是简单遵循习惯以及在此基础上的成本收益计算（如成本加成等"惯例"）；在围棋博弈中，黑白子遵循简单的"占地"、"死活"规则；而在中国象棋博弈中，各种角色棋子遵循简单的固定走法和自由度，例如，"兵"服从一步一格，3 个自由度；"马"斜向两格，8 个自由度；在缓慢行使的车流中，每一个司机遵循简单的"见空即加速行驶或并线加速行驶，争取进入车少的车道，即'争当少数者'"等。以上情形都呈现出复杂的宏观有序现象：复杂的经济秩序、复杂的棋局、车道充分利用的有序车流。在复杂适应系统中，组分这样做时具有极大的灵活性，它只遵循抽象规则，即意味着根据当时局部环境的信息条件采取它认为有利的行动，结果宏观尺度的有序现象出现了。

经由对规则的遵循形成秩序，并不限于人类。"人的社会生活，甚至连群居动物的生活，唯有个体的行为举止遵循一定规则，方能实现。……这些规则日益抽象化和一般化。"（哈耶克，1999：211）哈耶克认为规则遵循行为也出现在动物群体中。动物群体避免在觅食等活动出现频繁的冲突，遵循"远离巢穴，不经过激烈的较量即自动撤退"这一规则。这个规则实际上促使动物间划定"产权"，尽量减少冲突。显然，这一规则不是动物们设计的，也不会为它们所"意识"到，它是一种生物演化中形成的演化稳定策略（ESS）。它的抽象性体现在，在这些冲突情形中，遵循这个规则将给哪一方带来利益谁也不知道，它有利于整体中的任何一方。

习俗和惯例是一种抽象规则，因为对于习俗和惯例的遵守并不能为某个特定的个体或组织带来特定利益，或者，习俗和惯例不服从于任何特定目的。但恰恰是由于习俗和惯例，文明才得以发生、凭借和发展。哈耶克一再引用怀特海的一段话来说明传统和习俗在文明演化中的重大作用："文明是通过扩展我们无意识从事的重要活动而进步的。"纯粹靠理性，我们根本无法适应环境，并进化到今天的文明高度。我们依靠的主要是"从经验中学习"（learning from experience，短期的微观的观察，也就是阿罗所说的"干中学"）的适应过程。和动物界一样，人类的学习适应过程"主要不是一个推理过程，而是一个遵循、传播、传递和发展那些因成功而胜出并盛行的惯例的过程"（哈耶克，2000b：16）。因此，"人不仅是追求目的（purpose-seeking）的动物，而且在很大程度上是一种遵循规则（rule-following）的动物"（哈耶克，2000b：7）。特别是，作为遵循惯例和规则的动物，我们对于所遵循的规则和惯例本身的感知是十分麻木的，正如我们使用语言，我们并没有在表达一个意思的同时还思考着语法规则。习惯和规则的抽象性最大，以至于我们根本无从出于个人当下的利益计算而决定采取何种行动。他不知道为什么应当遵守那些正在遵守的规则，他的思维和行动受到它的调整。这些惯例和规则是社会经由选择过程演化而来的，是世世代代经验的产物。心智没有独立于自然秩序之外，而是无数个体经历无数代适应自然环境和社会环境的产物。用莫兰的思想表达，即"适应性造就复杂性（我们的生物体本身和文明世界）"。

哈耶克指出人类遵循抽象规则的演进过程一般是"习惯性规则"向"现代意义的法律"发展，前者保留着更多的具体性和特殊性，而后者则具备越来越明显的一般性和抽象性。哈耶克所谓"现代意义的法律"具有明确的界定，即"那些对每一个人都同样有效的一般规则"，其中，抽象性是法律最重要的特性。"进步社会的发展迄今一直是从身份到契约的运动"，哈耶克引用亨利·

梅因爵士的话，正是为了说明真正的法律的抽象特性。"身份统治的真正对立物是一般性的和平等的法律之统治，是对所有人都一视同仁的准则的统治。"（哈耶克，1999：218—219）哈耶克心仪的法律之统治中的"法律"又被他称为"自由的法律"、"内部规则"，与由议会这样的权力机构制定的用来管理政府的"组织规则"是完全不同的（哈耶克，2000b：189）。"自由的法律"有助于自发秩序的形成，也被发现于自发秩序的情形中，它是被发现而不是理性设计出来的，其本质是"作为组织规则的法律"。[1] 在文明社会，"自由的法律"的主要特征都是相似的，他们"看起来好像仅仅是大卫·休谟提出的'天赋人权的三大基本准则'的作品，这'天赋人权的三大基本准则'是，'稳定财产的权利、通过协定转移财产的权利以及履行诺言的权利'"（哈耶克，1999：224）。"自由的法律"是抽象的、非人格化的、前瞻性的、公之于众的、确定的、普遍适用的和一视同仁的，因此，**以特定的收入再分配为目标的任何法律都在受到禁止之列**，因为它漠视法律的抽象、普遍和非人格属性以及不以任何特定结果为目标的严格要求。

为什么我们遵循抽象的规则而不遵循功利计算以指导我们的行动呢？那是因为我们的无知，以及我们都身处一个不确定性的世界。抽象法律规则的本质是"人们借以学会结束存在于自己身上的愚昧无知的手段之一。……只有一个由无所不知的个人组成的社会，才能给予每一个人，根据一般的功利的理由去权衡每一

---

[1] 在现代立法体系中，"自由的法律"和"作为组织规则的法律"形式上都出自议会这样的权力机构，这样往往极大地混淆了这两者的区别，使人们误以为凡是代议机构（议会）颁布的法律都是一样的法律。"自由的法律"是司法过程中生产的法律，这种法律由这样一些规则构成：一、这些规则所调整的是涉他性行为；二、它们适用于无数未来的情势；三、它们是禁令，这些禁令旨在划定每个人或组织起来的人群。而有关政府建立和运行的"组织规则"，具有如下特征：一、实现特定的目的；二、由肯定性命令组成，这些命令旨在规定应当完成某事、实现某些特定的结果；三、适应于特定情势和政府的即时性目的；四、这些组织规则建构命令的等级体系，并由此建立办事机构并规定其自由裁量权。参见：哈耶克（2000b：199）。

项个别行动的充分自由"（哈耶克，1999：226）。一个给定的选择
集的搜寻和定义不是我们的脑力所及，而不确定性世界也使一个给
定的选择集根本不存在。给定不确定性的环境、个体的有限理性，
用功利计算指导我们的行动显然是不适宜的，因为我们不具备功利
计算所必需的事实数据和计算能力。那么我们只能转向一般规则遵
行下的相互调适，或者，我们转向一种绝对命令体制[1]。

迈克尔·波兰尼（2002）是洞察了人类经济系统中自发秩序的
又一人。哈耶克也从他的著作中受到启发。[2] 波兰尼把经济秩序
视为自发秩序的一个特例。作为物理化学家的波兰尼看到了极为
丰富的自发秩序现象。液体在重力作用下在任何容器中达到同一
高度平面；溶液中各种不同物质的结晶；地球表面各种岩石的结
晶、聚集和分层分布；胚胎的形成；动植物的生长……这些都是
波兰尼所谓的区别于特别计划出来的秩序的"第二种秩序"（波兰
尼，2002：168—169）。波兰尼阐释的自发秩序是一种无数组分构
成的系统中组分间内力和外力的平衡。这种系统组分数目异常巨
大（置身于市场中的人和企业也属于这种情形）；秩序形成依赖于
组分间的自发调整，而不是依赖外部命令指定每一个组分到特定
位置。在波兰尼看来，整个物种的进化，不过是生命物质在外部
复杂环境下持续达到内在均衡的过程。凡是在大数目组分的情形
中，非自发相互调整不能形成秩序；而在小数目组分情形下，则
设计的秩序更有可能达成。有意思的是，波兰尼指出并不是所有
自发秩序都是我们想要的。例如有些化学反应我们是极力想要阻
止的；病态的生长会将有机体杀死等。秩序本身没有目的，它是

---

[1] 在绝对命令体制下，来自环境和人类自身相互作用的不确定性仍然不能被消除。20
世纪人类在数十个国家开展的"绝对命令体制"实验及其最终崩溃表明了其荒诞性
和根本不可行性。

[2] 作为朝圣山三巨星之一的迈克尔·波兰尼（Michael Polanyi）的自发秩序思想堪与
哈耶克比肩。差不多是在同一时期，哈耶克和波兰尼并行发展和阐述了各自的自发
秩序思想。哈耶克从1960年以后的著作中经常引用波兰尼的多中心自发秩序思
想。而迈克尔·波兰尼也视哈耶克为"尊敬的朋友"。迈克尔·波兰尼关于自发秩
序的形成机制思想精深，目前尚没有引起国内学术界应有的重视。

有生命和无生命世界的基本法则。我们的存在本身不过是表达了秩序。

　　规则的抽象性和一般性在波兰尼这里得到同样的强调。"只服从统一适用于他们所有人的法律，我们即得到社会中的自发秩序体系。"这意味着，经济系统中的个体不受任何特定命令所决定，不管是一种至上的命令还是公共权威的命令，他们所受的强制乃是非个人的、普遍的——即个体是自由的。自发秩序的达成，经由组分之间的相互调整来完成，这个任务不能由共同性团体有意地完成。在波兰尼的一个"负载重物多边形框架"模型的思想试验中，组分间自发调整而不是由单一中心的指令调整得到了证明，并得到松弛法（relaxation method）的支持。松弛法给我们的启示是，"具有多中心的经济体系之真正科学处理方法，（在于）并非通盘考虑问题中的所有要素，而是在每一个步骤上不去考虑巨大的数目，只是严格遵循这样的途径——即追求利润的个人构成的体系事实上在资源（要素）市场及产品市场所采取的途径"。一个复杂的经济秩序计算问题，在多中心条件下，**简化为**无数个体根据局部知识和信息，在遵循简单规则的指导下采取行动。

　　有证据表明，哈耶克在 20 世纪 60 年代初期已经明确地把自己的工作与复杂性科学相联系。研究经济系统的自发秩序是各学科研究自发秩序的一个分支。这种联系实际上在 20 世纪 50 年代就开始了。在芝加哥，哈耶克与自然科学家广泛交往。"他的研究领域开始不断扩大，从系统论到交往理论，从控制论到生物学和进化论。"（考德威尔，2007：262—263）这使得哈耶克认识到，复杂适应系统及其中的秩序在各学科领域广泛存在，而自发的经济秩序是其中的一个特例。在 1960 年写给波普尔的信中，哈耶克说："（将于 1961 年在弗吉尼亚大学开办'经济学理论新视野'讲座）始于我打算重新阐述我对经济理论的性质的观点，我当时形成了一种有关更高层次规则的观点，我一直放不下它，并且它在经济学领域之外似乎也能取得成果。我觉得，它其实就是贝塔朗菲在

其'一般系统理论'中追求的东西，也是我在'解释的限度'中已
经各有所暗示的观点。"（考德威尔，2007：367）在 1988 年的著
作中，哈耶克再一次明确提到自己的研究工作是一般系统论和复
杂性科学这股大潮流中的一个组成部分。20 世纪 60 年代以后，有
关规则、秩序、演化，甚至"涌现性"成为哈耶克研究中常用的概
念。在复杂性科学的理论视角下，哈耶克的经济理论已经大大超
越或背离了新古典范式。自发秩序现象的揭示、自发秩序的形成
和维系成为哈耶克研究的中心工作。

在复杂性理论的语境下，我们来看哈耶克如何阐述"规则遵
循行为"产生自发秩序[1]：

1. 自然界存在着各种类型的秩序。当群体的不同成分或
成员相互协调或调整时，就会出现某种秩序。

2. 有时，秩序是在没有任何人设计的情况下出现的。**这
种自发秩序的产生，是个体因素遵守规则的结果，而这种规
则并不是以造成后来出来的秩序为目标。**

3. 对于能产生自发秩序的事物，我们能够作出某些说明：

a. **规则往往很简单，并且往往采取禁令的形式。**

b. 即使个体具有语言能力，他们也无需知道自己正在遵
守规则，即使他们自己确实知道自己正在遵守规则，他们也
无须清晰地表述那些规则。

---

[1] 以下八段引文转引自考德威尔（2007：369 — 371）。这几段引文具有极强的概括
性，它把作为经济学家的哈耶克的另一面——即作为复杂系统理论学家的哈耶克清
晰地展现了出来。揭示哈耶克的复杂系统理论思想，也是本文的一个基本任务。我
们认为哈耶克对于自由市场的维护，对于自由的申辩和反复论证，其思想根源和支
持证据有必要从他的复杂系统理论中寻找。如果新古典理论家无法接纳和理解哈耶
克的经济思想，那是因为没有觉察到哈耶克已经从复杂性科学的角度把经济现象和
经济秩序视为无数复杂现象和复杂适应系统中的一个普通的例证。复杂适应系统无
处不在，自发秩序无处不在。而揭示作为复杂适应系统的经济系统的自发秩序的生
成、维系和演化的规则前提，是哈耶克在 20 世纪 60 年代以后研究工作的中心。他
的《法律、立法与自由》可以看做复杂适应系统理论指导下的经济秩序研究。

c. 个体经常无法说明他们为何遵守他们所遵守的规则，他们也无法认识到遵守这些规则的实际结果。

d. 并不是所有的规则都导致秩序。在既定环境下可能导致一种秩序的规则，它的这种能力可能随环境的改变而改变。

4. 根据以上对规则的说明，显而易见的是，它们通常不是为了形成一种秩序的个体自觉选择的。倒不如说，**只要实践这些规则的群体继续存在，这些规则就会继续存在**。

5. 一个群体既往的历史，包括这个群体过去面对的环境和它过去遵循的规则，决定着现在什么样的规则将得到遵守，以及相应的秩序的性质。

6. 秩序的复杂程度是不同的。**社会秩序属于最复杂的秩序："社会不同于较简单的复杂结构，是因为这样一个事实：它的成分本身也是一种复杂结构，它们的生存机会取决于它们是更大的结构的一部分（或至少能够因为这种关系而得到改进）。"**

7. 我们在研究复杂秩序时所能做到的，往往只是提供一种对它们赖以运行的"原理的解释"。准确的预测是不可能的，只能做到对预期产生的现象范围的"模式预测"。

8. 因此，我们为解释复杂秩序而提出的理论，与那些研究简单现象的理论相比，被列入禁区的事情要少得多。这确立了划分科学的标准："**科学的进步必须沿着两个不同的方向前进：尽可能让我们的理论可以被证伪固然是可取的，但我们也必须进入另一些领域，我们在这些领域的进步必然伴随着可证伪的程度逐渐减少。这是我们进入复杂现象时必须付出的代价。**"

哈耶克提醒人们，无数个体经由遵循规则产生复杂秩序。个体行为的规则和由此生产的秩序却常常被人们混淆。例如讲"法律秩序"就是混淆的说法（哈耶克，2003：534）。个体遵循规则不一定

导致秩序。热力学第二定律揭示处于平衡态的气体是完全秩序
的，熵最大化是自然界的基本法则。但是处于熵最大状态的气体
分子，其行动也有其规则，总体则呈现完全无序。以热力学第二
定律来看，生命的出现和人类社会经济系统都是宇宙间极其反
常、罕见的秩序现象。哈耶克认为群体行为秩序和个体行为规则
之间具有如下复杂关系[1]：

1. 不同的行为规则可以导致相同的秩序。这是复杂现象
中的多因同果。

2. 规则产生秩序具有环境依赖性。秩序存在于开放系
统中。

3. 组分相互作用产生全面秩序。全面秩序对其中成员的
生存平等地作出贡献。全面秩序的产生固然是个体遵循规则
的产物，但是秩序之产生不是个体的目的所在。秩序往往不
被系统的组分/个体感知，个体对于全面秩序往往全然无知。

4. 进化过程选择规则，选择的标准是规则导致的秩序的
生存能力。

5. 个体据以行动的规则也可以是不同的（不同的外部环
境造成不同适应性规则）。

6. 外部刺激和内部动机导致个体行动，规则的作用是指
导和限制个体的行动。

7. 有秩序表征为：不同个体的行为相互协调或相互调
整。在经济系统中，秩序表征为经济主体的预期彼此满足。

8. 权威命令也可以形成秩序。其中，个体采取的行动不
能利用规则，不能从对其起作用的环境推导出来。

9. 自发秩序广泛存在于生物界和人类社会。基于劳动分工
和交易的经济秩序是更为抽象和复杂的秩序。在所有复杂秩序

---

[1] 以下12点关系是根据哈耶克（2000d：535—550）整理。

中，行动个体对于全面秩序无从感知，也没有动机感知。

10. 复杂秩序能线性因果还原为规则的遵循。秩序必然伴随涌现现象。演化在整体秩序的层面进行。有的个体行为规则此时不利于秩序，但随着环境改变则又利于秩序形成。一定的规则变异，或规则多样性是必要的。

11. 多中心秩序具有比单中心秩序更强大的处理信息的能力和适应性。实践中单一中心秩序总是被多中心秩序入侵从而导致自身的解体。

12. 支持社会经济秩序的规则，有遗传而来的规则，也有文化传递而来的规则，后者具有更大的灵活性。

二、公共政策制定和立法（私法领域）活动

"不涉特定目的（purpose-independent）、抽象的一般正当行为规则"的值守是市场经济中政府的基本行动准则。在公共政策的制定和立法（尤指私法领域）活动中，我们时常感觉到政府背负着一种貌似荣耀却又十分沉重的身份幻觉，即政府站在弱势者的立场拟定规则、立法和展开具体的帮扶措施。实际上这对社会经济秩序的形成并无助益。在立法领域，我们观察到政府背负着劳工代言人的身份幻觉，试图在立法中更大程度地保护被雇佣者的利益，为解雇和劳动力市场的自由契约设定了严格的限制条件，而由此引致的劳动力市场的未来走向并不能达到立法者的"涉特定目的"的意图（张五常，2008；汪丁丁，2007）。在证券市场的宏观调控中，我们发现"涉特定目的"的干预措施不仅没有促进其健康发展，反而造成了股民的不稳定预期，加剧了市场大起大落。在众多所谓优惠政策中，我们看到了公共政策对于"不涉特定目的之抽象原则"的背离。而种种"带有政策优惠的事情从来就是如此演变的：最终难免流于形式，然后被遗忘，最后被追求新的政绩的领导人废止"（汪丁丁，2008）。

（一）《劳动合同法》争议中"规则的抽象性与一般性"分析

2006 年 3 月 20 日，全国人大常委会将由国务院法制办会同有关部门起草的《劳动合同法》草案向社会全文公布，并征求意见。一个月之内，通过各种渠道表达的意见多达 19 万件。经济学者（张五常，2008；汪丁丁，2007，2008；王一江，2008）发出了他们的异议，也有经济学者（华生，2008；蔡昉，2008）赞同新劳动法，发出了辩护的声音。此外，在这二者之间也有一些中间立场（夏业良，2008；李稻葵，2008）。2008 年 1 月 1 日，《劳动合同法》正式开始实施，但争议并未终止。

正式实施的《劳动合同法》共八章九十八条。其中备受争议的条款是第十四条、第十九条、第二十条、第二十一条和第三十九条。[1]

---

[1]   **第十四条**   无固定期限劳动合同，是指用人单位与劳动者约定无确定终止时间的劳动合同。用人单位与劳动者协商一致，可以订立无固定期限劳动合同。有下列情形之一，劳动者提出或者同意续订、订立劳动合同的，除劳动者提出订立固定期限劳动合同外，应当订立无固定期限劳动合同：（一）劳动者在该用人单位连续工作满十年的；（二）用人单位初次实行劳动合同制度或者国有企业改制重新订立劳动合同时，劳动者在该用人单位连续工作满十年且距法定退休年龄不足十年的；（三）连续订立二次固定期限劳动合同，且劳动者没有本法第三十九条和第四十条第一项、第二项规定的情形，续订劳动合同的。用人单位自用工之日起满一年不与劳动者订立书面劳动合同的，视为用人单位与劳动者已订立无固定期限劳动合同。

    第十九条   劳动合同期限三个月以上不满一年的，试用期不得超过一个月；劳动合同期限一年以上不满三年的，试用期不得超过二个月；三年以上固定期限和无固定期限的劳动合同，试用期不得超过六个月。同一用人单位与同一劳动者只能约定一次试用期。以完成一定工作任务为期限的劳动合同或者劳动合同期限不满三个月的，不得约定试用期。试用期包含在劳动合同期限内。劳动合同仅约定试用期的，试用期不成立，该期限为劳动合同期限。

    第二十条   劳动者在试用期的工资不得低于本单位相同岗位最低档工资或者劳动合同约定工资的百分之八十，并不得低于用人单位所在地的最低工资标准。

    第二十一条   在试用期中，除劳动者有本法第三十九条和第四十条第一项、第二项规定的情形外，用人单位不得解除劳动合同。用人单位在试用期解除劳动合同的，应当向劳动者说明理由。

    第三十九条   劳动者有下列情形之一的，用人单位可以解除劳动合同：（一）在试用期间被证明不符合录用条件的；（二）严重违反用人单位的规章制度的；（三）严重失职，营私舞弊，给用人单位造成重大损害的；（四）劳动者同时与其他用人单位建立劳动关系，对完成本单位的工作任务造成严重影响，或者经用人单位提出，拒不改正的；（五）因本法第二十六条第一款第一项规定的情形致使劳动合同无效的；（六）被依法追究刑事责任的。

　　立法者具有明显的利益表达倾向。基本一致的判断是，新法是一部偏向加强保护劳动者利益的法律。蔡昉（2008）认为，中国存在劳动力保护薄弱问题，"长期以来劳动力市场对劳动者的保护不足"。因此蔡昉认为，目前随着城乡就业的扩大，我们已经到达一个政策调整的转折点，应加大对劳动者权益的保护，而《劳动合同法》恰是这样一个重要的宣示，具有里程碑的性质。李稻葵（2008）认为这一立法的出发点非常清楚，即缓解中国经济发展中两个比较突出的矛盾：其一，一些劳动者的基本权益没有得到保证，没有获得"体面劳动"的基本保障，这既影响了社会的和谐，也阻碍了民族人口素质的提高，长远看削弱了中国经济发展的动力；其二，由于劳动者权益保障不力，人为地压低了用工成本，导致中国在某些劳动密集型行业出现了短期的、不合理的国际竞争力，这种国际竞争力是建立在低工资、低劳动保护的前提下，它难以维持，也是经济失衡的重要原因。

　　张五常（2008）是新《劳动合同法》坚定的批评者，他认为该法干预了劳动力市场上的自由契约。旨在保护劳工的无固定期限合同条款导致了大量提前解约行为。新法提高了用工成本，导致大量企业另觅他地，反而打击了农民工就业。对于农民工利益的保护，张五常认为："中国发展的重点，是要顾及对工商业知识低下的农民。农民的生活改进得好，改进得快，中国的所有经济问题都解决了，科技的发展更不用担心。农转工出现了问题，农民不能继续改进生活，上帝也帮不到忙。"与此判断类似，王一江（2008）认为新法施加的苛刻用工代价打击了中小企业，加速了机器替代劳动的速度："《劳动合同法》意在帮助和改善广大劳动者的就业条件，但其实施会导致中小企业经营成本的增加，经营管理的灵活性下降，导致众多中小企业的生存发展更加困难，结果不但会损害广大中小企业的利益，同时也会损害劳动者，特别是那些最需要帮助的最底层劳动者的利益，导致立法的实际效果与立法初衷背道而驰。"王一江认为，扶持没有特权的中小企业，就是帮助最底层的劳动者。恰恰是灵活的用工方式，使得那些囊中羞涩、初次入城的农民工一步一步改善自己的生存处境。政府保障中小企业和弱势群体在基本道德和法律规范内自由谈判、自由合同的权力，就是帮助中国最底层、最弱势的劳动者，就是在促进社会和谐。王一江反驳了"学习德国模式"的说法。由数部"共同决策法"和"参与法"所规范的德国劳资关系，导致了劳资关系和用工制度的僵化，进而导致了长期以来德国的失业率始终是发达国家中最高的，使德国经济呈现"三高一低"的状况，即失业率高、劳动力流失高和资本流出高，经济增长率低。

李稻葵指出，第十四条的"无固定期限的合同"固然给雇主的自由契约施加了限制，但是雇主可能通过新劳动法的一些可以利用的条款实施策略行为，采取"非实质性执行"，因此可以缓解对自由契约市场原则的破坏。第一，法律本身规定了不胜任或经营转向等情况出现时可以解雇；第二，可以利用规定不甚明了的"劳务派遣公司"，把可能强加的长期固定契约转换为劳务派遣公司的一系列劳动短期合约，而劳务派遣公司则对那些暂时失业者发放最低工资，地方政府再补贴劳务派遣公司；第三，雇主可以在用工报酬上采用低固定工资加上灵活而高的奖金的薪酬体系，从而降低用工成本。

但是李稻葵也明确地指出："非实质性执行的背后深层原因，那一定是贯彻该法蕴涵很大的社会成本，而地方政府—企业—职工三方不愿共同承担这样的社会成本，宁可采取非实质性执行这一相对成本较低的方式作为最佳对策。"因此他建议"尊重实践对法律的批评"，不要一味严格执法，而是应该及时总结修订。

蔡昉承认新法具有偏向保护雇员一方利益的倾向。"作为一部具有明显的保护劳动者权益偏向的新法"，经济学家们出于担忧新法可能导致"养懒汉"而提出异议是很正常的。由于劳动力市场的特殊性，"规范"劳动力市场的必要性在劳动经济学家中一直没有达成共识。蔡昉把争议归结为在寻求劳动力市场的稳定性（security）和灵活性（flexibility）的均衡中到底偏好哪一边，似乎搁置了利益的纷争，而把争议归结为市场特征问题。

立法者把注意力集中在"看得见的"效应（巴斯夏，2003），而对于受损方的应对反应则大为忽略，因此规则实施的最后净效应往往并不如立法者当初的意愿。特别是，正如夏业良（2008）指出的："泛道德的舆论倾向——动辄自命是站在弱势群体角度考虑问题，最终却往往损害弱势群体的利益。"法律追求公正，并不意味着要向弱者倾斜。夏业良认为新的《劳动合同法》中有些规定可能导致中小企业雇主利益受损，或其权利被削弱，但"我们的目的不是要打击和消灭富人，而应当是让中国产生越来越多的富人"。夏业良认为保护受雇者利益应该在自由契约的大前提下由独立的工会组织出面，而"在中国，工会实际上是缺位的，往往是由政府出面来保护劳工权利"。由于角色的错位，导致受雇者的利益转而经由立法来维护，而此举与"自由契约"这一根本的市场经济法则产生了对立。为此，夏业良正确地指出："如果我们相信市场经济能够产生比较有效的结果的话，我们就应该允许劳资双方长期的博弈。"当然前提是有独立的工会力量代表受雇者群体进行对等的谈判。在此情势下，政府扮演的是一个中立者的角色，是代表所有人的利益，包括雇主群体，也包括受雇者群体。"从保护穷人的立场制定的法律最终往往是损害穷人利益的。"规则失去其抽象性和一般性特征，其实施后果可能与预期相反。而恰恰是"不涉特定目的"的一般性规则，为有关各方提供了公正的保护。

当规则不能引导甚至阻止行动者形成自发秩序时，行动者主体可能采取策略行为来应对。由于不存在完备的法律，也不存在完备的合同，相对立法者意图的"扭曲行为"可能会修补原有立法的缺陷。基于此，李稻葵指出，未来最有可能出现对于新法的"非实质性执行"，因此《劳动合同法》"宜早执行早总结早修订"。基于法律文本的不完全性和功利主义法律观，李稻葵认为："不管立法的过程是多么的完善，立法的理念是多么的先进，一个法律的合理性事先是很难判断的，它必须由执法、司法、审判这一完整的法制过程以及该立法对经济社会的实际影响来检验。它是否达到了最初立法的社会经济发展的目的，最终还要由社会经济的发展来判断。"

（二）《道路交通安全法》的前车之鉴

2008年5月1日实施的新修订的《道路交通安全法》为我们提供了另一个有关规则的抽象性的例子。2004年的《道路交通安全法》第七十六条第一款第二项规定："机动车与非机动车驾驶人、行人之间发生交通事故的，由机动车一方承担责任；但是，有证据证明非机动车驾驶人、行人违反道路交通安全法律、法规，机动车驾驶人已经采取必要处置措施的，减轻机动车一方的责任。"非常明显，这一规定没有恪守规则的抽象性原则，具有偏向更多保护非机动车驾驶人和行人的意图。

在此例中，"交通秩序"的达成由"最小事故发生率"来衡量，而不能用是否最大可能地保护了非机动车驾驶人和行人的利益来衡量。由于老《交法》不是一部"不涉特定目的""抽象"的规则，一种应用规则中的保护偏向套取不当利益的行为出现了。法律强化了机动车驾驶人要谨慎行车，同时却鼓励了非机动车驾驶人和行人的不谨慎行为；不仅如此，一些非机动车驾驶人和行人故意制造交通事故，"以身撞车"以获得赔偿。

老《交法》实施后暴露的问题导致全国人大对该法进行了修订，修订后的《交法》规定，机动车与非机动车驾驶人、行人之间发生交通事故，机动车一方没有过失的，承担不超过10%的赔偿责任；如果交通事故的损失是由非机动车驾驶人、行人故意碰撞造成的，机动车一方不承担赔偿责任。新《交法》此款纠正了原来过分偏向非机动车驾驶人和行人利益的立法意图。

规则着眼于秩序的形成，而不是保护相对弱势者的利益或利益分配。如果我们一定要体现偏向弱势保护的立法意图（此举是否僭越道德，在此且不论），那么此类规则的实施将损害所有相关各方的利益，最终不利于秩序的形成。

（三）"重新强调古典学派的一些基础"

我想引用布坎南在《宪政秩序的经济学和伦理学》中的一个标题——"重新强调古典学派的一些基础"来说明我们的对策。布坎南呼吁我们回到斯密传统。在这个传统里，一反"资源配置范式"，"交易收益范式"在整个经济分析中占据突出位置，其政治经济结构和公共政策推论，用斯密的话来说就是："君主被完全免除了一项义务，他不用试图去履行他总是必然被无数错觉左右的一项义务，因为永远不会有足够的人类智慧和知识去履行它；这项义务就是：监督私人的勤劳，使其运用于最符合社会利益的工作。"我们的政治经济结构似乎已经从直接监督"私人的勤劳"的迷雾中走出来，但是背负着身份的幻觉，被"无数错觉左右"而试图去干预市场中的自由契约活动，"经济生活政治化"行为不时出现。

规则下的选择是游戏者自己的事情。有关经济领域内立法的适当范围仅限于政治经济结构/环境，若力图改变完全产生于经济结构之内复杂的相互依赖关系，是法律所不能企及的。

法律所调节或干预的适当范围，取决于对"经济"是什么的理解。"经济既没有目的或功能，也没有意图。"（布坎南，2008：41）经济是一种互动的秩序，一种结构，"应该尽量不干预这种互动的结果"（布坎南，2008：58）。作为秩序的经济，其核心是组织交易。只要没有违反伦理道德和人类文明的基本价值，交易双方没有受到来自任何一方的强制和欺诈，只要双方是自愿的，无论达成了怎样的劳动契约，都是对双方有益的。这种互动的秩序并不会终止于某个最优时点。劳动契约依据不同的经济发展阶段也可能呈现出不同的形态。我们没有足够的理性为某个历史时段的劳资双方制定某种最优的契约模式。

劳动契约是市场中一类重要而特殊的契约活动，交易物是与人身不可脱离的劳动力。有关雇员和雇主之间的契约立法，总体上应持有中立立场。对劳动力这一特殊要素的契约行为立法，需要把注意力集中到规则、约束条件和秩序的一般原则上，使得有关各方难以从中识别出特定个人或团体的利益。对于实施此项规则的结果，何时何地，在何种情况下有利于哪一方的利益是不确定的。它只界定我们如何"游戏"，而不对各方游戏的结果——利益分配负责。从一开始就假定倾向于某方的利益，并不利于契约各方互动的合作秩序的达成。那种初衷就打算有利于某一方面利益的立法，因其违背了秩序的抽象规则遵循原则，因此实际执行的结果可能与初衷大相径庭，甚至走向相反的一面。我们有理由推测，《劳动合同法》的进一步实施，由于其对市场自由契约微观活动的干预，不仅加大了企业用工成本，还可能激起影响深远的社会矛盾。企业一方力图规避新法施加的成本；雇员一方则挟新法为重，在权利意识的觉醒中，千般追求自己的"权利"。严格执行新法的后果最终损害的是雇主和雇员双方的利益。

有鉴于此，我们建议在执法过程中，执法当局对于企业应对的策略行为要保持一定的容忍。因为恰恰是僵硬的法律文本下企业半听半拒的"富有成效的"应对行为，为下一步法律的修订从而矫正错误提供了可能。

在有关公共政策的制定、公共服务的供给中，政府有必要放弃身份幻觉，转而恪守"抽象的、一般正当行为规则"。法律面前人人平等得到执行，但由此导致的收入分布差异应得到尊重，任何旨在再分配的法律应予禁止或极为审慎保守地制定。对于旨在对进入不同的贸易和职业、对交易条件、生产和销售数量进行控制的措施都应予以禁止。在公共政策制定和维护上，政府应该立足于稳定居民预期，以期获得远期租金最大化；在基本公共服务的政策方面，应严格恪守"一般性"、"抽象性"准则，尽量避免一事一议，一人（阶层、地区）一策。

参考文献

1. 巴斯夏,《财产、法律和政府》, 秋风译, 贵阳: 贵州人民出版社, 2003。

2. 贝塔兰菲,《一般系统论: 基础、发展、应用》, 秋同、袁嘉新译, 北京: 社会科学文献出版社, 1987。

3. 波兰尼,《社会、经济和哲学》, 彭锋译, 南京: 南京大学出版社, 2006。

4. ——,《自由的逻辑》, 冯银江译, 长春: 吉林人民出版社, 2002。

5. 布坎南,《宪政秩序的经济学与伦理学》, 朱泱等译, 北京: 商务印书馆, 2008。

6. 蔡昉, "关于《劳动合同法》的争论是正常的", http: //blog. voc. com. cn/blog. php? do = showone&uid = 337&type = blog&itemid = 435170, 2008 年 3 月 12 日。

7. 哈耶克,《自由宪章》, 杨玉生等译, 北京: 中国社会科学出版社, 1999。

8. ——,《致命的自负》, 冯克利等译, 北京: 中国社会科学出版社, 2000a。

9. ——,《法律、立法与自由》(第一卷), 邓正来等译, 北京: 中国大百科全书出版社, 2000b。

10. ——,《法律、立法与自由》(第二、三卷), 邓正来等译, 北京: 中国大百科全书出版社, 2000c。

11. ——,《经济、科学与政治: 哈耶克思想精粹》, 冯克利译, 南京: 江苏人民出版社, 2000d。

12. 胡敬艳, "新法严格了执行问题",《21 世纪经济报道》, 2008 年 4 月 7 日。

13. 华生, "《劳动合同法》被严重误读的背后", http: //huash-

engblog. blog. sohu. com/81433544. html，2008 年 3 月 11 日。

14. 考德威尔，《哈耶克评传》，冯克利译，北京：商务印书馆，2007。

15. 李稻葵，"《劳动合同法》宜早执行早总结早修订"，《新财富》，2008 年第 4 期。

16. 莫兰，《复杂性思想导论》，陈一壮译，上海：华东师范大学出版社，2008。

17. 汪丁丁，"身份与幻觉"，http：//wang-dingding. blog. so-hu. com/74797135. html，2007 年 12 月 27 日。

18. ——，"学生村官们的生活——转自《财经》'视觉'"，http：//wang-dingding. blog. sohu. com/85422697. html，2008 年 4 月 23 日。

19. 王一江："吁请对中小企业免除《劳动合同法》"，http：//yijiangwang. blog. sohu. com/79435038. html，2008 年 2 月 18 日。

20. 西利亚斯，《复杂性与后现代主义》，曾国屏译，上海：上海科技教育出版社，2006。

21. 夏业良，"新《劳动合同法》损害了谁的利益？"，http：//xiayeliang. blog. sohu. com/81674903. html，2008 年 3 月 13 日。

22. 张五常，"新劳动法的初步效应"，http：//zhangwuchang. blog. sohu. com/81431094. html，2008 年 3 月 11 日。

23. Potts，Jason，2001，*The New Evolutionary Microeconomics：Complexity，Competence and Adaptive Behavior*，Massachusetts：Edward Elgar.

24. ——，2003，"Evolutionary Economics：Foundation of Liberal Economic Philosophy"，*Policy*，Vol. 19，No. 1：58 - 62.

25. Rosser J. B.，Jr.，2004，*Complexity in Economics*，Volume Ⅰ，Cheltenham：Edward Elgar.

哈耶克的两张脸：在建构
理性与演化理性之间

李华芳*

摘　要：在哈耶克的"建构理性"与"演化理性"之间存在逻辑上的缺环，因为"人类参与制度演化时无法回避理性不及的局限，但是却又存在着有意识订立规则的倾向"。自发秩序对应的是演化理性，但演化理性和建构理性的关系并不明晰。而使用认知理性可以弥补这一缺环，有助于调和"建构理性"与"演化理性"之间的紧张。对认知理性的研究，除了"选择物—参与者—时间"的三个维度外，还需要研究情感对认知理性的影响，神经经济学的进一步发展会带来一些新的成果，这是值得进一步拓展的研究方向。

关键词：建构理性；演化理性；认知理性；神经经济学

一、哈耶克的两张脸

哈耶克（Hayek，1937，1945）在研究知识在社会中的运用时

---

* 李华芳，上海金融与法律研究院。通讯地址：上海长柳路 100 号 5 楼 （200134）。E-mail：welfarelee@gmail.com。作者感谢上海金融与法律研究院的资助，同时感谢汪丁丁、韦森、秋风、黄春兴、黄凯南、陈宇峰、梁捷、贾拥民、莫志宏、杨荷、王志坚、张旭昆等诸位师友的有益评论。本文曾在浙江大学社会科学研究院和华人哈耶克学会 2008 年主办的"中国 30 年改革的理论分析研讨会"上宣读，与会者的评论也使作者受益匪浅。

提到：个人并不需要完备知识，借助市场机制，即可形成和扩展社会秩序。这意味着自发秩序是"人类行为而非设计"的结果。此处的"设计"对应于哈耶克所说的"建构理性"。哈耶克（Hayek，1967）区分了"建构理性"与"生态理性"（也称为"演化理性"）。

建构理性是一种事先精密计算，试图对社会秩序进行"设计"的理性。这种建构理性及其得以成立的唯理主义基础，遭到了哈耶克的批判。哈耶克（Hayek，1988）认为建构理性主义是一种"致命的自负"，最终导向的必然是"通往奴役之路"。这一批判的基础是哈耶克（Hayek，1952）在《感觉的秩序》一书中奠定的。因为个人知识的不完全性、局部性、分散性和异质性，使得人类无法集中处理整体性知识，因而也就不可能建构社会秩序。之所以不可能集中处理整体性知识，首先是因为处理知识者本身受到至少来自两个方面的限制：一、处理者自身拥有的知识是有限的；二、处理者处理知识的能力是有限的。其次，是因为个人知识是嵌入在社会秩序中的，并且与他人的知识相互影响，共生演化。因此并不存在一种加总法，可以将分散的和异质的个人知识加总起来，形成整体性知识。而如果不能形成整体性知识，那么建构理性的知识论基础就动摇了，因而建构理性也就站不住脚。假如制度可以建构，则必然意味着建构者全知全能，并且能处理整体性知识。但哈耶克（Hayek，1937，1945，1952）表明，全知全能的建构者并不存在，同时可以加总的整体性知识也不存在。

建构理性不足取，于是哈耶克（Hayek，1973）自然转向了另一种他称为"生态理性"的理性观（Smith，2003）。后来的研究者也称为"演化理性"（顾自安，2008；黄凯南，2007；李华芳，2008a）。如果说建构理性对应效用最大化的新古典思路，那么演化理性对应的是"适应性"而非最大化，这回到了奥地利学派的传统。也就是说，评价演化理性的视角只能是"事后的"、解释性的，迥异于建构理性的"事先的"、设计性的角度（李华芳，2008a）。

　　演化理性认为个人理性是十分有限的，也是不完全的。各种制度如道德、语言、法律等并非是人类设计的产物，而是由人类行动以一种长期累积的方式演化而来的（顾自安，2008）。演化理性的提出似乎意味着哈耶克的理论无须建构理性，甚至建构理性只是作为哈耶克批评的靶子而出现的。但不可否认的是，"人类又存在有意识订立规则的倾向"，这与哈耶克批评的建构理性之间存在"令人遗憾的不一致"，同时也是一个"棘手问题"（顾自安，2008）。

　　也有人指出哈耶克未能将自己的演化理性观一以贯之，从而导致理论体系的裂痕。黄凯南（2007）就指出，哈耶克一方面坚持演化理性，认为现存制度是演化的产物；另一方面又像建构理性主义者那样尝试建构一个宪政模型。这导致了哈耶克的自发秩序理论与其宪政理论之间似乎具有内在的冲突和矛盾，这也被称为"哈耶克范式的不一致性"（Gray，1984；Vanberg，1986）。De Vlieghere（1994）对哈耶克的这种"不一致"进行了总结。他认为哈耶克的社会秩序理论基于以下三个观点：首先，理性行为决不能不顾行为规则；其次，人类绝大部分知识属于默会知识，此类知识需要经由传统获得而无法通过理论学习而习得；最后，自发秩序优于"有目的的改革"。De Vlieghere 认为正是最后这一观点导致了哈耶克的自相矛盾。因为即使用建构理性重构制度不可能（自发秩序优于"有目的的改革"），也可以进行局部的改革和创新，而这局部的有意识的革新可能"优于"自发秩序。这是 De Vlieghere 所指的哈耶克理论的"内在矛盾"。

　　Vanberg（1994）进一步深入表述了哈耶克理论的困境。他认为哈耶克的演化理性对应着自发秩序原理，而哈耶克关于维系自由价值的立宪规则背后又隐藏着建构理性。或者可以说"人类参与制度演化时无法回避理性不及的局限，但是却又存在着有意识订立规则的倾向"（顾自安，2008），这影响了哈耶克思想本身的逻辑一致性（黄凯南，2007；李华芳，2008a），顾自安把这个不一致称之为"哈耶克命题"。

二、"哈耶克命题"的展开

对于哈耶克的不一致，或者哈耶克的两张脸，不少观点认为这可能是出于对哈耶克理论的误解而造成的。事实上，哈耶克并不是完全排斥所有的建构行为，他主要是反对整体的集中的建构，而个体的分散的局部的建构在其演化理论体系中是允许存在的。

长期以来，传统经济学将建构理性和演化理性分别简化为完全的建构理性（人为设计）和完全的演化理性（自然演化），而忽略了真实的情况可能是在以"完全建构"和"完全演化"为两端的连续坐标轴上的一点。并且这种简化使得理性偏离了真实世界，不论是完全建构理性还是完全演化理性，两者在本质上都是将"理性"放大拔高了，脱离了现实经验的基础。完全建构理性将理性诉诸全知全能的个体选择，而完全演化理性则将理性诉诸无所不能的自然选择，这都是因为没有对个人选择和自然选择的力量作出恰当的限制所造成的（黄凯南，2007）。

因此，在复杂的真实世界中，"理性"可能位于两个极端之间。同时值得注意的是，理性既可能具有建构性，也可能具有演化的特点。从而个体行为既包括有意识的计划算计，也包括无意识的规则遵循。哈耶克（Hayek，1973）批评了"自然—人为"的二分法，其实正是对上述理性观的一个反应。哈耶克认为社会秩序既非"自然生成"，也不是"人为设计"的，而是"人类行为而非设计"的结果。在微观的个体层面，每一个个体都会进行一定的建构或计划，但无法建构整个宏观的社会秩序（黄凯南，2007；黄凯南，程臻宇，2008）。顾自安（2008）也提到了类似的看法：单纯否定建构理性并不明智，哈耶克本人对建构理性的批判也不意味着要取消建构理性，那样就等于否定了人的主观能动性。哈耶克的意思是，建构理性是必要的，但不是绝对可靠的，对建构理性的绝对依赖会伤害人最基本的价值——"自由"。

（一）演化之中有建构？

建构理性与演化理性之间的矛盾似乎表明：哈耶克有两张脸。但仔细审视，不难发现哈耶克并不排斥局部的分散的"建构"。可以把分析沿时空展开，在时间上来看，短期的建构与哈耶克的演化理论体系并不矛盾；从空间上分析，局部的和分散的建构与整体的演化也不构成冲突。因此，可以得出结论，哈耶克并没有两张不同的脸，无非是同一张脸的不同面而已。

不过即便如此，也并没有真正解决建构理性与演化理性的关系问题。按照上述看法，短期的局部的分散的"建构理性"是整个"演化理性"的一部分。"演化理性"则是更为长期宏观的概念，这一概念本身已经包容了"建构理性"。但也有人指出，哈耶克认识到人类社会的演化秩序并不是一个独立于人类建构理性的完全自发的过程（无意识过程），他也意识到认知演化参与了秩序演化（有意识过程）。只不过，哈耶克没有进一步探索认知进化的动力学问题（顾自安，2008）。也就是说，演化理性包含建构理性的观点未能揭示出演化理性的动力学机制。

顾自安的观点忽视了哈耶克1952年在《感觉的秩序》一书中的工作。哈耶克认为我们当前的感知来自于"外部刺激"和"过去类似情境中的经验"这两者之间的关系。在心智中形成不同类型则基于过去和现在的感知重合的相对频度，存在一个感知与记忆不断互动的过程。这种互动的形式是在人的记忆中由处理系统修正外部刺激，而这种处理系统又是由过去的经验所限定的（Hayek，1952；Smith，2003；朱宪辰，赵亮，2008）。哈耶克本人显然已经认识到需要对演化理性的动力学机制进行探究。

Smith（2003）给出了两种不同的建构理性的扩展：第一种是拓展建构理性主义者的偏好结构，即行为主体同时关心他人的偏好或效用；第二种是基于"学习—试错—适应"的框架，对博弈论进行建构主义的扩展。而偏好结构的扩展还应该包括亲社会性偏好，例如将公平、互惠等纳入到偏好之中（陈叶烽，2008）。这种建构理性的扩展旨在解决的问题是，通过扩展偏好结构或者改变博弈框架，将原先不能用建构理性来解释的现象纳入到新的建构理性的视角下。但这种做法的缺陷是显而易见的，即便是经过扩展的建构理性，依旧不能解释自然演化的现象，同样无法涵盖"人类行为而非设计"的结果，也未能提供演化的动力学解释。

另一种不同的方式是，并不扩展建构理性，而是承认人类的有限理性，并沿着"有限理性的实现程度"的思路往前推进（何大安，2004；陈宇峰，2005）。这有点类似于"演化之中有建构"的观点，只不过采用了不同的表达方式，但同样没有解决动力学机制的问题。

上述这些解释往往陷于试图从个体理性出发推导出自发秩序的诱惑性陷阱，未能考虑到演化本身对个体行为的影响。

（二）认知理性

有观点提出可以用"认知理性"来融合"建构理性"和"演化理性"（顾自安，2008；黄凯南，程臻宇，2008）。通过对行为经济学、文化演化理论和脑神经科学成果的介绍，黄凯南和程臻宇（2008）解释了认知理性：拥有完整生物神经结构的个体通过生物调节过程、个体学习过程和社会学习过程等各种层次的认知过程，建立应对外界环境刺激的稳定认知模式，这种认知模式能够促使个体有效处理各种有关内部机能和外部环境的能量、信息和知识，提高个体在各种演化环境中的适应性。但认知理性具有"认知约束"，人类长期演化的脑神经结构和文化演化成的各种惯例、习俗和规范等构成了这种"认知约束"。因此，个体行为既可能是有意识的算计决策（建构理性），也有可能是无意识的规则遵循（演化理性）。也就是说，认知理性既包括建构理性，也包括演化理性，因而黄凯南和程臻宇认为这是一个更加一般性的概念，也能更好融合"建构理性"与"演化理性"。

顾自安（2008）指出演化理性不应该被看做是无意识的自然演化，而是应该基于认知演化的角度来看，是一种有意识的演化。演化理性以认知演化为前提，它将理性视为认知演化过程的产物，并且是在社会演化过程中形成的，而非独立于社会演化过程。顾自安进一步指出，人类的认知来源于两个方面，一是源自遗传机制，二是来自后天习得。

综合顾自安（2008）、黄凯南和程臻宇（2008）的观点，所谓"认知理性"是指：（1）该理性的认知来源于基因遗传和后天习得；（2）该理性是一种有限理性；（3）由于该理性部分依赖于后天习得并且是有限的，因此必然依赖于周遭环境，包括与自然和他人的互动；（4）该理性的形成内生于"基因—文化"协同演化的过程。这一认知理性的概念，相较于建构理性而言，增加了基因遗传的演化视角；而相较于演化理性而言，又强调了学习的有意识性；并且认知理性还内生于"基因—文化"协同演化的过程，避免了"演化之中有建构"的观点所忽略的"演化本身对个体行为的影响"。

如图1所示，可以将每一个点看做是完备的建构理性，而将整个体系看做是演化理性，每一个"类苯环"结构或者多个"类苯环"结构可以被视为认知理性，并且认知理性内生于演化过程之中。

图1 模拟自发秩序图

（三）个人的还是群体的？

按照"建构理性—认知理性—演化理性"的分类，上述讨论忽略的是认知理性是相对于个体而言，还是针对群体的。一般而言，建构理性是针对个体的，而演化理性则是针对群体的。这从认识论的角度表明完全建构理性只能导致"通往奴役之路"，一个群体若接受独裁者则必然与群体内成员的自由产生冲突。那么认知理性的概念是否可以在个体与群体之间架起桥梁呢？

事实上，如果将经济学的基本分析单元建立在神经元基础上，那么就是一种生物还原主义方法论；反之，如果建立在群体之上，就是一种集体主义方法论。前者是一种基因决定论，而后者是一种文化决定论，都是对个体主义方法论的背离（黄凯南，程臻宇，2008）。但从认知理性的 4 个方面的定义来看，认知理性的分析坚持了个体主义方法论：（1）和（2）使得认知理性是基于个体出发但不排斥对神经元（基因）的分析，（3）和（4）则使得认知理性不排斥对某些高于个体层面的群体现象的分析。

三、认知理性的演化

（一）情境理性还是认知理性？

认知理性秉承了个体主义方法论，对于个体而言，认知理性来源于先天遗传和后天习得。那么这一概念与"情境理性"（李华芳，2008a）有什么区别呢？李华芳（2008a）认为必须重新理解从理性到自发秩序的路径，因为自发秩序虽然并不要求完备的建构理性，但依然需要"理性"。这一"理性"被称为"情境理性"，是一个与演化息息相关的概念。而这种演化又是基因与文化的共生演化，包括基因的先天遗传和文化的后天影响。情境理性至少受到"传统、记忆、菜单和参与者"等内在因素的影响，主要集中在"先天和后天"、"个体与他人"之间构成的关系上。这与认知理性所要处理的关系是一致的。可见，这一"情境理性"的概念与"认知理性"的概念区别不大。

对于同一概念的两种不同命名，需要辨析其细微的区别。实际上，情境理性相对而言，更加偏重一种客观的存在；而认知理性则较为强调人的主动性，偏重主观能动性。奥地利学派的理论传统是"人的行动"的视角（李华芳，2008b），所以，认知理性可能是一个更合适的概念。

（二）认知的来源

人的当下的行动，一来有历史的因素，二来也有对未来的判断。这两个方面都构成当下认知的来源。历史因素方面，除了路径依赖一类的问题外，"基因和文化（谜米）"的遗传需要给予足够的重视。人类行动决策所依赖的脑神经系统的结构经过了长期的演化。这一结构也保证了人类在面对一些相似的决策时，会做出类似的行为，尽管在程度上有所差异。

例如 Henrich 等（2001）在五大洲 12 个国家的 15 个小规模社会中进行"最后通牒博弈实验"，该实验要求两个行为人对一定的利益单位进行分配，假定利益单位为 100。行为人 1 提出分配方案（x, y；$x+y=100$），行为人 2 有权拒绝行为人 1 的分配方案。如果行为人 2 接受行为人 1 的分配方案，那么分配结果是（x, y）；如果行为人 2 拒绝行为人 1 的分配方案，那么分配结果是（0，0）。传统经济学的分析认为，即便 $x \in (0, 1)$，行为人 2 也会接受行为人 1 提出的分配方案。但与传统经济学假设不同的是，结果表明分配均值处于 26%—58% 之间，也就是说，行为人会考虑分配方案的"公平性"，尽管在不同的文化中，其公平的程度可能是不一样的。但这从另外一个方面说明了人类相似的脑神经系统的结构对行为的影响。

同时，这一个例子也很好地表明了认知并非单由基因决定，也受到后天的影响。计量分析表明文化差异可以解释68%的最后通牒博弈中分配方案的差异。这也表明了文化演化并不是由单纯的生物演化所决定，而必须考虑到个体决策时对情境的依赖和对未来的预期以及判断力问题（图2）。

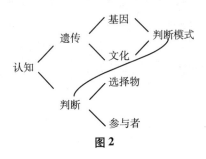

图 2

李华芳（2008a）扩展了 Sen 的菜单依赖的决策，加入了参与者依赖的决策，并且指出菜单与参与者是协同依赖的。Sen 认为：

假定 $A\{x\}=C\{x,y\}$，

那么可能出现 $A\{y\}=C\{x,y,z\}$。

A 在面对 x 与 y 时选择 x，但在增加了选择物 z 之后，选择了 y。这违背了传统的偏好稳定性假设，但在如下情形中，Sen 指出这是合理的，因为选择的菜单发生了变化。假设 A、B 两人面对最后一个苹果 x，(x) 表示将苹果留给对方，(y) 表示自己吃，(z) 表示增加了另外一个苹果。假定在不增加 z 的情况下，A 选择将苹果留给 B；而在增加 z 的情况下，$A\{y\}$ 就是合理的选择，因为选择菜单上多了一个苹果，这样改变了原有的选择集。但是这没有考虑的是参与者 B 对 A 的影响，李华芳（2008a）通过对"孔融让梨"的分析认为，参与者 B 是自己的亲人或是一个陌生的乞丐，不同情况会改变参与者 A 的选择。所以在具体的情境中，$A\{y\}=C(\{x,y,z\};B\{x,y,z\})$。

具体情境中，决策判断对选择物和参与者的协同依赖忽视了判断模式的问题，而承接认知理性的看法，判断模式是由"基

因 — 文化"共生演化出来的结果。但这一分析到此并不完整，因为还没有考虑到时间的因素，尽管"基因 — 文化"的演化是一个"长期"的过程，但考虑不同时期的决策是另外一个问题。

如图3所示，随着时间的推移，不仅判断模式会因为演化发生变化，参与者和选择物也会发生改变。例如从 t_0 期到 t_1 期，有 $A_{t_0}\{x\} = C\{x, y\}$，而 $A_{t_1}\{y\} = C(\{x, y, z\}；B\{x, y, z\})$。因此可用 $A_{t_i}\{x_i\} = C_{t_i}(\{x_i, i \in (1, n)\}；A_{t_i}^-\{x_j, j \neq i, j \in (1, n)\})$ 来表示个体的选择，这里 A^- 是指与 A 参与互动的行为者，而 C_{t_i} 取决于在 t_i 阶段"基因 — 文化"共生演化对此的影响。

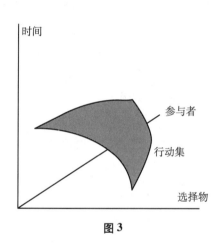

图 3

四、神经经济学的启示

要解释"基因 — 文化"共生演化对认知模式或者判断模式的具体影响，就必须深入来看共生演化对脑神经系统所产生的影响。得益于脑神经科学的研究，研究者可以借助哈耶克时代不具备的技术手段来探究脑神经的运行方式。目前神经经济学已经达成的共识是：某一个具体的决策行为，并不需要激活所有的脑神经系统；不同的决策行为所激活的脑区也是不一样的。例如在最后通牒博弈中分配（1，99）的决策（经济学所假设的理性算计的决策）和（50，50）的决策（考虑公平感的情感性决策）激活的脑区是不一样的（Camerer, Loewenstein, Prelec, 2004, 2005）。

但从行为的演化到脑的演化，中间有一个逻辑跳跃。要保证逻辑的完整性，就要补足这个被跳过的"环"。就好比说，行为是脑神经的一个函数，需要建立行为与脑之间的映射关系。脑科学现在的研究主要是两个方面：一是确认脑的各个不同部分所对应的功能；二是脑的结构以及脑神经细胞的运动机理，这一块随着新技术手段的应用，对于神经元和胶质细胞等的运动，已经有了一定的研究。神经细胞通过树突来接收其他细胞的轴突发送的"信息"。神经电信号到达轴突末梢，突触囊泡就释放神经递质，在突触间隙里结合特定的受体蛋白，进一步产生新的电信号。这两个方面的进展都得益于脑功能成像技术的发展，包括正电子发射断层成像（PET）和功能核磁共振成像（fMRI）。

在此基础上，要研究经济学上的决策（主要是理性行为以及在各种博弈实验中的表现），相应要了解的是，一个具体的经济决策或者说理性决策，是哪一部分脑区有反应，反应具体是如何进行的。Glimcher（2003）提到，愤怒、焦虑、抑郁和狂躁等症状可能影响理性决策，而这些与脑功能障碍的研究密切相关，这些研究的意义在于显示理性决策确有其生理基础。

Zizzo（2003）通过对愤怒的综述性研究发现，情感对理性的影响有两个不同的方面：传统假设认为愤怒与理性相对，愤怒时无法做出符合认知理性的决策；但 Zizzo 发现情况要复杂得多，情感也可能对理性决策发挥积极的作用。神经经济学的研究表明，愤怒激活的脑区既可能有与理性决策时激活的脑区重合的部分，也可能不同于理性决策时激活的脑区。

因此，如果接受愤怒等情感有助于认知理性的观点，这意味着对于之前所述认知理性的来源，还必须加上情感的因素作为补充，尽管其作用的机制有待进一步探讨。但如果接受愤怒不同于理性、甚至阻碍理性决策的观点，这意味着需要补充对认知理性的看法，也就是说，除了来源于基因遗传（内生于"基因—文化"协同演化的过程）和后天习得（包括与自然和他人的互动）的认知理性外，人类行为还不得不考虑到情感的影响，这将使人类部分克服理性思维的局限。

参考文献

1. 陈叶烽，"基于相关实验的社会偏好理论：一个综述"，浙江大学跨学科社会科学研究中心工作论文，2008。

2. 陈宇峰，"有限理性实现程度的新古典批判"，《经济学家》，2005 年第 4 期，第 47—54 页。

3. 顾自安，"制度与理性——对哈耶克命题的讨论"，收入姚中秋主编，《自发秩序与理性》，杭州：浙江大学出版社，2008，第 111—157 页。

4. 何大安，"行为经济人有限理性的实现程度"，《中国社会科学》，2004 年第 4 期，第 91—101 页。

5. 黄凯南，"认知理性和演化经济学方法论的发展"，《华人哈耶克学会 2007 年年会论文集》，2007 年 7 月 20—21 日。

6. 黄凯南，程臻宇，"认知理性与个体主义方法论的发展"，《经济研究》，2008 年第 7 期，第 142—155 页。

7. 李华芳，"情境理性视角下的自发秩序"，收入姚中秋主编，《自发秩序与理性》，杭州：浙江大学出版社，第 158—172 页，2008a。

8. ——，"维也纳的回声"，《读书》，第 4 期，2008b。

9. 朱宪辰，赵亮，"基于经验基础的哈耶克知识来源观探讨"，收入姚中秋主编，《自发秩序与理性》，杭州：浙江大学出版社，2008，第 95—110 页。

10. Camerer, Loewenstein, Prelec, 2004, "Neuroeconomics：

Why Economics Needs Brains", *Scandinavian Journal of Economics*, Vol. 106, No. 3, pp. 555 – 579.

11. ——, 2005, "Neuroeconomics: How Neuroscience Can Inform Economics", *Journal of Economic Literature*, Vol. 34, No. 1, pp. 9 – 64.

12. De Vlieghere, 1994, "A Reappraisal of F. A. Hayek's Cultural Evolutionism", *Economics and Philosophy*, No. 10, pp. 285 – 304.

13. Glimcher, Paul, 2003, *Decisions, Uncertainty, and the Brain: the Science of Neuroeconomics*, MIT Press.

14. Gray, J., 1984, *Hayek on Liberty*, Oxford Press, pp. 134 – 135.

15. Hayek, 1937, "Economics and Knowledge", *Economica*, Vol. 4, No. 13, pp. 33 – 45.

16. ——, 1945, "The Use of Knowledge in Society", *American Economic Review*, Vol. 35, No. 4, pp. 519 – 530.

17. ——, 1948, *Individualism and Economic Order*, Chicago: University of Chicago Press.

18. ——, 1952, *The Sensory Order: An Inquiry into the Foundations of Theoretical Psychology*, Chicago: University of Chicago Press.

19. ——, 1960, *The Constitution of Liberty*, Chicago: University of Chicago Press, p. 174.

20. ——, 1967, *Studies in Philosophy, Politics and Economics*, Routledge and Kegan Paul, p. 85.

21. ——, 1973, *Law, Legislation, and Liberty (I): Rules and Order*, Chicago: University of Chicago Press.

22. ——, 1988, *The Fatal Conceit: the Errors of Socialism*, Chicago: University of Chicago Press, p. 12.

23. Henrich, et al. , 2001, "In Search of Homo Economicus: Behavioral Experiments in 15 Small-Scale Societies", *American Economic Review*, Vol. 91, No. 2, pp. 73 – 78.

24. Smith, Vernon, 2003, "Constructivist and Ecological Rationality in Economics", *American Economic Review*, Vol. 93, No. 3, pp. 465 – 508.

25. Vanberg, Viktor, 1986, "Spontaneous Market Order and Social Rules: a Critical Examination of Hayek's Theory of Cultural Evolution", *Economics and Philosophy*, No. 2, pp. 75 – 100.

26. ——, 1994, *Rules and Choice in Economics*, New York: Routledge.

27. Zizzo, D. , 2003, "Anger, Rationality and Neuroeconomics", Department of Economics, University of Oxford, Discussion Paper Series, No. 182.

主体认知的传递、共享
信念与制度

龚向虎　朱宪辰*

摘　要：本文着力于探究由 Hayek 提出并被 North 进一步强调的，主体认知（知识）与制度之间的关系。通过建立一个主体认知的表征办法，本文构造了一个三个主体间进行认知编码、传递与解读的框架。研究发现，主体认知在编码和传递解读等实现认知共享的过程中面临着复杂的问题：编码装置的精确性特征将制约主体认知的传递效率，影响共享信念的达成；作为共享信念体系的制度可能难以实现；编码装置特征、主体所处具体实践场景的差异将影响制度形成与变迁的速度与可能性。

关键词：认知；共享信念；制度；编码装置；实践场景

一、引言与文献回顾

大量社会现象以及学术研究表明，制度是社会经济发展中与技术、资源相并列的最重要的影响因素之一。新制度经济学研究更是

* 龚向虎，南京理工大学经济管理学院，E - mail：gongxh83@ yahoo. com. cn；朱宪辰，南京理工大学经济管理学院，E-mail：zhuxc0227@ yahoo. com. cn。感谢参加2008 年"中国 30 年改革的理论分析研讨会"的多位学者对本文提出的建议与意见，但文责自负。

有力地向人们展示了制度在社会经济发展中的巨大作用。近代西方世界的兴起，以及 20 世纪出现的人类历史上最罕见的社会现象——苏联的强势崛起及最终迅速源于"内部"的崩塌，以令人咂舌的方式向人类展示了上述认知结果。然而，正如 North（2005）所指出的那样，迄今为止我们仍然不能够认为已有的研究已经很好地描述和概括了制度的各种关键特征。鉴于制度的巨大作用，对制度形成与变迁的理解需要进一步深入，需要进一步细致探究影响制度的各种因素。

自新制度经济学创生以来，对制度含义及本质的认识，学者们曾持有多种观点。近年来，尤其是在 Denzau 和 North（1994）、青木昌彦（2001）、North（2005）的研究推动之下，制度是社会主体间关于互动模式的共享信念系统的观点，逐渐被学界广泛接受。Schotter（1981：11）早已指出：制度是"一种被社会所有成员认同的社会行为的常规性，规定了在一些特定和经常出现的情况下的行为"。青木昌彦（2001）认为："制度是关于博弈如何进行的**共有信念**的一个自我维系系统"，并指出隐含在"自我维系"、"自我实施"和"不断再生产"这三个词组中的"内生性"是制度的五个特征之一。培顿·扬（2004）在关于制度的演化分析中，也将制度视为在社会经济交往中内生的，"制度是作为有许多个体的**积累性经验**经过长期发展而出现的"。Greif 和 Laitin（2004）的文章也表明，制度变迁直接或间接地可以归因于内生的参数变化，制度内生于自我执行过程。

North（2005）的研究继承和发扬了 Hayek（1952，1967，1973，1982）的观点，认为制度是难以设计的，必须经由主体间磨合而产生。对由大量社会现象所展现出的制度的复杂性，North（2005）给出了迄今为止最具说服力的解释框架。在 North（2005）的框架中，制度形成及其变迁被统一在一个往复循环中，即社会主体就"现实"→"信念"→"制度"→"政策"→"改变了的现实"的循环的不同往复调整[1]。North（2005）指出了制度的本质特征——即降低不确定性。制度降低不确定性的过程，是通过在主体间形成共享信念系统，提高人类行为的可预测性而实现的。人类经济发展与社会进步的重要方面便是不断降低不确定性。而 North（2005）同样指出，人类降低不确定性是通过对我们的生活施加种种限制而得到的（当然，这种限制本身也会对人类带来不确定性）；这些限制是正式约束与非正式约束的混合体。而最为重要的，人类所施加的这些**限制被嵌入在语言、实物工具以及信念系统**里，它们共同决定了人类互动交往的模式。人类试图通过他们对世界的描述概括（人类关于世界的认知）来构建他们的环境，以降低人类交往互动过程中的不确定性。

可见，将制度看做是内生于社会、并由社会成员在交往中不断加以确认进而得以维持的共享信念系统是合适的。而研究这一共享信念系统得以维持的重要途径，便是主体间由"认知"达成共识，进而获得稳定的过程。正如学者们所指出的，我们需要探讨影响主体认知形成共享信念体系的因素，以更好地理解制度的形成与变迁。

本文将部分研究 Hayek 和 North 所指出的问题，遵循 North（2005）的研究思路，探讨影响主体间认知达成共享信念系统的因素，细致考察作为共享信念系统的制度在其形成过程中的复杂性。通过建立一个简单的三个主体间进行认知传递、实现共享、达成共享信念的框架，探讨主体认知与共享的复杂性，重点分析编码装置对共享信念体系传递的重大影响。

本文的研究安排如下，第二节给出一个主体间认知表征与传递的简单框架，指出经由编码装置实现的主体认知传递的复杂性与不确定性；第三节进一步探讨在认知传递存在不确定性的基础上，处于不同时间场景的主体，其局部认知对其接收解读"编码"、形成认知的影响；第四节是结论。

---

[1] 符号"→"可理解成"形成"、"决定"、"影响"等含义。

二、主体认知与认知编码传递

(一)主体认知与共识的表征

首先，假设存在两个社会主体，主体 A 与主体 B，他们就社会经济运行领域中的某个问题进行认知并发现应对策略与规则。考察两个主体可以进行有效协调的场景，假设作为这种协调的结果，A 和 B 之间可以达成"共识"。[1]

为了表征主体 A 和 B 所达成的"共识"，以及后文将正式分析的"书面材料"，本文在此引入一个称为"背景博弈"的场景，记为 BG（Background Game）。背景博弈 BG 表示主体 A 和 B 所处的具体经济社会环境，BG 对 A 和 B 之间的互动方式与产出函数施加了约束与条件。如前所述，在背景博弈下，主体 A 和 B 之间为解决其所临的问题，可以进行协调并达成共识。当然这种共识并不是 A 和 B 在日后实际操作所必须遵循的方式，而仅仅给出了大致遵循的规则与条件。可以将主体 A 和 B 之间达成的共识，看做类似于"if…, then…"式的菜单式选择集。当然，这种选择集可能是不完备的，即 A 和 B 所达成的共识可能无法穷尽所有关于未来或然事件状态的规则。[2]

虽然 A 和 B 之间的共识可能是不完备选择集，但本文假设该"共识"对应的背景博弈仍可以用完美信息博弈来表达。[3] 本

---

[1] 事实上，主体 A 与主体 B 之间认知协调的过程，自身就是一个十分复杂的问题。限于本文分析的目标（探究影响主体间认知共享的因素），这里简单假设 A 和 B 是可以实现认知协调的。

[2] 这一假设来源于不完全契约理论（Incomplete Contract Theory）。关于这一假设，可参见 Hart（1995）、Tirole（1999，2009）等的研究。

[3] 对于那些未在共识中详细规定的或然事件，主体 A 和 B 可以通过"放一放"（见 Williamson [1996] 关于有限理性下主体契约的分析）的方式，将这些或然事件留待日后协商。在其共识中，这些未定的或然事件便由某些类似于"其他"等词语来表达。

文以下列术语来描述该背景博弈：对每个参与方 $i \in \{1, 2\}$，指定一个行动集 A_i。本文假设，行动集可以明确描述一个给定背景博弈形式中的主体 A 和 B 的选择，更确切地，在 A 和 B 的认知协调过程中，每个未来可能行动都可以被一个特定符号表征。若背景博弈是同时行动博弈，则前面所述等价于一个博弈形式的完全表征；若该博弈是序贯博弈，则还需要确定一个集合 T，以决定背景博弈 BG 博弈路径中的行动次序。

在描述背景博弈后，本文引入正式的关于主体间所达成"共识"的定义：

定义 1：给定一个背景博弈 BG，主体间所达成的"共识"α 被定义为一个关于背景博弈 BG 终点历史的集合。

由于背景博弈表达了主体所处经济社会领域中的某个问题，为参与人提供了具体博弈环境与结构。因此，主体 A 和 B 所达成的"共识"便对应着他们约定的在该博弈中遵从的博弈次序、路径与规则。

遵循符号惯例[1]，"共识"α 表示一组可行行动集，其中能够对每个参与人均有 $\alpha_i \subset A$。每个集合 $[\alpha_1; \alpha_2]$ 均代表一组行动。将主体 A 与主体 B 的行动组合起来，必须严格对应于一个终点历史集合。由于每个背景博弈均对应着多个博弈路径，因此本文用 α^T 表示对应终点历史集合的"共识"。主体间的共识，为主体博弈提供了指引，降低了博弈中对手行为的不确定性。

为更好地说明文中所述的背景博弈以及主体间所达成的"共识"，考察下面图 1 所示的简单博弈框架。

---

[1] 事实上作为本文分析的重要方面，编码与表征是影响认知传递的重要因素。这也正是 North（2005）所关注的、认知在主体间共享和传递的影响因素的重要方面。例如，若本文写作始终遵循惯例，则可以更好地实现自己思想（一种认知）的有效传播。可以想象，如果每个作者都采取自己独特的方式来编写论文，那时阅读一篇文献将会变得何等困难。

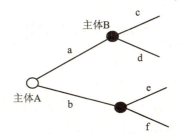

图1 背景博弈的一个简单示例

对应于前面的定义，主体 A 与主体 B 达成的一个可能共识是 [a；c]，则该共识对应的行动组合成一个精确的终点历史 ac（主体 A 选择行动 a，主体 B 选择行动 c）。

如前所述，由于多种因素的影响，主体间达成的"共识"可能由多于一个的终点历史所组成。此时，主体间所达成的"共识"允许至少一个参与方有权决定他的行动进程（即在该共识中，该主体的可选行动策略超过一个）。在采用终点历史表征背景博弈中主体所达成"共识"的表征方法下，该"共识"意味着在博弈的某个阶段，允许该参与方相机选择行动。对于主体在背景博弈中所达成"共识"中包含两个及两个以上终点历史的情形，本文将其定义为是"不完全"的；那些由只有一个终点历史组成的共识，则被定义为是"完全"的。

在图 1 所示的例子中，共识 [a；c] 是完全的，共识 [a/b；c/f] 是不完全的。在给定背景博弈 BG 的情况下，共识 [a/b；c/f] 由两个终点历史即 ac 和 bf 所组成，此时主体 A 可以选择行动 a，或选择行动 b。

在界定主体间"共识"之后，转而探讨单个主体关于某事件的认知就显得简单许多。单个主体关于背景博弈的认知，可以认为是其对该博弈背景下，何种终点历史路径将会出现的"主观判断"（一种对博弈所有终点历史路径的主观概率）。

至此，本文实现了对主体间认知与共识的表征。

（二）主体共识的传递：编码装置的影响

1. 共识传递与编码装置特征

认知是无法直接传播的，"认知"的传播需要依靠一定的媒介。假设主体 A 与主体 B 希望将所达成的"共识"传播开来，则需要将共识以某种可行的方式进行"编码"。本文不妨假定，这种信息媒介是一种采用语言书写的、用来给第三方观看的"书面材料"。

有必要明确主体 A 和 B 所达成的"共识"与传递所依赖的"书面材料"之间的关系。"书面材料"是通过将共识"编码"为某种可传递信息的方式而实现的。例如，主体 A 和 B 可以选择将"共识"用语言进行编码，形成书面材料进行传播。

若书面材料采用类似于语言等的"编码"方式而实现，则其特征必然受制于语言等编码系统的制约。因此，必须审视"认知结果"与"书面材料"之间可能实现"一一对应"的可能性。一个可能的结果是，对一份已有的"书面材料"，不同的主体可以从中"解读"出不同的信息，进而使该主体产生不同的认知结果。

为正式分析主体共识传递过程中的不确定性，本文假设：为实现主体间"共识"的传递，主体需要将所达成的"共识"编码为"书面材料"。为实现这种转换，他们引入一种被称为"编码装置"的设置。编码装置被表示为一套编码规则 $(C; E)$：这里 C 表示编码的可选集合（类似于一个词典），它其中的元素可以被用来撰写书面材料；E 表示一个映射，$E : A \rightarrow C$，它表示一种规则，为每个属于主体行动集合 A（ $= A_1 \cup A_2$ ）的行动指定一个编码或编码集合。

应当注意，这种由行动到编码的映射**可以但不必**是一对一的。也就是说，不同的行动在编码的作用下，可能（但并不一定）形成同一个编码。假设"编码装置"是外生给定的[1]，关于编码

---

[1] 关于编码系统特征与演变的一个研究，可参见龚向虎（2008）。

的这些设置，可以视为由自然语言施加的（语义）约束[1]。

由于不能要求编码装置是完全精确的（也就是说，不能指望它可以精确地实现行动与编码之间的一一对应），这会产生一些意想不到的问题。特别地，本文定义：当不同的行动可以采用同一个编码来表征时，本文说该编码是一词多义的。

2. 编码装置作用

现在描述编码装置是怎样将主体间共识"撰写"为书面材料的。根据编码装置的编码规则 $(C；E)$，主体 A 和 B 对所形成的共识采用"编码"转化为书面材料。在该书面材料中，主体的每个行动策略与次序均用编码表示。不同的编码排列次序及方法，表示不同的主体行动方式。

具体地，用 $S(B)$ 表示独立行动列的集合，它由集合 B 的元素产生，B 表示可获得的编码集合（编码规则 $(C；E)$ 中 C 所限定集合的子集）。给定一个特定的行动列 $s \in S(B)$，用 s^k 表示他的第 k 项元素，$k=1, \cdots, n$。有些滥用符号地，本文用 $E(A_i)$ 表示根据编码映射规则 E，以及和 A_i 的元素为定义域所得的全部编码。进而 $S(E(A_i))$ 表示由 $E(A_i)$ 产生的关于全部独立行动列的集合。

直观地，$S(E(A_i))$ 表达了可以被用来描述参与人 i 的行为的书面语句的全集。进而，一个书面材料可以被表示为具有如下特征的语句的有序组合，句子中的第一句涉及参与人 1 的行为，第二句涉及参与人 2 的行为。

在此，正式地为"书面材料"定义如下：

定义 2：一个书面材料是一个书面语句的有序组合 $w = [w_1；w_2]$，$w_i \in S(E(A_i))$。

书面材料中规定了关于主体 A 和 B 行动规则与次序的信息，

---

[1] 关于语言及经济学的分析，可参见 Rubinstein（2000），以及张卫国（2008），Cre-mer、Garicano 和 Prat（2007）。

即主体间所达成的"共识"。

为简化分析并且借鉴语言学的研究成果，可以对书面材料的特征作出如下限制。假设根据编码装置特征，书面材料包含了一个语法形式（语法是指被广泛接受的、有指向、有意义的词汇排序）。语法形式可以排除一些误解。例如，不会存在关于在书面材料中被提及的行动是哪个参与人应当履行的义务的误解。基于相同的理由，本文甚至可以假设不存在关于可以采用不同的方法来组合符合规则的句子所可能产生的混乱。

后面将会看到，尽管我们假设编码装置具有如此多"优异"的特征，在从书面材料向回推溯主体 A 和 B 所达成的"共识"的过程中，第三方仍可能产生诸多误解。最简单地，给定一个不精确的编码（即一词多义），经常会出现将相同的句子推溯为相当不同的"共识"的情形。换句话说，一个书面材料可能拥有多种"解读"。

（三）共识传递的困难：第三方误读可能性的存在

定义 3：给定一个书面材料 w，一个对 w 的解读 $r(w)$ 是一个关于独立行动列的有序组合 $[r(w_1); r(w_2)]$，其中 $r(w_i) \in S(A_i)$，$i=1, 2$。每个相同长度对应着相应的书面成分。对于该对应中的每个条目 w_i^k，$r(w_i)$ 中的第 k 个条目 $r^k(w_i)$，属于在 E 中 w_i^k 的反集，也就是

$$r^k(w_i) \in E^{-1}(w_i^k)$$

令 $\{r^k(w_i)\}_{k=1}^n$ 表示行动列 $r(w_i)$ 中展现出来的行动集合，这里，n 是 w_i 的长度。进而，用 $T(\{r^k(w_1)\}_{k=1}^n \cup \{r^k(w_2)\}_{k=1}^m)$ 表示由行动 $(\{r^k(w_1)\}_{k=1}^n \cup \{r^k(w_2)\}_{k=1}^m)$ 产生的 T（背景博弈 BG 中的终点历史集合）中的子集，这对应通过解读得到的主体 A 和 B 通过"书面材料"传递过来的共识。

为保证编码装置的恰当性，需要保证第三方从书面材料中解读得到信息是可能的。本文给出一个解读是可行解读的定义：

定义4：给定一个书面材料 w，一种解读 $r(w)$ 是可行的当且仅当

$$T\left(\{r^k(w_1)\}_{k=1}^n \cup \{r^k(w_2)\}_{k=1}^m\right) \neq \varnothing$$

第三方对书面材料的解读是一个可行解读，可以保证第三方拥有正确获得主体 A 和 B 所达成之"共识"的可能性。根据前面关于编码装置的说明，以及 North（2005）指出的认知在主体间传播和共享的复杂性的审慎判断，本文得到下面所述的观点是十分合理的：在第三方从书面材料中解读主体 A 和 B 的"共识"的过程中，他解读得到的信息可能是超过一个的。

正式地，本文将书面材料的这种特征定义为"模糊性"：

定义5：当且仅当书面材料拥有超过一个的可行解读时，我们说它是模糊的。

这里必须区分两个概念：一个书面材料是模糊的，意味着它拥有超过一个的可行解读；但每一个可行解读自身，也可能存在多个可选项。本文引入"完全性"的定义来表示书面材料的后一个特征：

定义6：一个可行解读是完全的，当且仅当 $T\left(\{r^k(w_1)\}_{k=1}^n \cup \{r^k(w_2)\}_{k=1}^m\right)$ 是单值的。如果一个书面材料的所有可行解读都是完全的，则称该书面材料是完全的。

在定义书面材料的"模糊性"与"完全性"特征之后，可以推测书面材料具有的若干特征：一个书面材料可能是既拥有完全解读又拥有不完全解读的。根据模糊性定义，一个书面材料可能包含多个可行解读；而根据完全性的定义，书面材料的每个可行解读是否完全却是未知的。

为有效说明书面材料的上述两种特征，考察图 2 所示的背景博弈。

根据前面定义，在图 2 所示的背景博弈中，主体 A 的行动集是 $A_1 = \{1; 2\}$，主体 B 的行动集是 $A_2 = \{3; 4; 5; 6\}$；博弈终点历史集合 $T = \{\{1\}; \{2; 3\}; \{2; 4\}; \{2; 5\}; \{2; 6\}\}$。图 2

所示编码装置的编码规则为：$E(1) = a$；$E(2) = b$；$E(3) = c$；$E(4) = d$；$E(5) = E(6) = e$。

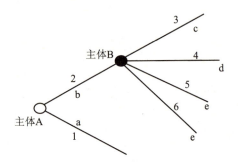

图2   书面材料的模糊性与完全性

可以注意到，图2所示编码装置的编码规则存在一词多义特征，即行动5和行动6是被一个相同字母编码的。因此，实践者之间可能达成如下的"共识"：

[(1/2)；(3/5)]

该"共识"对应3种可能结果（终点历史）：{1}，{2；3}，{2；5}。根据书面材料完全性定义，主体间的这一"共识"在书面材料下显示是不完全的。利用前面所述的编码装置，实践者这一"共识"将被编码撰写为如下书面建议书：

[(a/b)；(c/e)]

很明显，这个书面材料是不完全的，并且是模糊的。它允许出现解读 [(1/2)；(3/5)] 和 [(1/2)；(3/6)]。另一方面，这两种可行解读都是由多个终点历史构成的，也就是终点历史集合 T（{1；2} ∪ {3；5}）和 T（{1；2} ∪ {3；6}）包含的元素都超过一个。因此，两个解读都是不完全的。

一般情况下，一个书面材料可以是不完全但同时是模糊的。当然，一个书面材料可能是模糊的但完全的。考察书面材料 [(a)；(d/e)]，根据模糊性与完全性定义，该书面材料是模糊的（它拥有超过一种的解读），但每种解读又都是完全的。

　　此外，存在允许出现既存在完全解读又存在不完全解读的书面材料。为说明这种情况，可以修改图 2 中的编码规则，令 $E(1) = E(2) = a$，这样调整后，书面材料 [（a）；（d/e）] 就既有完全解读 [（1）；（4/5）]，同时拥有不完全解读 [（2）；（4/5）]。

　　可见，主体认知在表征和传递过程中面临着复杂的问题。编码装置的精确性特征将制约主体认知的传递效率。由于主体无法直接向他人传达所形成的"共识"，转而依靠编码装置将"共识"编码为"书面材料"，编码装置首先约束了主体认知的传递可行性。

　　由于编码装置可能存在一词多义特征，主体共识亦可能是不完全的，因此依赖编码装置将共识转变为书面材料，可能使得阅读书面材料的第三方出现解读风险。接下来新的问题在于，是否存在其他因素，影响或趋近共识的传播以及共享信念的形成？

三、共享信念的形成与制度：制度作为扩展秩序的新证据

　　在描述并刻画主体"共识"及传递之后，针对"共识"传递过程可能存在的问题，本文探讨了编码装置对主体共识与传递的影响。这种影响提醒我们，既然共识的传递如此困难，共享信念的达成将面临诸多问题，那么制度究竟如何才能形成？Hayek（1973）强调，制度是扩展开来的。本文将为这一论断提供新的证据。

　　将本文前面的主要工作概括如图 3，主体 A 和主体 B 就背景博弈达成共识 α，该共识经由编码规则形成书面材料，主体 C 通过解读书面材料，获取信息，形成信念，获得认知 β。

　　正如前文所指出的，共识传递过程中存在模糊性，因此主体 C 获取的认知可能不是共识 α。若主体 C 获取的认知 β 不同于共识 α，则三个主体间共享信念体系未达成，制度不能确立。

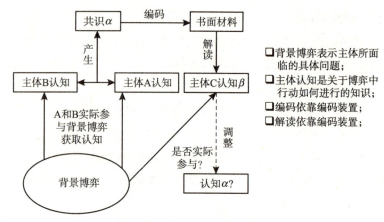

图 3　主体间知识传递过程的简单描述框架

　　图 3 向我们展示了主体 C 进行认知调整的可能性。若主体 C 可以参与主体 A 与 B 所处的背景博弈，则主体 C 可以获取更多的关于该局部场景的信息，对于共识 α 中的未尽事宜，主体 C 可以从实践中获取认知，对原有认知 β 进行调整。如此，三个主体之间具有更高的可能性，以达成共享信念，形成制度。

　　主体 C 单纯依靠经由主体 A 和 B 传递过来的书面材料，是难以完全获取认知内容的。这源于认知自身的复杂性，它包含了大量未明述的或然事件。这些或然事件在主体 A 和 B 所达成的共识中，以一词多义的方式进入书面材料。现实中常说的"可意会不可言传"现象，便是编码装置对共识形成书面材料的过程施加限制的典型体现。因此，主体 C 从书面材料中获取的关于背景博弈如何进行的认知，可能存在偏差甚至错误。在主体 C 可以实际参与背景博弈的情况下，其正确获取共识的可能性将上升。

　　社会中主体是分散的，社会生产是分工协作的。因此，依靠书面等形式进行的关于社会实践应当如何进行的"制度"的说明，难以有效地在社会主体中形成共享信念，进而在这种情况下，制度难以确立。Hayek（1973）所指出的扩展秩序的优势在于，它以边际参与的方式，让社会主体参与到博弈中，形成和修正主体的认知，形成共享信念，确立制度。本文的分析为 Hayek（1973）的研究提供了认知传播过程中由于编码装置的影响，导致认知难以有效通过书面传播的问题；进一步地，本文强调了实践对共享信念形成的重要作用，论证了扩展秩序的科学性。

四、结论

North（2005）指出了主体认知、共享信念与制度形成、变迁之间的复杂关系。本文试图进一步发展 North 的研究，将制度的形成与变迁过程理解为社会主体间就某一问题的处理方法方式所进行的认知上协调以达成"共识"、形成共享信念的过程。借鉴 Chatterji 和 Filipovich（2004）在契约理论上的研究方法，本文将这一实现过程进行了处理，论证了认知传播过程的障碍。

由于主体间达成"共识"（小范围的共享信念）的传递，需要依赖一定的媒介系统。这必然借助于编码装置，因而编码装置特征影响到主体共识传递的多个方面。编码装置可能存在的一词多义特征，加上主体共识自身的不完全性特征，致使经由编码装置形成的书面材料，在第三方解读过程中出现模糊性与不完全性问题。

共识（共享信念）借助编码装置的传播困难，为现实中制度简单移植与其面临的失败提供了理论基础。共享信念不是简单地通过阅读典籍、引入成文法律就可以实现的。一套制度的确立，作为共享信念形成与稳定的过程，必须依赖主体对实践的参与，以修正其原有的不符合共识的认知，最终达成信念的共享。社会中这种共识传播与共享信念的不断确立和发展过程，便是 Hayek 所阐释的——制度必须是经由扩展秩序而来。

参考文献

1. 龚向虎，"编码系统、互动场景与共同知识演化"，《南方经济》，2008，即将出版。

2. 青木昌彦，《比较制度分析》，周黎安译，上海：上海远东出版社，2001。

3. 培顿·扬，《个人策略与社会结构：制度的演化理论》，王勇译，上海：上海人民出版社，2004。

4. 张卫国，"作为人力资本、公共产品和制度的语言：语言经济学的一个基本分析框架"，《经济研究》，2008 年第 2 期，第 144 — 154 页。

5. Chatterji, Shurojit and Gragan Filipovich, 2004, "Incomplete Contracting due to Ambiguity: Natural Language and Judicial Interpretation", Mimeo, Colegio de Mexico.

6. Cremer, J., Luis Garicano and Andrea Prat, 2007, "Language and the Theory of the Firm", *The Quarterly Journal of Economics*, Vol. CXXII, pp. 373 - 408.

7. Denzau, Arthur T. and Douglass C. North, 1994, "Shared Mental Models: Ideologies and Institutions", *Kyklos*, 47（1）: 3 - 31.

8. Greif, Avner and David D. Laitin, 2004, "A Theory of Endogenous Institutional Change", *American Political Science Review*, 98: 633 - 652.

9. Hart, O., 1995, *Firms, Contracts, and Financial Structure*, Oxford: Oxford University Press.

10. Hayek, F. A., 1952, *The Sensory Order*, Chicago: University of Chicago Press.

11. ——, 1967, "Notes on the Evolution of Systems of Rules of Conduct", in Hayek (ed.), *Studies in Philosophy, Politics and Economics*, London: Routledge & Kegan Paul, pp. 66 - 81.

12. ——, 1973, *Rules and Order*, Vol. 1, of Law, Legislation and Liberty, Chicago: University of Chicago Press.

13. ——, 1982, "*The Sensory Order* After 25 Years", in W. Weimer and D. Palermo (eds.), *Cognition and the Symbolic Processes*, Vol. 2, pp. 287 – 293, Hillsdale, N. J. : Lawrence Erlbaum Associates.

14. North, D. 2005, *Understanding the Process of Economic Change*, Princeton, N. J. : Princeton University Press.

15. Rubinstein, Ariel, 2000, *Economics and Language*, Cambridge : Cambridge University Press.

16. Schotter, A. , 1981, *The Economic Theory of Social Institutions*, Cambridge : Cambridge University Press.

17. Tirole, J. , 1999, "Incomplete Contracts : Where Do We Stand?", *Econometrica*, 67 : 741 – 781.

18. —— , 2009, "Cognition and Incomplete Contracts", *American Economic Review*, Vol. 99, No. 1, pp. 265 – 294.

19. Williamson, Oliver E. , 1996, *The Mechanisms of Governance*, Oxford : Oxford University Press.

贝叶斯理性、个体行动策略与道德

——哈森义功利主义述评

赵亚奎*

摘　要：作为当代功利主义代表人物之一的诺贝尔经济学奖获得者哈森义的伦理学思想在国内还很少被提及，本文主要分析（1）哈森义的功利主义，即其有关功利主义社会福利函数的论证，以及（2）哈森义的准则功利主义，即其有关准则功利主义优于行动功利主义的论述。本文认为哈森义以准则功利主义来回应对功利主义的批评，虽然给出了一个意义非凡的思路，但是在操作上同样存在着很大困难。对于准则功利主义，本文认为其核心在于考虑到预期效应时个体行动时所排除的信息集的获取，而一个较为可行的信息集则可能由融合了道德元素的纳什讨价还价解给出。

关键词：贝叶斯理性；行动功利主义；准则功利主义

* 赵亚奎，复旦大学经济学院世界经济系 2006 级博士研究生。通讯地址：上海市武川路 78 弄，复旦大学北区学生公寓 13# 601 室（200433）。E-mail：zhaoyakui@ 126. com。导师韦森教授对本文的写作给予了很大的鼓励并提出了很多有益的建议，在此表示感谢。作者感谢复旦大学经济学院"韦森老师周末晨会"的参与者，特别是方钦、黄雄以及梁捷等人对本文富于启发性的评论。本文的初稿曾在由浙江大学社会科学研究院和华人哈耶克学会主办的"哈耶克学会第四届年会暨中国 30 年改革的理论分析研讨会"上宣读过，作者感谢与会人员的评论，但文责自负。

Harsanyi，国内一般译为海萨尼、豪尔绍尼、哈萨尼等，这里采取福利经济学代表人物之一、著名华人经济学家黄有光教授的译法。

一、前言

　　诺贝尔经济学奖获得者约翰·哈森义（John C. Harsanyi）在博弈论领域内的贡献已为人们所熟悉，但是作为道德哲学家的哈森义还较少为人们所知。事实上，在从事为其赢得卓著声誉的博弈论研究之前，哈森义已经在其祖国匈牙利获得哲学博士学位，并且使其在学术界崭露头角的也主要是福利经济学方面的两篇论文。[1] 不仅如此，借助于强大的博弈论工具，哈森义在其后的一系列文章中基于经济学主流分析工具特别是贝叶斯理性以及其他一些公理假设论证并捍卫了功利主义传统。[2] 本文尝试在介绍哈森义功利主义的基础上论证，功利主义作为一种由来已久的社会思想传统虽然由于其自身的缺陷而面临着众多的批评，但是其重要性在当代中国同样值得重视。

　　改革开放 30 年以来，以发展经济为主导的政策目标在一定程度上可以看做是功利主义在现实社会中的应用。但是正如功利主义的理论基础所蕴涵的那样，这种政策导向不可避免地带来了社会福利与个人利益之间的冲突。怎样对待"钉子户"以及更广泛地，怎样更好地协调社会福利与个人利益之间的冲突都需要对功利主义理论本身的逻辑基础进行分析。本文对哈森义功利主义的探讨虽然是理论上的，但是通过梳理其理论中可能存在的问题，也可以为我们在未来的发展过程中处理有关社会福利与个人利益之间的冲突时提供一些理论所蕴涵的有意义的思路。

　　在考察哈森义的准则功利主义时，本文全面分析了其面对的众多批评，并在此基础上提出，哈森义关于准则功利主义优于行动功利主义的论述，其核心在于考虑预期效应时个体行动时所排

---

[1] 其早期著名论文见 Harsanyi（1953，1955）。
[2] Harsanyi（1953，1955，1975，1978，1982）。

除的信息集的不同，但是我们目前还缺乏足够的工具来分析这个问题，而一个较为可行的信息集则可能由融合了道德元素的纳什讨价还价解给出。

本文认为，哈森义对当代功利主义的贡献可以分为两个部分：（1）他以贝叶斯理性为基础对功利主义的社会福利函数的论证，以及（2）他有关准则功利主义优于行动功利主义的论证。笔者分别称之为"哈森义的功利主义"和"哈森义的准则功利主义"。对于"哈森义的功利主义"这个问题，笔者已经在一篇文章中进行过讨论[1]，所以在本文中只是简单略过，而重点考察后一个问题。本文的结构安排如下：第二节首先介绍哈森义理性行为的一般理论及其分析框架；第三节分析哈森义功利主义思想的核心，即本文所谓"哈森义的准则功利主义"，这一点主要是从考察协调效应和预期激励效应对个体行为的影响着手；第四节论述哈森义的功利主义所面临的主要批评及约束，并把他的准则功利主义观点与当代另一位功利主义代表人物黑尔进行比较，进而提出选择准则功利主义时得到个体行动策略的选择集的可能方向。

二、哈森义的理性行为的一般理论

哈森义的理性行为的一般理论涵盖了三个重要的学科，即决策论、博弈论和伦理学。[2] 他把这三个学科作为其理性行为的一般理论的三个组成部分：个体理性行为理论、两个或更多个体的理性交往理论以及有关社会整体利益的理性行为理论。其中个体理性行为理论又包括三种不同的情形：确定性条件下、风险条件下以及不确定条件下。风险条件是指所有事件的概率是可知的客观概率，而不确定条件则更为复杂，它一般是指事件发生的部分

---

[1] 见赵亚奎（2009）。
[2] 对此较为详细的论述见 Harsanyi（1982）。

或所有的概率不可知，甚至很难被定义。哈森义认为，三种情况合起来即为经济学理论中的效用论，后两者合起来一般即是决策论的内容。

博弈论的分析框架自从冯·诺伊曼和摩根斯坦在 20 世纪中叶的开创性工作以来，对整个社会科学领域都产生了重大影响。对经济学领域的影响更是如此，一时间博弈论重写经济学的声音不绝于耳。博弈论一般分析的是两个或更多的个体的理性交往理论，它把每一个处于博弈环境中的个体都看做是理性的，有其自己的约束和偏好，其目标由个体特定的效用函数所决定。通过选择不同的行动策略，参与博弈的个体尝试最大化其预期收益。

而伦理学在哈森义看来则是有关社会整体利益的理性的学科。具体来说，假设处于社会中的个体都是理性的，那么他们会如何行动。简单来说，哈森义认为伦理学的内容就是在考虑社会作为一个整体时，理性的个体需要什么样的道德准则。

哈森义给出的这样归类的原因是，这三门科学都使用类似的分析方法和工具。[1] 其方法论的相似性在于，开始时都是在各自领域内用一些公理集或者构建性的决策模型定义理性行为。哈森义把每种情况下最初的定义称为理性在该领域内的原初定义。从这个原初定义出发可以导出一个关于理性的二阶定义，它一般比理性的原初定义具有更明了的公理化的或构建性的形式，从而在应用上更方便使用以及更适合进一步的哲学分析。例如，在效用论中确定性的条件下，关于理性的二阶定义就是效用最大化——在确定性问题的情况下，对许多目标来说它是一个比由一些公理（完全排序要求以及连续性公理）所定义的理性更为方便描述。正如许多经济学家所认同的那样，哈森义认为在风险和不确定的情形下，关于理性的二阶定义就是预期效用最大化（在风险

---

[1] 哈森义给出的另外两条理由也都可以归结为方法论的范畴，此处从略。详见 Harsanyi (1982)。

的情形下用客观概率，在不确定的情形下使用主观概率）。在博弈论的情形中，二阶定义为不同的博弈解的概念。在伦理学中，正如哈森义所论证的那样，理性（或者说道德）的二阶定义就是社会中的所有个体的平均效用水平，即哈森义所支持的功利主义伦理学的当代阐释。

简言之，哈森义论证功利主义的核心是贝叶斯决策方法。[1] 基本的贝叶斯技术是指，先验分析经过似然函数后向后验分布的转化，即可以通过对一个理性人要考虑的所有事件指定一个主观概率，据此来刻画他的信息系统。这样的主观概率允许他计算从不同的行为中获得的效用，而从事那些使他的预期效用最大化的行为被认为是贝叶斯理性行为。这一理论是从作为先验的理性选择公理推导出来的。理性选择公理认为理性决策者的行为就像是他给不确定的事件分配了主观概率，并且力求使与该主观概率相关的冯·诺伊曼—摩根斯坦效用函数的期望最大化。

值得注意的是，哈森义把理性用于道德分析时他首先面临着来自道德直觉主义的批评。直觉主义者认为我们可以通过直觉来发现基本的道德准则，从而使得任何用理性来评价道德准则的企图既不可能也无必要。而功利主义既然想通过理性的计算来决定社会分配，那显然它就不能回避直觉主义的批评。哈森义对直觉主义的一个回应就是，道德直觉要严重地受制于自身的成长经历以及更根本地，所处的不同的社会同样会对直觉主义的判断有很大影响。他通过简单的例子来说明直觉主义的谬误。例如，大部分成长在一个赞同奴隶制的社会以及等级社会的人通常都会有这样的"道德直觉"，即他们所生活的社会的制度安排在道德上完全正当。正是在对理性这种上帝所特别赋予人类的特性异常看重的意义上，哈森义坚信所有的道德信条都要接受理性的检验。

---

[1] 有关贝叶斯决策理论更一般的论述见 Binmore（1994）、Hirshleifer 和 Riley（1992）、Savage（1954）等。

　　在完成了对用理性来论证道德的合理性以及正当性的辩护之后，哈森义开始使用其强大的理性行为的一般理论来进行功利主义论证。当然，他的论证与最主流的经济学方法一脉相承，是从微观的个体出发，也即重点考察处于博弈中个体的行为策略。为了不使上述逻辑转换太过突然，我们首先要说明，在哈森义的分析框架内，他把个体做出道德方面的决定这样一个问题看做是在给定的约束下个体选择道德上正确的策略这样一个行动。这是典型的博弈论分析中所使用的语言。这样，面对一项道德判断时，哈森义就把道德问题看做是社会中不同的个体通过选择不同的策略来达到的均衡解的问题。

　　在个人价值判断上，哈森义认为，一个人做出社会伦理价值判断，正如"在那种假想情形中包括风险的选择的一个典型例子"（Harsanyi，1953）。在分析道德问题时，哈森义沿着斯密的方向，认为"道德观点本质上是一个富于同情心却不偏不倚（impartial）的观察者的立场"，而"一个公平的道德立场只会被一个其个人利益未被卷入的外部观察者所持有，或者是那些做出特殊努力从而以一个公平观察者的眼光看待社会境况的相关当事人。显然，一个人不一定为了持一种道德立场而成为外部人，但是他一定得付出严肃的尝试以便像一个利益不相干的外部人那样去判断社会境况，否则他就完全不是致力于做出伦理判断"（Harsanyi，1982）。

　　哈森义的不偏不倚的观察者假设包括两方面的内容，其一是所谓同一性公理（axiom of identity）：每个个体的伦理偏好应该基于如下完全信息，这些信息不仅与每一个其他个体的客观的社会处境有关，而且与表征他们的个人偏好的主观态度有关，那么，只要他采取了其他个体的主观态度，他也就采取了此人的个人偏好。在直觉上如 Sen（1970）所言：把自己放在其他人的地位上不仅包括具有后者的客观环境，还包括在主观特征上与他人的认同。

　　其二是等概率假设，即"如果他不知道在新的被选择的境况中他的个人地位是什么，但他有同样的机会处于这个社会不同境况（situations）中的任何社会地位上，从最高到最低"。或者如哈森义进一步注释说：或者更准确地说，他有相同的概率被置于任何一个社会成员的位置上，这不仅就后者所面临的客观社会（和经济）条件而言，还包括其主观的价值与口味。换句话说，他应该以当事人，而不是他本人的价值观和口味来衡量别的个体所处地位的效用。

从而，根据不确定条件下的个体决策准则，由同一性公理和等概率假设所决定的功利主义社会福利函数的论证可以简单表示如下：

假设社会中有个 n 人，等概率模型的含义简单来说就是，我们每个人都可能以相同的概率 $1/n$ 处于社会中的每一个位置。令 U_1，U_2，$\cdots$，U_n 分别表示代表性个体 i 处于不同的位置时的效用水平，那么个体 i 将选择最大化其处于不同位置时的数学期望，即：

$$(1)\ W_i = \frac{1}{n} \sum_{j=1}^{n} U_j$$

也就是说，即社会福利函数将采取个体处于不同境况下的效用的算术平均数的形式。[1] 值得注意的是，哈森义还给出了有关功利主义社会福利函数较为正式的公理化的论证，这里不再赘述。

三、哈森义的准则功利主义：准则功利主义优于行动功利主义的论证

布兰特（Brandt，1959：380）第一次区分行动功利主义和准则功利主义。[2] 在他看来，行动功利主义仅仅关注最后的社会福

---

[1] 对此，Binmore（1994）甚至认为，哈森义的等概率模型可以把社会整体看做是一个"整体的人"。

[2] 按 Harsanyi（1982）的说法，凯恩斯的朋友、牛津大学经济学家哈罗德是第一个指出准则功利主义优于行动功利主义的人，虽然他并没有正式使用这两个词，见 Harrod（1936）。

利，表现为行为对效用最大化的直接追求，这容易导致功利追求的狭隘和短视；而准则功利主义虽然也以效用原则为贯穿始终的标准，但反对把效用原则视为行为在特定情境下的特称判断，而是主张把它提升到普遍性的准则层面上来认识。也就是说，准则功利主义认为道德判断不应以某一特殊行为的功利结果为标准，而必须在寻求到各种情境下都能导向有道德的结果的普遍性行为准则前提下，对照准则来判定具体行为的正当与否。因此，"问题不在什么行为具有最大功利，而在于哪一种准则具有最大的功利"。

　　行动功利主义者以斯马特为代表。其基本主张是：行为的道德价值（善与恶、正当与不正当）必须根据其最后的实际效果来评价，道德判断应该是以具体境况下的个人行为的经验效果为标准，而不应以它是否符合某种道德准则为标准。[1] 在继承古典功利主义思想的基础上，斯马特对行动功利主义和准则功利主义二者的概念进行了说明："行动功利主义根据行动自身产生的好或坏的效果，来判定行动的正确或错误；准则功利主义则根据在相同的具体境遇里，每个人的行动所遵守规则的好或坏的效果，来判定行动的正确或错误。"[2]

　　作为当代准则功利主义的另一个代表人物，哈森义的理论视角显然更"主流"一些，这里所说的"主流"是指他充分利用当代经济学领域内高度数理化的语言来分析道德问题。具体来说，他使用博弈论和社会选择学科内的语言来描述道德问题，并尝试用清晰简洁的数学语言来取代抽象的逻辑推理。在正式论证其所推崇的准则功利主义之前，哈森义首先批评了传统的功利主义所采取的享乐主义路径，即把社会效用定义为快乐的总和减去痛苦。哈森义认为，这种享乐主义的定义忽略了个体可能追求的其他目标，比如金钱、社会地位、知识以及对别人利益真诚的关心等。同

---

[1] 见万俊人（1992：643）。
[2] 见斯马特（1992：9）。

样乔治·摩尔把社会效用定义为"内在价值的精神状态"（mental states of intrinsic worth）也很难让人接受。

在社会效用的定义上，哈森义选择了为经济学家所普遍接受的偏好的方法。每一个个体都有一个表征自己偏好的效用函数，从而社会效用就可以用个体效用函数来表示。他甚至直接把这种功利主义称为偏好功利主义（preference utilitarianism）。而且从斯密的不偏不倚的旁观者的思路出发，哈森义严格地区分了个人偏好（personal preference）和知情偏好（informed preference）。个人偏好是指，在特定情形下个体所拥有的对不同事物的偏好形式，显然，他是受环境以及该个体的历史经历所影响的，比如一个病人要去买药，根据生活经验他知道药品 A 可以治疗他的疾病，所以他到药店直接就会点名要 A 药。知情偏好的意思是指，现在有一种疗效更好且价格更低的新药 B 面市了，那么该病人如果知道这一信息，也即是如果其充分知情，那么他就会选择药物 B。

更进一步，在进行道德决定时，人们应该想像自己是一个"公正的旁观者"。非个人化以及不偏不倚的准则要求人们在面对一些未知的情形时，应该想像自己有相同的概率出现在各个可能的位置，这也是哈森义所提出的道德价值判断的等概率模型。

进而，哈森义在其博弈论语言中描述了准则功利主义和行动功利主义最大的不同。毫无疑问，不管是准则功利主义还是行动功利主义，二者都是倾向于最大化社会效用。但二者最大的不同在于，在最大化社会效用这个问题上，准则功利主义和行动功利主义面对着不同的数学约束。在此基础上，哈森义提出了其区分行动功利主义与准则功利主义论证的核心："一个行动功利主义者假设所有其他人的策略（包括其他功利主义者的策略）都是给定的，于是他的任务就是在别人的策略都保持不变的情况下通过选择自己的策略以最大化社会效用。与此相反，一个准则功利主义者不仅把他自己的策略看做是最大化社会效用时需要决定的变量，他把其他准则功利主义者的策略也看做是最大化社会效用过程中需要决定的变量。"[1]

用更数学化的语言[2]来描述就是，假设社会存在 n 个将要做出道德判断的个体（moral agent），并假设他们都是功利主义者。我们称之为个体 1，2，…，n，决策者本人称为 i（$i = 1$，2，…，n）。根据哈森义的论述，如果该决策者是行动功利主义者，那么他在做出决定时，他将把其他 $n-1$ 个个体的策略看做是给定的，即除决策者是"灵活"（flexible）的之外，所有其他 $n-1$ 个个体都是"僵化"（rigid）的。用来指代任意个体的可行策略集，并且分别用 r_1，…，r_{i-1}，r_{i+1}，…，n 来指代个体 1，…，$i-1$，$i+1$，…n 的策略。

那么，一个行动功利主义者的最大化问题将是如下形式：

（A1）$MaximizeU = U(s_1, \cdots, s_{i-1}, s_i, s_{i+1}, \cdots, s_n)$，

满足（A1）$s_i \in S$ 以及

（A2）$s_j = r_j = const$，对于 $j = 1$，…，$i-1$，$i+1$，…，n

而对于一个准则功利主义决策者而言，由于其他的个体也是"灵活"的，所以上述最大化问题的第二个约束将变成

（R2）$s_1 = \cdots = s_i = \cdots = s_n$

在哈森义看来，准则功利主义和行动功利主义在最大化社会效用时面对的约束不同有着重要的现实意义。具体来说，准则功利主义比行动功利主义更为可取之处在于其协调效应（coordination effect）和预期与激励效应（expectation and incentive effect）。[3]

在说明协调效应时，哈森义通过一个选举的例子来说明，与行动功利主义相比，准则功利主义可以得到更好的结果。比如现

[1] 见 Harsanyi（1982）。
[2] Harsanyi（1977）的数学附录 I 给出了一个非常详细的论述。
[3] 值得注意的是，在更晚些时候的一篇论文中，Harsanyi（1995）把协调效应与预期效应并列，并进一步把预期效应区分为确信效应（assurance effect）以及激励效应。

在需要投票决定是否通过一项能给社会带来很大福利的重要议案，并且投票需要成本。假设有1 000人会支持该议案，同时又合理地估计将有800人反对该议案。首先在所有选民都是行动功利主义者的情形下，由上文的分析我们可以知道，支持该议案的1 000人中每个人都会认为，只有自己的选票是决定性的时候，他们才会去投赞成票。但很多人都有搭便车的激励，即认为自己的选票不是决定性的，如果自己逃避投票成本而放弃投票，该议案同样会被通过。但是我们可以清楚地看到，如果每个行动功利主义者都按照相同的策略来行动，那么该项对社会有益的议案就可能被否决。

而如果选民都是准则功利主义者，那么他们都会去投票（如果不允许混合策略）。[1]"之所以是这样，是因为准则功利主义决策规则只给人们留有两种可以容许的策略：一是要求每个人都投票，另一个是要求每个人都不投票。"在这种情况下，"投票"就是每个准则功利主义者的合适的行动策略。从而，准则功利主义在协调人们达成一致的社会契约时就有着重要的意义。

但是正如我们经常看到的，在拥有完全信息的情况下，行动功利主义同样可以有上述协调效应。在上述投票的例子中，如果一个行动功利主义者对其他人的策略有充分的信息，那么当他意识到自己逃避成本而不去投票的行动可能会对社会效用有很大的损失时，他就会选择去投票。当更多的行动功利主义者意识到这一点时，行动功利主义同样存在上述协调效应。当然，上述完全信息的要求可以放松，在信息相当透明的情况下也可以达到协调效应的结果。现代民主国家选举中的各种拉选票的例子可以说是在让更多的有关选民是否投票的信息成为公共知识，进而改变选民对自己的选票是否是决定性的判断，以改变是否参与投票的策略。

[1] 允许混合策略时，结果同样如此。详见 Harsanyi (1982)。

　　哈森义清楚地认识到仅仅是协调效应还不足以证明准则功利主义优于行动功利主义的观点，所以他更加看重准则功利主义的预期与激励效应。在这里我们再一次看到哈森义论述的经济学基础，因为有关预期和激励的理论是经济学在 20 世纪后半叶取得的最重要的理论进展之一。

　　以是否应该遵守诺言为例。传统的道德义务论对这个问题的回答是肯定的，除非遵守该诺言对许诺者或第三方造成难以忍受的灾难。但是在道德价值论看来，这里仅以我们所分析的功利主义为代表，是否应该遵守诺言要看是否增加社会效用来决定。特别是行动功利主义，它更进一步，认为应该对每一个行为 —— 而不仅仅是是否应该遵守诺言 —— 都应该经过功利主义的检验。行动功利主义者认为，如果不遵守一项诺言能带来整个社会效用的增加，那么违背该项诺言的行动就是合适的。而哈森义所推崇的准则功利主义则从预期与激励效应的角度出发，强调了不能以一项行动是否促进了现时社会福利作为评判其是否合适的标准，更广泛的范围内或更长时期内的社会福利是否提高才应该是判断标准。简单来说，准则功利主义者会把不遵守承诺所带来的对人们的预期与激励效应的损害考虑进去。诚然，一次违背诺言可能会对结果造成很大的益处，但是从长远看来则未必如此。

　　行动功利主义者常用这样一个例子来反驳准则功利主义。比如一个英雄战俘面对敌人的酷刑，仍要坚持讲真话的诺言吗？值得注意的是，在这个问题上，准则功利主义并没有走向行动功利主义所批评的极端"准则崇拜"，而是选择了温和的道路。准则功利主义认为某一次的不遵守承诺确实会降低人们对承诺的信心，但它同时也承认这种效应是比较小的。从这个意义上来讲，它接近于传统道德理论对这个问题的回答，即除了极少的情况外，承诺或者说准则总是应该被遵守。此外，准则功利主义更进一步强调了一般情况下如果随意违背承诺所带来的后果，即它将破坏个体对其他人的行为的预期，进而损害对社会异常重要的预期与激励效应。

在较晚些的一篇文章中，哈森义（Harsanyi，1995）尝试用数学语言来刻画这个重要的问题。令 R 指代某项道德准则，比如"一个人应该遵守诺言"，而暂不考虑面对什么条件时可以违背诺言。令 R_0 为道德准则 R 的一个版本，比如"一个人任何时候都应该遵守诺言"，而不能有任何例外。令 R_1 为道德准则 R 的另一个版本，比如"一个人应该遵守诺言，除了处于 T_1 这样的情形外"，以及 R_2 代表"一个人应该遵守诺言，除了处于 T_1 和 T_2 这样的情形外"，依此可以类推到其他很多情形。

从而对于一个准则功利主义者而言，在决定何种准则可以最大化社会福利时，这个必须面对的问题可以转化为选择不同版本的道德准则 R。比如我们可以考虑这样一个例子，一个气势汹汹的罪犯拿着枪问你，刚才他追杀的那个人藏在哪里了。当合理地预期到讲真话将导致无辜的人被杀时，准则功利主义者对这个问题的回答就是，这个时候可以违背必须讲真话的诺言。因为这个时候违背诺言这项行为会被其他社会个体合理地预期到，即他们至少知道下述两点公共知识：（1）这个时候你是会违背诺言的；（2）你处于这个情形下的违背诺言的行为不会对你未来在社会中的行为的诚信度产生任何影响。当上述两点成为公共知识时，或者更广泛地说，当任何个体都把准则功利主义者所赞同的准则 R_i 以及它所包含的例外 T_i 情形下会违背诺言当做公共知识时，在该情形下不遵守诺言或任何例外 T_i 就不会对一个社会合理的预期和激励效应产生不利影响。

如果说上面的论证可以合理地说明准则功利主义在预期和激励效应方面相较行动功利主义的优越性，那么接下来一个必须回答的问题是，如何确定道德准则，即如何选择不同版本的 R？

我们可以考虑道德准则 R 的两个不同版本 R^* 和 R^{**}。令 R^* 指代不允许在 T 情形下违背道德准则 R，而 R^{**} 指代允许在 T 情形下违背道德准则 R。那么上述问题就可以转化为 R^* 和 R^{**} 哪项道德准则可以给社会带来较大的福利。一般说来，当我们选择一项道德准则时，总是希望该准则不要包括太多的例外，即 T 集合里面的元素应该尽可能的少，这样其他个体才能合理地预期。比如在是否应该遵守承诺的例子里，我们不能同意这样的观点，即在上千个甚至上万个例外的情形下都可以不遵守承诺。事实上，行动功利主义所认同的、在任何情况下只要一项行动可以直接带来更大的社会福利，那么就意味着允许任何行为都可以不再遵守特定的准则，也就是说，它假设 T 集合是无穷大的，它的元素包含了所有的行动。

人们之所以在一些情况下会出现违背某项准则的行为，是因为在特定的情形下遵守该准则可以给自己或第三方带来不可承受的成本，比如上文所提及的面对歹徒时遵守讲真话的诺言可能会导致伤害无辜的生命。回到哈森义的思路，他把社会偏好遵守某一准则所带来的利益称为一阶利益（first kind interest），而把违背该准则所带来的直接利益称为二阶利益，从而选择 R^* 或 R^{**} 的过程就是判断一阶利益和二阶利益孰大孰小的问题。

哈森义给出的这个方法，似乎又回到了功利主义的核心，即人际间的效用比较问题。因为一阶利益由其定义可知，它应该是社会利益，是由不同个体所认同的，但是二阶利益则显然是自己的一个主观判断。在比较二者孰大孰小的时候，如果能比较的话，就相当于把自己主观的判断当做社会利益大小的尺度。正如功利主义者所认同的那样，如果说假设人际间效用的比较是可能的话，那么哈森义的准则功利主义可以看做是"规则崇拜"的功利主义和行动功利主义之间的一个折中。通过分析我们可以看到，实际上对于"规则崇拜"的功利主义，例外的集合是空集，即在任何情形下都不能违背道德准则 R；而行动功利主义的例外集 T^* 是无穷集，即在任何可以增大社会福利的行动都是 T^* 集合中的元素。

四、评论及余论

有关道德分析的魅力在于，在这种事关社会中的每个人的问题上，我们一方面要保持理性的头脑，不应轻易地被信仰问题左右头脑；另一方面又不能完全被冷冰冰的理性所主导，从而失去异常宝贵的道德关怀。作为一种由来已久的思想传统，功利主义在相当长的时期内在思想史上占据着重要地位。正如密尔特别指出的那样，功利主义的标准不是指行为者自身的最大幸福，而是指最多数人的最大幸福。毫无疑问它有很多优点。由于注重社会中最多数人的最大幸福，它是注重效率的；考虑到如果经济学里面的基本假设——边际效用递减以及更一般的，个体对财富的偏好没有重大差异——成立的情形下，它又是注重平等的。

但是功利主义需要假定个人效用之间的可比性，即它要求个人效用是人际可加的，或者说不同个体之间的效用拥有共同的计量原点和相同的计量单位。阿罗（Arrow，1963）认为，这种人际间的比较即便可能也没有意义。因为人际间基数效用的测量正如温度一样，即便我们可以定义从 1 到 100 之间不同的度数，但是很显然从 1 度到 2 度与从 100 度到 101 度，都是增加一度，但也仅限于此，因为从 1 到 2 与从 100 到 101 这二者之间需要的热量，对应基数效用则为满足增加的程度，完全没法衡量。Binmore（2005）也认为功利主义首先也要面对这种指责：有什么理由把一个人所感知的效用水平与另一个人所感知的效用相加？[1] 虽然 Borda、Edgeworth 以及黄有光（Ng，1975）在这方面都进行了开创性的探索，但是在提出更加完美的人际间效用比较分析框架之前，我们仍有很长一段距离要走。

同时，较为注重社会整体利益的逻辑出发点也注定了功利主

---

[1] 对此，黄有光（Ng，1975）从最小感知度的概念出发给出了一个解决方案。

义不可避免地会在一些情况下与个人自由相冲突。这也是功利主义招致众多批评的最大原因。在密尔的理想中，如果一个社会实现了对于一切应受同等待遇的人给予同等好的待遇，也就实现了最大多数人的最大幸福。但是最大多数人的最大幸福原则并不逻辑地蕴涵着社会成员的普遍幸福原理。其实功利主义在这方面所面临的问题也部分地蕴涵在前文所述人际间效用的比较之中。还拿最简单的收入再分配来做说明，正因为功利主义假设效用的人际间可比性才导致从富人手中拿出部分财富再分配的必要性。但是当我们考虑到个人的财产权不可侵犯时，上述满足功利主义要求的再分配形式就没有必然的理由。正如哈森义所指出的那样："在准则功利主义出现以前，功利主义者不能令人信服地为下述指控辩解，即功利主义理论赞同一个超马基雅维利（super-Machia-vellistic）的道德准则，该准则在一些狭义定义的社会效用名义下允许违反所有的道德权利和道德义务。"[1]

也许正因为如此，哈森义以博弈论等分析工具为基础，在布兰特的基础上进一步论证了我们应该采取准则功利主义而不是行动功利主义。值得注意的是，对比当代另一位功利主义的代表人物、牛津大学的道德哲学家黑尔尝试在西季维克的基础上调和行动功利主义和准则功利主义的努力，也许可以更好地加深我们对这个问题的认识。

黑尔继承了西季维克分层次思考的想法，把道德分为三个层面，即直觉思维层面、批判思维层面以及元伦理层面。他认为行动功利主义和准则功利主义的争论主要是忽视了道德思维中批判层面和直觉层面的差别。一旦区分开这两种不同的层面，就可以获得一种结合两种功利主义的优点的形式（Hare，1981：43）。在直觉思维层面上，道德判断依赖于被普遍接受的、不证自明的道德准则，这对应着准则功利主义；在批判思维层面上，我们需要

---

[1] 见 Harsanyi（1982）。

对具体行动的结果进行考量，这对应着行动功利主义。在黑尔看来，道德直觉是必需的，但是仅仅有道德直觉还不足以应付所有的道德判断。要想弥补道德直觉的局限性，必须借助于道德思维的批判层面，实行行动功利主义的方法。

黑尔尝试统一行动功利主义和准则功利主义的思路自有其高明之处，他明确地肯定了生活中的习俗、惯例等对于人们做出道德判断的重要性。这类似于西季维克把常识道德准则看做是功利主义的"中间公理"的做法，与传统一脉相承。不仅如此，他把道德直觉所不及的领域赋予人们的理性——在这里也即是道德的批判思维层面，这种做法很容易为人们所接受。但是由于道德判断的可普遍性，由道德的批判思维层面所导致的行动功利主义实际上等同于这样一种准则功利主义：它允许任何程度要求的特殊化（Hare，1989：222）。

但是黑尔的新功利主义对在什么情况下应该实行道德直觉思维和道德批判思维的问题却没能给出答案。这一点与哈森义理论框架中对例外行动集合 T 的决定一样，只知道它应该满足一些条件，但是对其具体的界定还没有办法做到。事实上，笔者认为，哈森义与黑尔的功利主义思想到这里有点殊途同归的感觉。哈森义的准则功利主义其实蕴涵着道德直觉思维的影子，而黑尔的道德批判思维层面也恰好对应于哈森义准则功利主义中对例外集合的决定。所不同的是，黑尔使用的是标准的哲学家的思辨的语言，而作为博弈理论家的哈森义更多地是把这个问题放到一种数学语言之中。

哈森义的准则功利主义虽然在很多方面增加了我们对道德问题的认识，特别是他一贯清晰的数学语言以及论证方法。但不可否认的是，他的理论框架存在不少问题，这给他带来很多批评的声音。著名华人经济学家、福利经济学代表人物之一的黄有光教授（Ng，1999）在哈森义论证的基础上令人信服地证明，知情偏好并不足以作为一个度量社会效用的指标。由于非情感利他主义（non-affective altruism）的原因，在仅仅关注他人利益的时候，知情偏好将与更根本的度量标准快乐之间有所不同，从而哈森义的标准将会造成社会福利的重复计算。根据黄有光所给出的方案，可以通过一定的折现把非情感利他主义所导致的效应排除在外。

如果说上述批评还不足以动摇哈森义论证的根基，那么来自于 Gauthier（1982）的批评则直指哈森义论证的另一个核心，即贝叶斯理性非但不能用来分析社会选择问题，在哈森义的框架内对它的接受也并不合理。Gauthier 认为，处于原初状态中的个体正如所假设的那样，确实没有他自己的偏好，但这并不必然导致他会按照贝叶斯理性的方法来选择行动，在这里哈森义的论证存在逻辑上的跳跃。但正如 Lie（1986）在为哈森义辩护时所说的那样，哈森义的上述“逻辑跳跃”其实背后隐藏着帕累托准则这样一个假设。该准则虽然广为经济学家所接受，但哲学家对其并没有特别的偏好。

也许最值得关注的是哈森义和罗尔斯之间的争论。在论及社会需要一个什么样的正义理论时，哈森义和罗尔斯从几乎相同的假设出发，却得出截然不同的结论。哈森义基于典型的贝叶斯决策理论认为，处于原初状态的个体在选择合适的社会正义准则时会选择最大化社会总效用，也即是对在现代饱受争议的功利主义的合理性进行了辩护；而罗尔斯（Rawls，1971）则在社会契约论的基础上提出其倾向于公平的正义观。罗尔斯认为，处于“无知之幕”背后的个体在决定选择合意的社会正义准则时会倾向于最大化最不利个体的最大利益，即最大最小准则（maximin criterion）或差别原则。作为两种最具代表性的正义标准，功利主义和平等主义都有广泛的拥趸。

哈森义从两个方面，即处于原初状态下的个体贝叶斯决策机制和差别原则的可行性对差别原则提出了批评。前者是哈森义功利主义分配原则的理论基础，前文已经有所介绍，这里只简单介绍他对最大最小准则可行性的批评。哈森义从一个简单的例子出发，一个住在纽约的人如果面临两个工作机会，分别在纽约和芝加哥，前者非常无聊而后者既有趣又报酬丰厚。由于乘飞机去芝加哥有坠机丧命的危险，如果以最大最小原则作指导，那么那个人就不会选择去芝加哥。哈森义甚至认为，如果以差别原则作指导，那么人们连马路都不会穿越！

罗尔斯显然在这一点上处于劣势，并且不得不承认"最大最小公平标准与关于不确定性条件下选择的所谓最大最小准则是非常不同的两码事"。但是罗尔斯又认为，最大最小准则并不适用于一些小范围内的情形，"最大最小准则是一个宏大的而不是微观的标准"，它适合用来处理类似于代际间的相关问题。[1]

这并不意味着罗尔斯在争论中就处于劣势。罗尔斯非常清楚最大最小准则的缺点，但是面对众多的批评他仍坚持自己的观点并积极为其寻找逻辑支点。在罗尔斯看来，功利主义准则在一些条件下也可以保证一些人们所珍视的自由权利，即便如此，在面对不确定性的情形中，功利主义的伦理观也是没有什么意义的。与此相反，最大最小准则可以成为人们面对风险时所一致同意的选择。正式地讲，每一个人都应该把一些基本的自由权利的边际效用看做是无穷大，这就要求每个处于原初状态之中的个体优先考虑罗尔斯的最大最小准则。而且，从哈森义对准则功利主义的阐述来看，这里面也存在着罗尔斯第一正义原则的影子。从根本上来讲，功利主义和罗尔斯主义争论的结果反而是使它们走得更近，而不是相反。

具体就准则功利主义来说，尽管哈森义通过区分协调效应和预期效应来证明它优于行动功利主义，但是 Kutschera（1977）从哈森义的假设入手，证明了即使按照哈森义的分析思路，行动功利主义和准则功利主义二者实际上是等同的，并不存在孰优孰劣

---

[1] 见 Rawls（1974）。

的问题。在哈森义的有关投票的例子中，准则功利主义者对其他准则功利主义者要么都选择投票或要么都选择不投票的假设是有问题的。其实，行动功利主义也同样可以达到这样的结果。

Brock（1978）认为，哈森义的不偏不倚假说，尽管如他自己所特别指出的那样，与康德的绝对律令（categorical imperatives）有所不同[1]，但是这还不足以说明非个人化的理性决策（哈森义—罗尔斯"无知之幕"决策）是唯一可以接受的对不偏不倚假说的阐释。事实上，Brock 指出，把道德纳入到纳什讨价还价解的分析是另一个值得关注的方向，这个研究方向是完全可以与哈森义的思路相融的。同时我们注意到，这也是另一位博弈论方面的大师级人物、但近些年更多的是作为道德哲学家的 Binmore 教授所从事的研究。

尽管很多学者对哈森义非常原创性的思想从不同的角度提出批评或商榷，但这丝毫没有降低这些工作的价值，相反，人们可以在这种探讨和对话中增强对道德这个或许是人类所面临的最核心的问题之一的认识。正如 Brock 所指出的那样，哈森义的工作与萨缪尔森的《经济分析基础》以及阿罗的《社会选择与个人价值》一样，是对 20 世纪后半叶的社会科学和哲学最具原创性的贡献之一。在谈及哈森义对伦理学以及福利经济学的贡献时，萨缪尔森（Samuelson，1974）认为，哈森义的工作是这个领域内"少有的极大的提升"[2]。

参考文献

1. 斯马特，威廉斯，《功利主义：赞成与反对》，牟斌译，北京：中国社会科学出版社，1992。

---

[1] Harsanyi（1958）把它称之为 hypothetical imperatives 以示区分。
[2] "one of the few quantum jumps"，见 Samuelson（1974）。

2. 万俊人，《现代西方伦理学史》（下卷），北京：北京大学出版社，1992。

3. 赵亚奎，"贝叶斯理性与当代功利主义伦理学"，《新政治经济学评论11》，杭州：浙江大学出版社，2009。

4. Arrow, Kenneth J. , 1963, *Social Choice and Individual Values*, New York：Wiley Press.

5. Binmore, Ken, 1994, *Game Theory and Social Contract* (Vol. 1), Cambridge, MA. ：MIT Press.

6. —— , 2005, *Natural Justice*, Oxford：Oxford University Press.

7. Brandt, R. B. , 1959, *Ethical Theory*, Englewood Cliffs, N. J. ：Prentice-Hall.

8. Brock, Horace W. , 1978, "A Critical Discussion of the Work of John C. Harsanyi", *Theory and Decision*, 9：349 – 367.

9. Gauthier, D. , 1982, "On the Refutation of Utilitarianism", in H. B. Miller and W. H. Williams (eds.), *The Limits of Utilitarianism*, Minneapolis：University of Minnesota Press.

10. Hare, R. M. , 1981, *Moral Thinking：Its Levels, Method, and Point*, Oxford：Oxford University Press.

11. —— , 1989, *Essays in Ethical Theory*, Oxford：Oxford University Press.

12. Harrod, Roy F. , 1936, "Utilitarianism Revised", *Mind*, 45：137 – 156.

13. Harsanyi, John C. , 1953, "Cardinal Utility in Welfare Economics and in the Theory of Risk Taking", *Journal of Political Economy*, 61：434 – 435.

14. —— , 1955, "Cardinal Welfare, Individualistic Ethics, and Interpersonal Comparison of Utility", *Journal of Political Economy*, 63：309 – 321.

15. ——, 1958, "Ethics in Terms of Hypothetical Impera-tives", *Mind*, 47: 305 – 316.

16. ——, 1976, *Essays on Ethics, Social Behavior, and Sci-entific Explanation*, Dordrecht: D. Reidel.

17. ——, 1975, "Nonlinear Social Welfare Functions", *Theory and Decision*, 6: 311 – 332.

18. ——, 1977, "Rule Utilitarianism and Decision Theory", *Erkenntnis*, 11: 21 – 53.

19. ——, 1978, "Bayesian Decision Theory and Utilitarian Eth-ics", *American Economic Review*, 68: 223 – 228.

20. ——, 1982, "Morality and the Theory of Rational Behav-ior", in Sen and Williams (eds.), *Utilitarianism and Beyond*, Cam-bridge: Cambridge University Press.

21. ——, 1992, "Games and Decision Theoretic Models in Eth-ics", in R. Aumann and S. Hart (eds.), *Handbook of Game Theory with Economic Applications*, Vol. 1, Amsterdam: North-Holland.

22. ——, 1995, "A Theory of Prudential Values and a Rule Util-itarian Theory of Morality", *Social Choice and Welfare*, 12: 319 – 333.

23. Hirshleifer, J., and J. Riley, 1992, *The Analytics of Uncer-tainty and Information*, Cambridge: Cambridge University Press.

24. Lie, Reidar K., 1986, "An Examination and Critique of Harsanyi's Version of Utilitarianism", *Theory and Decision*, 21: 65 – 83.

25. Kutschera, F., 1977, "Rule Utilitarianism and Decision Theory: Comments", *Erkenntnis*, 11: 433 – 434.

26. Ng, Yew-Kwang, 1975, "Bentham or Bergson? Finite Sensibility, Utility Functions, and Social Welfare Functions", *Review of Economic Studies*, 42: 545 – 569.

27. ——, 1999, "Utility, Informed Preference, or Happiness: Following Harsanyi's Argument to His Logical Conclusion", *Social Choice and Welfare*, 16: 197 – 216.

28. Rawls, John, 1971, *A Theory of Justice*, Cambridge: Harvard University Press.

29. ——, 1974, "Some Reasons for Maximin Criterion", *American Economic Review*, 64: 141 – 146.

30. Samuelson, Paul A., 1974, "Complementarity: An Essay on the 40th Anniversary of the Hicks-Allen Revolution in Demand Theory", *Journal of Economics Literature*, 12: 1255 – 1289.

31. Savage, L., 1954, *The Foundations of Statistics*, New York: Wiley Press.

32. Sen, A. K., 1970, "The Impossibility of Paretian Liberal", *Journal of Political Economy*, 30: 307 – 317.

宪法—政府—市场：一个宪政经济学的新分析框架

王小卫　吴锦宇*

摘　要： 本文从转型经济的实践出发，针对政府—市场二分法的局限性，提出了宪法—政府—市场三分法的分析框架，并根据这一框架对中国的经济转型进行了研究。中国经济转型的经验表明政府行为与经济转型的效率之间存在很强的相关性。本文的一个基本判断是政府的角色与定位已成为影响中国经济转型的关键因素，经济转型面临法治资源稀缺的瓶颈约束。对政府权力的软约束所产生的后果是对政府与市场之间的距离缺乏有效的界定，经济转型的政府成本上升。因此，建立公正、透明和有权威性的宪法规则与秩序，对于中国的经济转型有着特别的含义。

关键词： 宪法；政府；市场

政府是一个集中决策、人为设计、分层管理的行政组织体系，而市场是一种分散决策、自发形成、自由竞争的权利交换体系。政府与市场关系的讨论构成了经济学的永恒话题。

---

* 王小卫，上海财经大学财经研究所副教授，E-mail：xiaoweiwang@citiz.net；吴锦宇，意大利马克·比亚乔（Marco Biagi）基金会研究员，E-mail：freedom110110@gmail.com。

一、宪法—政府—市场：一个新的分析框架

在亚当·斯密 1776 年出版《国富论》之前，对于政府问题的研究，大多是从政治和道德角度去研究的。亚当·斯密首次在道德上确立了自利的合法性，并开始从经济角度去研究政府问题，对政府与市场关系作了明确的界定。

经济学对政府与市场的关系的认识大体可划分为三个阶段。第一阶段：从亚当·斯密出版《国富论》的 1776 年到 20 世纪 20 年代。这一阶段，强调自由企业制度和自由市场机制的经济自由主义是经济思想的主流，政府作用则被置于辅助地位，政府职能基本限于完成斯密所界定的三项任务。第二阶段：20 世纪 20—60 年代。在这一阶段，以旧、新福利经济学、凯恩斯主义经济学、发展经济学为标志的政府干预理论处于鼎盛时期，经济学文献中到处是对"市场失灵"的论证，经济学家据此为政府增加了越来越多的职能。第三阶段：从 20 世纪 60 年代至今。经济自由主义再度复兴，经济学家的视角转向了"政府失灵"或"政策无效"，主张还是把自由市场机制和自由企业制度作为资源配置和经济发展的基本工具，并把政府身上过多的职能一一卸下来。本文把主流经济学关于政府与市场关系的这种非此即彼式的理解概括为政府—市场的二元冲突模式。

在政府—市场的二元冲突模式中，政府与市场之间被视为是一种代替品的关系，在政府与市场之间的选择上非此即彼。事实上，这只是一种极端的情形。形成这种二元冲突的主要原因可能是：

第一，17—19 世纪英国和西欧的制度演进，为解决政府悖论创造了一种机遇。《国富论》和《独立宣言》在 1776 年同时公布于世，表明政治自由和经济自由之间的密切关系。米尔顿·弗里德曼认为正是在 19 世纪经济自由和政治自由的结合，给英国和美

国带来了黄金时代（弗里德曼，1982）。根本的原因是发达的市场经济以法治为基础，政府的任意行为受到法律约束，使它不易侵犯产权和限制企业的自由组建和发展。[1] 因此，法治成了市场经济的一个重要的制度假设。无论是在斯密时代，还是凯恩斯时代，对政府与市场关系的讨论，都是在这一条件下的讨论。对这一点的忽视是产生这种二元冲突模式的一个重要原因。

第二，马歇尔之后的主流经济学偏离了古典经济学的核心问题。以配第、斯密等人为代表的古典主流经济学家关注的重点不是资源配置问题，而是如何才能使一个国家更富裕的问题。亚当·斯密强调，分工和专业化的发展是经济增长的源泉。在一定程度上，古典主流经济学的核心就是发展经济学。[2] 而马歇尔之后的主流经济学家的研究重心从专业化和经济组织问题，转向给定组织结构下的资源配置问题。作为法学家的斯密所关注的政府悖论问题逐渐退出了主流经济学家的视野。促成这一转变的原因有两个方面：一是随着市场经济的发展和成熟，市场的法治条件已逐渐在制度上进入一个稳定均衡状态，并成为一种制度共识存在而不再是一个需要讨论的对象；二是由于以边际分析为基础的供求分析，在进行数学处理时非常得心应手，在形式上更接近一种科学，因而顺理成章地成了马歇尔之后的经济学的主流。因此，在主流经济学的框架里，政府与市场关系的讨论就在形式上表现为一种二元冲突的模式。在这种分析框架下，与对市场的资源配置和企业问题的研究相比，现代经济学对政府的研究相对有限。[3]

历史的视角表明，宪政民主作为一种具有普遍适用性的政治形式出现在启蒙时代之后。从宪政产生、存在和发展变化的逻辑来看，所谓"宪政"必须是活着的宪法或者说是在现实生活中有

---

[1] 钱颖一，"理解现代经济学"，《经济社会体制比较》，2002 年第 2 期。
[2] 杨小凯、张永生，"新兴古典发展经济学导论"，《经济研究》，1999 年第 7 期。
[3] 钱颖一，"理解现代经济学"，《经济社会体制比较》，2002 年第 2 期。

效的宪法。从宪法与其实现的制度方式之间的关系来看，宪法目标的制度实现是一个制度不断演进的过程，是一个权力与权利博弈的过程。宪政安排提供了"政府悖论"的制度之解，即通过宪法的社会控制或治理方式，国家的权力资源必须按宪法程序运行，不得与宪法相抵触，由宪法为权力的运行提供合法性基础。因此宪政是解开"政府悖论"的纳什解或纳什均衡。所谓纳什均衡的含义是假设在有 n 个人参与博弈，给定其他人的战略的条件下，每个人选择自己的最优战略，所有参与人选择的战略一起构成一个战略组合，这种战略组合由所有参与人的最优战略组成，也就是给定别人战略的情况下，没有任何一方会单独改变策略。纳什均衡的进化机制认为，纳什均衡并不是或并不一定是博弈方一次性选择的结果，而是有一个通过修正和改进向纳什均衡的调整逼近的动态过程。对制度的纳什均衡分析表明，一种制度安排要有实际意义，必须是一种纳什均衡，否则，这种制度安排便不能成立。对宪法的分析也同样可以得出，当一部宪法不是纳什均衡时，它就不会在现实生活中真正起作用，就只是停留在纸面上的摆设，而纳什均衡意义上的宪法就是宪政。

发展中国家和转型经济国家在引进主流经济学的理论时，由于所处的发展水平和现实问题上的差异，因此应用一个抽象掉宪法条件的政府—市场的二元冲突模式来分析发展与转型问题时便缺少针对性，并产生了以下几方面的副作用：

首先，对经济发展或经济转型中的政府角色认识不足，对政府和市场的讨论缺乏现实的历史基础，只是从主流经济学的经典答案出发来划分政府与市场的楚河汉界，从"应然"的角度出发来给政府定位。这虽然回答了政府应该做什么、政府可以做什么，但无法回答如何才能让政府做到这些或者接受这一角色定位。对于现实中的政府越位或越界，只能寄希望政府自己的自律来解决。

其次，对发展和转型本身深层次的问题认识不足，把发展和转型等同于以要素的投入来产生的 GDP 的增长或商品的市场化程度。对于经济转型或经济发展中的宪法化效应缺少分析，对自由和权利对经济发展或转型的意义缺乏认识。由于缺乏宪法条件，当发展或转型过程中出现挫折或预期目标无法实现时，往往出现体制复归或对市场制度本身的不信任。

第三，进行宏观调控成了政府扩张的借口。现代市场经济并不否认政府对经济的宏观调控，但这种调控是有条件的，是承认市场主导作用下的宏观调控，是从市场之外的有限介入。如果缺乏宪法条件，这样的宏观调控容易变成政府对市场的控制或侵犯。譬如政府进行宏观调控的主要工具之一的财政政策如果不受宪法约束，就会变成向市场寻租的工具，并成为政府扩张的一个重要途径。这也是转型经济中的政府偏爱财政政策的原因。宏观调控的效果并不只是简单地由政府财政或货币政策的组合或类型来决定，更重要的是宏观调控的制度环境。因此，转型经济的宏观调控的前提是建立在规则约束之下的金融、财税体制。

第四，国有企业改革收效不大，但冲突日益突出。主要原因之一是缺乏宪法性市场竞争规则。由政府各个部门或行业自己制定的改革方案或法规的动机和主要内容是为行业或部门内的国有企业提供优惠或保护，这样的规则本身缺乏公正性、透明度和权威性。由于缺乏权威性的公共市场规则，政府与国有企业之间的千丝万缕的利益关系只能是"斩不断，理还乱"。国有企业的改革还需要政府出于"父爱"的财政支持、金融支持甚至通过股市来"解困"。因此"政企不分"成了国有企业的理性选择。

第五，寻租和腐败问题严重。寻租行为的深层次原因在于政府对市场的过度干预。寻租现象往往存在于国家过度干预经济的发展中国家。中国的经济转型过程中一方面是促进市场发育的法律、法规缺乏和不完善，另一方面是过多的经济干预。政府不适当的干预和管制导致的稀缺和垄断产生了巨额租金。围绕这些租金的分割，引起了社会上上下下的争夺。对于转型经济中的寻租和腐败问题，基于传统的政府—市场二元替代模式的治理建议是深化市场化改革，结束双轨运行，从根本上消除租金产生的制度根源。但这个建议本身是含糊的，单纯的市场化取向的结果可能是掉入"印度病"的陷阱之中，即寻租的制度化。而基于宪法—政府—市场三元互补模式的治理寻租的建议首先是通过宪法来约束政府权力，使政府与市场的功能在宪法条件下实现互补，这才是解决转型经济中的深层次问题的根本方法。

第六，全国性统一市场难以建立。在市场经济中，宪法规定构成了一国范围内最基本的游戏规则。在政府与市场的二元分析框架中，由于缺乏宪法视角，因此，部门、行业和地方政府从各自的利益出发，利用政策保护甚至司法保护提高了形成全国性统一市场的交易成本。宪法以其法律权威性及规范性应当成为统一国内市场最有力的制度保证，有必要在宪法中明确禁止地方政府分割市场的行为，才有利于促使宪政框架下市场经济体制的真正确立。[1]

第七，农民问题日益突出。中国的农民问题开始于农民的制度创新。1978 年安徽凤阳的农民签订的第一份土地承包合约的风险来自政治方面，这就表明中国农民的市场化进程中除了自身素质提高外，更重要的是需要通过推动宪法化进程来消除农民与居民的"身份"差异，创造市场经济的公平的起跑线，即法律面前人人平等。

第八，国家立法进入误区。在过去的 20 年里，中国颁布了大量的法律。在一些领域存在过度立法，有些法律出现重叠，有些法律条文过细过窄，降低了法律的质量和权威，容易引起冲突和混乱。在传统体制下形成的审批和管制为主导的政府管理模式与市场化取向的经济改革之间的冲突造成了立法效率的低下。从宪法层面上来规范立法、司法与行政的关系是解决问题的关键。

最后，由于受这种分析框架的局限，对一些新的经济现象缺乏理解。例如，根据资本投入的程度，一般把经济模式分为劳动

---

[1] 朱淑娣，王颖敏，郭畅，"强化宪法统一国内市场的作用"，《复旦学报》，2001 年第 5 期。

密集型、资本密集型和知识密集型三种。对于近年来出现的新经济现象，一般归为知识密集型。从要素投入的特征来看，这样的分析和解释并没有问题。但是从宪政经济学的角度来看，新经济的一个重要特征是契约密集型，是以法律对知识资本、人力资本和资本家的自由创业权和自由签约权的有效保护为前提。

由新经济所引起的对新增长理论的关注，强调教育、培训和研发等人力资本投入给经济增长带来的贡献。但这个理论所忽视的是人力资本发挥作用的法律条件，因此不能称之为完整的增长理论。它不能解释中国历史上对教育很重视但中国经济在明清以后长期处于落后状态的事实，因此教育、培训和研发只是经济增长的充分条件，而宪法等制度环境才是经济增长的必要条件。

综上所述，本项研究认为原来的政府 — 市场的二元替代模式已不适用于分析经济转型问题，需要寻求新的分析方法。事实上，关于政府和市场的关系，并不存在非此即彼的极端情况。世界上既不存在完美无缺的政府，也不存在完美无缺的市场。人们只能在不完美的市场和不完美的政府之间作选择，寻求两者在某种程度上的平衡和结合，彼此不能完全替代，不应该走极端，能够选择的实际上只是两者结合的程度和方式。市场失灵并不必然意味着政府干预会更好，只有当政府干预带来的政府失败的净损失不超过市场失灵的净损失时，政府干预才是必要的、合理的。一般的资源配置活动则应该交由市场去完成，市场在资源配置的静态和动态效率方面都优于政府，在这一领域政府失败比市场失败更为严重。[1]

就社会公平来说，市场和政府孰优孰劣并无定论，两者都有缺陷。一方面，市场的非人格化和相对客观的甄别程序十分有助于实现社会公平；另一方面，由于人们的初始禀赋和起点甚至运气的差

---

[1] 胡书东，《经济发展中的中央与地方关系 —— 中国财政制度变迁研究》，上海：上海三联书店、上海人民出版社，2001。

异，这种非人格化的机制又产生了十分不公平的结果。政府决策的武断、集权、偏袒和官僚主义、腐败也会导致社会不公平；而如果政府决策能够避免这些缺陷，则又有助于实现社会公平。

政府和市场的关系并不是完全对立的，两者可以相互补充，各自吸取对方的优点改进自身效率。完全可以通过政府和市场的适当结合提高整个国民经济的运行效率。但是政府与市场的互补是有条件的，只有在宪法条件下才能实现政府—市场的距离的黄金分割。因此，针对政府—市场之间的二元替代模式，本文提出宪法—政府—市场的三元互补模式（图1）。

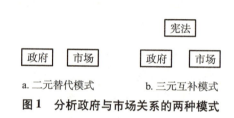

图1　分析政府与市场关系的两种模式

图1 - a 所示的是政府—市场二元互替的分析框架。这一框架的优点是，以高度简洁的方式概括了政府与市场在资源配置层次的相互关系及功能；而缺陷是，由于抽象掉了对游戏规则的讨论，因此在基于这一框架来分析转型经济问题时有很大的局限性。而图1 - b 表示的是宪法—政府—市场的三元互补模式，要说明的是，这里的宪法指宪政条件下的宪法。这一框架既包含了在资源配置层次上对政府与市场关系的讨论，又有对市场经济的根本游戏规则问题的分析。因此它不但可以用来解释发达市场经济产生的历史，而且可以分析转型经济问题。在这一新的分析框架内，对作为游戏规则的宪法与资源配置方式的讨论达到了统一，相比之下，这显然是一个更适合于分析经济转型问题的框架。本项研究正是在这一框架的基础上进行的。将转型经济中一系列与游戏规则问题有关的现象纳入到一个统一的框架内进行分析，这正是传统分析方法中无法分析或不予重视的部分。这一新

的分析框架本身不是对传统分析框架的否定而是对它的扩展和完善，唯一的目的是深化政府与市场关系的认识。

二、转型经济中政府因素的量化分析

（一）政府支配的资源量分析

政府支配的资源量是衡量政府介入经济活动的一个实质性指标。一个社会产权的结构和政企关系框架最终由政府支配的资源量决定的。[1] 衡量政府支配的资源量的指标有多种，一般以政府掌握的财力为标准，具体指标是政府收入占国民收入或国内生产总值的比重。中国的经济关系正处在从传统体制向市场经济的演变过程中。在改革前，国有和准国有经济在国民经济中占据绝对优势地位，国民经济置于国家的直接控制之下。改革以来，市场机制逐渐发育，在资源配置中起着越来越重要的作用，地方政府和微观单位不但被赋予了更多的自主权，而且具备了充分行使自主权的条件。因此本文从政府财政收入和政府实际支配的资源量两个指标来分析政府介入经济的程度，以此来反映政府与市场边界的一个变动轨迹。

政府财政收入包括财政预算内收入和预算外收入两个部分。其中财政预算内收入由税收、税收附加、基金、专项收入、规费收入等组成。但对预算外收入的范围及统计口径，政府有关部门做过三次大的调整。1986 年，国务院发布的通知中对预算外收入的定义是：预算外收入是由各地区、各部门、各单位根据国家有关规定，自行提取、自行使用、不纳入国家预算的收入，包括行政事业性收费、各项附加、国家企业及其主管部门掌握的专项资金、预算外国营企业的收入等。1993 年，政府对预算外收入重新作了

---

[1] 胡家勇，《一只灵巧的手：论政府的转型》，北京：社会科学文献出版社，2002。

定义，明确规定国有企业留利和专项基金不再作为预算外资金，并将 80 多项行政性收费项目纳入财政预算管理。1996 年，国务院再一次把预算外收入重新定义为国家机关、事业单位和社会团体为履行或代行政府职能，根据国家法律或有法律效力的规章而收取、提取和安排使用的未纳入国家预算管理的各种财政性收入。

与预算外收入相比，预算内收入具有高度法制化、规范化和可预见性特点[1]，其征收范围、增长速度和调整时间都有比较明确的边界。政府机构和官员想人为压缩或扩张预算内收入都会遇到较大的制度约束，因此，基于预算内收入的政府与市场关系相对比较简单。相比之下，预算外收入的征收方式、范围和边界都有较大随意性，因而预算外收入对政府与市场关系有重要影响。

改革开放以来，中国预算内收入的增长速度很快。1978 年，财政预算内收入为 1 132.26 亿元，2000 年增至 13 395.20 亿元，22 年里增加了 11.8 倍，平均每年递增 11.7%。国家财力的绝对规模随着经济改革和发展一直处于增长之中，但是以国家财政收入占 GDP 的比重衡量的国家财政相对规模则处于下降之中，1978 年预算内收入占 GDP 的比例为 31.2%，1995 年下降到历史最低点 10.7%，随后有所提高，2000 年为 14.9%。1978—2000 年，预算内收入的比例平均每年下降 0.7 个百分点。

但改革开放以来，政府预算外收入快速增长，增长速度不仅明显高于预算内收入，而且明显高于名义 GDP 的增长速度。1978 年预算外收入为 347.11 亿元，1992 年增至 3 854.92 亿元，12 年间增加了 5.9 倍，而同期预算内收入仅增加了 2.0 倍，平均年递增 9.6%，同期 GDP 增加了 7.35 倍。调整统计口径的 1993 年，预算外收入为 1 432.54 亿元，1996 年增至 3 893.3 亿元，3 年时间增加了 1.7 倍，平均每年递增 39.6%，而 GDP 增加了 0.96 倍，年平均增长率 25% 左右。预算外收入中的行政事业性收费的增长率大大

---

[1] 贾康，白景明，"中国政府收入来源及对策研究"，《经济研究》，1998 年第 6 期。

超过税收增长率。1992 年之前，地方政府预算外收入在预算外收入中占的比例处在 58%—68% 之间，1993 年以后的绝大多数年份，这一比例又上升到 82%，1997 年高达 94.9%。与规范的预算内收入相比，预算外收入结构复杂，名目繁多，随意性大。表 1 比较了 1978—2001 年间预算内收入与预算外收入的变动轨迹。

表 1　1978—2001 年政府财政收入规模

年份	预算内收入（亿元）	预算外收入（亿元）	预算内收入占 GDP 的份额（%）	预算外收入占 GDP 的份额（%）	预算内、外收入占 GDP 的份额（%）
1978	1 132.26	347.11	31.2	9.6	40.8
1979	1 146.38	452.85	28.4	11.2	39.6
1980	1 159.93	557.40	25.7	12.3	38.0
1981	1 175.79	601.07	24.2	12.4	36.6
1982	1 212.33	802.74	22.9	15.2	38.1
1983	1 366.95	967.68	23.0	16.3	39.3
1984	1 642.86	1 188.48	22.9	16.6	39.5
1985	2 004.82	1 530.03	22.4	17.1	39.5
1986	2 122.01	1 737.31	20.8	17.0	37.8
1987	2 199.35	2 028.80	18.4	17.0	35.4
1988	2 357.24	2 360.77	15.8	15.8	31.6
1989	2 664.90	2 658.83	15.8	15.7	31.5
1990	2 937.10	2 708.64	15.8	14.6	30.4
1991	3 149.48	3 243.30	14.6	15.0	29.6
1992	3 483.37	3 854.92	13.1	14.5	27.6
1993	4 348.95	1 432.54	12.6	4.1	16.7
1994	5 218.10	1 862.53	11.2	4.0	15.2
1995	6 242.20	2 406.50	10.7	4.1	14.8
1996	7 407.99	3 893.34	10.9	5.7	16.6
1997	8 651.14	2 826.00	11.6	3.8	15.4
1998	9 875.95	3 028.29	12.6	3.9	16.5
1999	11 444.08	3 385.17	13.9	4.1	18.0
2000	13 395.20	3 826.40	14.9	4.3	19.2
2001	18 903.60	4 300.00	17.9	4.0	21.9

资料来源：国家统计局，《2003 中国统计年鉴》，北京：中国统计出版社，2004

注：1993、1997 年预算外收入的统计口径有所变化

　　除了政府财政收入的指标外，另一个重要的指标是政府实际支配的资源量。它是指在社会经济资源总量中，政府能够直接影响其配置状况的所有资源，既包括所有权属于政府的那一部分资源，又包括所有权虽然不属于政府，但配置权却由政府控制的资源。主要包括政府以国有资产存量形式支配的资源量与政府以收入形式支配的资源量，后一项又包括预算内收入、预算外收入、债务收入、非预算收入和铸币收入等项目。最后是政府以行政手段支配的非国有资源，如投资项目审批、经营许可证审批、国有银行信贷配给、上市公司审批、债务发行审批、外汇配给，等等。这些行政手段的运用使非国有资源的流动偏离了市场机制的方向，过多地流向国有经济领域，使行政性垄断成了转型经济的一个顽症，也是政府与市场关系中最复杂的一个方面。表 2 给出 1986—1999 年间政府实际支配的资源流量占 GDP 的比例。

表 2　1986—1999 年在资源流量中政府实际支配的份额（估计数）

（单位：%）

年份	政府通过各种收入形式支配的资源占 GDP 的比例（1）	政府通过金融机构支配的资源占 GDP 的比例（2）	政府支配的资源（流量）占 GDP 的比例 [（1）＋（2）]
1986	38.9	4.2	43.1
1987	35.7	4.9	40.6
1988	31.5	3.4	34.9
1989	33.1	5.7	38.8
1990	31.9	7.2	39.1
1991	28.7	6.9	35.6
1992	25.5	6.6	32.1
1993	23.4	7.0	30.4
1994	20.9	9.5	30.4
1995	20.1	9.9	30.0
1996	20.6	9.3	29.9
1997	21.7	7.3	29.0
1998	24.0	6.8	30.8
1999	26.2	5.3	31.5

　　资料来源：胡家勇，《一只灵巧的手：论政府的转型》，北京：社会科学文献出版社，2002；国家统计局，《2001 中国统计年鉴》，北京：中国统计出版社，2001

综合表1和表2的内容可以看出，改革开放以来，政府通过预算内收入支配资源的比例在急剧下降，但通过预算外收入支配资源的比例却在急剧上升。虽然政府收入占 GDP 的份额确实在下降，但是政府实际支配的资源量的比例仍然很高，数量庞大的非国有资源的支配权实际掌握在政府手中，成为政府可随意动用的资源。政府介入经济领域的规模已超过了政府应尽职责的需要，政府介入市场的方式中非规范性和随意性因素上升。

（二）地方政府因素与地区市场化进程的相关性分析

对于中国经济转型过程中的市场化程度的研究是一项极为复杂的工作。已有的研究对这一进程作了多角度的综合分析和有益的探索。这里主要根据樊纲、王小鲁主编的《中国市场化指数》提供的数据对地方政府因素与地区的市场化进程之间的关系进行分析（表3）。

表3　政府因素与地区市场化进程（1999 年）

地区	地区市场化进程排名（1）	政府与市场关系排名（2）	（1）、（2）二项的相关系数 R（3）
广东	1	1	
浙江	2	2	
福建	3	19	
江苏	4	3	
河北	5	4	
上海	6	15	
天津	7	21	
北京	8	16	
山东	9	7	
湖南	10	6	
河南	11	12	
海南	12	10	
辽宁	13	8	

地区	地区市场化进程排名（1）	政府与市场关系排名（2）	（1）、（2）二项的相关系数 R （3）
重庆	14	5	
湖北	15	9	R = 0.746
安徽	16	27	
四川	17	14	
广西	18	13	
江西	19	11	
山西	20	25	
吉林	21	18	
陕西	22	24	
甘肃	23	20	
黑龙江	24	22	
贵州	25	17	
内蒙古	26	30	
云南	27	23	
新疆	28	26	
宁夏	29	29	
青海	30	28	

资料来源：樊纲，王小鲁，《中国市场化指数》，北京：经济科学出版社，2001

在表3中，地区市场化排名的根据是"中国各地区市场化进程相对指数"，它并不表明各地区本身"离纯粹的市场经济还有多远"，而只是在比较各地区在市场经济过渡的进程中谁的市场化改革程度更高一些，谁相对更低一些。具体包括政府与市场的关系、非国有经济的发展、产品市场的发育程度、要素市场的发育程度，以及市场中介组织和法律制度环境这五个方面。这五个方面包含若干指标和分指标，这些指标又合成五个各地区市场化进程方面指数，再由这五个指数合成一个中国各地区市场化进程相对指数，再根据指数来对各地区市场化进行排名。在这一指标体系中，政府与市场关系由三种指标来衡量：（1）市场分配资源的比重，主要用财政收支比重作为一个近似指标来反映市场化程度。（2）减轻农村居民的税费负担，这部分经济资源的转移分配作为财政来源的补充有其必要的一面，但缺乏规范，透明度低，黑箱操作现象严重，扭曲了市场对资源的合理分配。这一部分资源转移分配的比重越高，说明市场化分配资源的比重越低，市场环境的透明度也越低。（3）减少政府对企业的干预，主要用企业主要管理者花在与政府部门和人员打交道的时间占其工作时间的比重这一指标来度量政府对企业的干预程度。

根据表3提供的数据可以发现，政府因素与地区市场化进程之间高度相关。这表明政府问题已成为影响中国经济转型的关键因素，市场化面临着"法治资源稀缺"的瓶颈约束。

三、结论

政府的出现是人类智慧的一大发明，但随之而来的"政府悖论"又构成了对人类心智的一种挑战，而宪政安排提供了"政府悖论"的制度之解。

与英、美等国宪政的自发演化的过程相比，开始于19世纪中叶的亚洲的宪政的确立过程，具有被动性、强制性和移植性的特点。到了20世纪40年代以后，宪政在亚洲才成为一种普遍的思潮，亚洲各国在不同程度上开始了宪政的实践。东亚奇迹的出现与东亚对宪政制度的培育之间有着内在的逻辑关系，而东亚金融危机的出现又表明以制度移植为特征的东亚宪政体制的缺陷和不足。

中国长期的自然经济和官僚政治内在地抑制了对宪政秩序的需求。中国历史上有关国家根本组织的法律如《六典》、《会典》之类，尽管可以说是一种根本组织法，但却不是一种人民的权利书。[1]当国家权力在执政者垄断政治条件下被用来追求特权阶层

---

[1] 王世杰，钱端升，《比较宪法》，北京：中国政法大学出版社，1997。

的利益和损害社会利益时，交易效率低下、分工发展迟缓、生产力进步缓慢、经济发展的落后与停滞就发生了。清朝末年政府与市场的关系最能揭示宪政在节约由政府权力扩张所产生的交易费用的功能。清朝当局"但有征商之政，而少护商立法"，"商之视官，政猛于虎"。绝对的君主专制根本不受法律的节制。只有法制，没有法治。君主"超然于权限之外"，官员"游行于利禄之中"。[1] 在分析清末民间的市场化尝试所面对的政治环境时，梁启超指出："中国今日之政治现象社会现象，则与股份有限公司之性质，最不相容者也"，而振兴中国实业第一义"曰改良政治组织"。[2]

　　清末民初中国经济发展迟缓的原因，是因为中国在寻找解决国家功能的途径中逐渐滑向统一合法的国家暴力失效，以致出现类似霍布斯丛林的军阀混战局面。[3] 从这一角度来看，1840 年以来的中国历史，就是中国从封建国家向近代和现代国家的裂变史，是围绕试图解开"政府悖论"以促进经济发展而展开的历史。中国历史上的宪政萌芽内生于清末以来中国人求富求强，希望摆脱落后的追求之中。市场经济的发育和商人阶层的兴起与中国宪政的萌芽有密切关系。[4]

　　1949 年之后，中华人民共和国的诞生，标志着一个新时代的开始。第一届全国人民代表大会的召开和《中华人民共和国宪法》的制定与颁布，标志着中国社会主义宪政体制和模式的初步确立。但是由于以全能政府信仰和实践为特征的传统经济体制内在地排斥宪政和法治，社会和经济的治理方式也经历了从依靠政策到既依靠政策又依靠法律，再到主要依靠法律的转变。

　　邓小平 1980 年在中央政治局扩大会议讨论党和国家领导制度

---

[1] 胡绳，《从鸦片战争到五四运动》，北京：人民出版社，1981。
[2] 梁启超，"敬告国之谈实业者"，收入《梁启超全集》，北京：北京出版社，1999，第 1975、1979 页。
[3] 杨小凯，"民国经济史"，《开放时代》，2001 年第 9 期。
[4] 侯宜杰，《二十世纪初中国政治改革风潮 —— 清末立宪运动史》，北京：人民出版社，1993。

的改革问题时，对中国政治改革发表了纲领性意见。自中共十四大明确提出建立社会主义市场经济体制后，法律在治理国家过程中的地位迅速上升。党的十五大则第一次明确而完整地提出了依法治国，建设社会主义法治国家的目标，标志着中国法治和宪政建设进入了新的阶段。邓小平理论和十五大报告提出的坚持和实施法治的思想，是指导法治和宪政建设的指导思想。

制度作为一种博弈的均衡具有多样性，同一组均衡之间具有差异性。宪政制度也是如此，中国的宪政制度既要借鉴世界文明的成果，又要反映中国的国情，是有中国特色的宪政制度，是在中国共产党的领导下实行与市场经济发展相适应的权力制约与权利保护的宪政制度。

开始于 1978 年的经济转型是宪法化和市场化的统一，创造了人类经济增长史上前所未有的奇迹。但与此同时，在经济转型过程中出现的一系列深层次问题，表明改革遇到了"规则"瓶颈，市场化进程内生出对宪政秩序的需求。中国加入 WTO 为推动中国的法治进程提供了契机，改革已由资源配置层面深化到权利配置层面。从现代市场经济的发展来看，经济结构中宪政的含量、宪政文化的附加值越来越高，社会的协调发展对宪政的要求也在不断提高。宪政的演进过程表明，在市场经济体制中，宪政作为一个必不可少的因素参与了经济发展的进程，经济发展的总体成果与宪政制度的确立及对其价值的尊重是内在统一的。

最后，针对中国经济在转型中出现的问题，本文从宪法—政府—市场三者关系出发得出了以下原则性结论：

结论1：公正、透明和有权威性的宪法规则是市场经济不可缺少的、基本的、有效的游戏规则；

结论2：宪政制度与市场制度是互补性的制度安排；

结论3：宪政的确立，界定了政府与市场的有效距离；

结论4：从传统经济体制开始的经济转型是市场化与宪法化的统一；

结论5：司法独立是政企分开的必要条件；

结论6：深化政府体制改革是显示政府的宪法承诺可信性的信号。

参考文献

1. 埃尔斯特，斯莱格斯塔德，《宪政与民主——理性与社会变迁研究》，潘勤、谢鹏程译，北京：生活·读书·新知三联书店，2001。

2. 陈郁，《企业制度与市场组织——交易费用经济学文选》，上海：上海三联书店、上海人民出版社，1996。

3. 戴雪，《英宪精义》，北京：中国法制出版社，2001。

4. 冯象，"它没宪法"，《读书》，2001年第2期。

5. 弗里德曼，《自由选择》，胡骑等译，北京：商务印书馆，1982。

6. 哈耶克，《自由宪章》，杨玉生等译，北京：中国社会科学出版社，1999。

7. ——，《自由秩序原理》（上、下），邓正来译，北京：生活·读书·新知三联书店，1997。

8. ——，《法律、立法与自由》（第一、二、三卷），邓正来等译，北京：中国大百科全书出版社，2000。

9. 胡绳，《从鸦片战争到五四运动》，北京：人民出版社，1981。

10. 罗尔斯，《正义论》，何怀宏译，北京：中国社会科学出版社，1997。

11. 罗森鲍姆，《宪政的哲学之维》，郑戈、刘茂林译，北京：生活·读书·新知三联书店，2001。

12. 缪勒，《公共选择理论》，杨春学等译，北京：中国社会科学出版社，1999。

13. 诺思，《经济史中的结构与变迁》，陈郁、罗华平译，上海：上海三联书店、上海人民出版社，1994。

14. 森，《伦理学与经济学》，王文玉、王宇译，北京：商务印书馆，2000。

15. ——，《贫困与饥荒》，王宇、王文玉译，北京：商务印书馆，2000。

16. 斯密德，《财产、权力和公共选择——对法和经济学的进一步思考》，黄祖辉译，上海：上海三联书店、上海人民出版社，1999。

17. 希克斯，《经济史理论》，厉以平译，北京：商务印书馆，1999。

18. 杨小凯，《当代经济学与中国经济》，北京：中国社会科学出版社，1997。

19. ——，"新政治经济学与交易费用经济学"，收入《杨小凯谈经济》，北京：中国社会科学出版社，2004。

20. ——，"民国经济史"，《开放时代》，2001 年第 9 期。

21. Binmore, K., 1994, *Game Theory and the Social Contract (Vol. 1)*: *Playing Fair*, Cambridge, MA.: MIT Press.

22. Buchanan, J., 1991, "The Domain of Constitutional Political Economy", in J. Buchanan (ed.), *The Economics and the Ethics of Constitutional Order*, Ann Arbor: University of Michigan Press, pp. 3 – 18.

23. Glaeser, Edward L. and Andrei Shleifer, 2002, "Legal Origins", *Quarterly Journal of Economics*, Vol. 117, No. 4, pp. 1193 – 1229.

24. Sachs, Jeffrey D., Woo Wing Thye and Yang Xiaokai, "Economic Reforms and Constitutional Transition", Working Paper.

没有约束的地方政府竞争

姚中秋[*]

摘　要：国内外不少学者将过去二三十年中国经济增长奇迹归功于地方政府之间为了增长的竞争。本文依据奥地利学派的竞争理论，探究一般市场竞争的结构和经典联邦制下政府间竞争的结构，从而揭示政府间竞争需要什么样的制度框架。以此为基础，本文对中国政府间竞争的结构进行了分析，并指出，这种缺乏内在、外在制度约束的政府间竞争，必然会导致十分严重的经济、社会与政治后果。

关键词：政府间竞争；竞争秩序；政府职能

在经济学家眼里来说，"竞争"近乎一个万能咒语。确实，没有竞争，就没有市场，也没有效率。因此，对于中国近二十多年来形成的地方竞争，国内外大多数经济学人持赞赏态度。事实上，不少学者将中国二十多年来的增长奇迹，主要归功于地方政府之间为增

---

* 姚中秋，华中科技大学普通法研究所研究员，E-mail：mrqiufeng@ gmail. com。本文曾提交 2006 年 8 月在深圳召开的华人哈耶克学会学术年会，与会者提出了宝贵意见，特致谢忱。

长而展开的竞争。[1] 另一方面，大多数经济学家又承认，中国在
20 世纪 90 年代以来形成的经济增长模式存在严重问题。[2] 那么，
我们也可以合乎逻辑地推论：假如过去十几年经济增长的重要推
动力来自地方政府间为增长的竞争，那么，它十分有可能同样要
对这种增长方式所存在的问题及其带来的相关社会、政治问题承
担责任。

　　当然，即便政府间竞争确实存在问题，那问题不在于竞争机
制本身，而在于竞争借以展开的制度框架。当代经济学者在讨论
一般市场竞争的时候，通常就已经较少关注竞争的制度框架问
题；国内讨论政府间竞争的文献对于此一竞争的制度框架就更少
讨论。

　　较早提出"竞争性政府"概念的 Albert Breton 在其著作中强调
指出："只有在竞争是由我们可称之为'竞争规则'的那些规则的
调节、且这些规则得到维持和执行，违犯者遭到惩罚时，才是有
益的。"[3] 作者也专门讨论了政治间"垂直竞争"（即不同层级的

---

[1] 张军的说法最为典型："对于中国经济的发展，没有任何力量有竞争产生的能量这
　　么强大；没有任何竞争有地方'为增长而竞争'对理解中国的经济增长那么重要。
　　在保持政治上高度集中的同时，过去十多年来中国经济已经演变成事实上的'财政
　　联邦主义'的结构和体制。……向地方政府的经济分权并从体制上维持一个集中的
　　政治威权，把巨大的经济体分解为众多独立决策的小型的地方经济，创造出了地方
　　为经济增长而激烈竞争的'控制权市场'，从根本上替代了'后华盛顿共识'所要
　　求的前提条件。没有彻底的私人产权制度和完善的金融，但却有了地方之间为增长
　　而展开的充分的竞争。地方政府之间的竞争导致地方对基础设施的投资和有利于投
　　资增长的政策环境的改善，加快了金融深化的进程和融资市场化的步伐。尽管地方
　　为增长而展开的竞争可能导致过度投资，但是地方间的竞争却从根本上减少了集中
　　决策的失误，牵制了违背相对优势的'航母'型的工业化战略的实施；同样，地方
　　为增长而展开的竞争让中国经济在制造业和贸易战略上迅速迎合和融入了国际分工
　　的链条与一体化的进程。外商直接投资的增长和中国经济的深度开放是地方为增长
　　而竞争的结果。"（张军，"为增长而竞争：中国之谜的一个解读"，《东岳论丛》，
　　2005 年第 4 期）张五常在其解释中国奇迹的论文中，也把政府间的竞争、尤其是县
　　级政府之间的竞争，作为他所说的最好的经济制度的核心。
[2] 比如，吴敬琏指出，中国的工业化道路"依靠高投资和高消耗实现了产值的高增
　　长，同时也带来了一系列消极后果"（吴敬琏，《中国经济增长模式抉择》，上海：
　　上海远东出版社，2006，第 117 页）。
[3] Breton, Albert, 1996, *Competitive Governments: An Economic Theory of Politic Finance*, Cambridge University Press, p. 192.

政府间的竞争）与"水平竞争"（即同一层级间政府的竞争）的规则，并认为，这两类规则均需中央政府来维持和执行。[1] 不过，他所讨论的规则主要是"维持稳定"的规则，也即以竞争主体本身具有内在约束为假设，主要讨论了中央政府如何维持和执行作为竞争主体的各政府之间约束的竞争规则。而在中国，政府间竞争首先匮乏的是竞争主体的内在约束。

周业安、冯兴元、赵坚毅的《地方政府竞争与市场秩序的重构》[2] 提出了建立地方政府竞争秩序的概念，但并未展开讨论。冯兴元也曾经提出：我们需要一种"秩序政策"（Ordnungspolitik）来建立和维持一个公开、公平和公正的竞争规则体系和框架，以创造和确保政府间竞争所带来的好处，防范和消除弊端。这样一个秩序框架必须确保制度演化的空间。[3] 但是，他同样没有提出这一秩序政策究竟有哪些内容。

而这将是本文的讨论主题。本文将依据奥地利学派的竞争理论，探究一般市场竞争的结构和经典联邦制下政府间竞争的结构，从而揭示政府间竞争需要什么样的制度框架。以此为基础，本文对中国政府间竞争的结构进行分析，并论述这种缺乏内在、外在制度约束的政府间竞争必然会导致十分严重的经济、社会与政治后果。

本文分为六部分：第一节讨论竞争具有良好后果的制度前提，第二节讨论联邦制下政府间竞争的制度框架，这两节预备性讨论提出本文的基本分析框架和概念；第三节到第五节讨论当代的中国政府间竞争，第三节分析了作为竞争主体的政府的产权基础，第四节分析其竞争结构，指出中国的政府间竞争主要是一种制度性补贴竞争，第五节对政府间竞争的绩效进行了简单评估；

---

[1] 同前，第 248 页。
[2] 周业安，冯兴元，赵坚毅，"地方政府竞争与市场秩序的重构"，《中国社会科学》，2004 年第 1 期。
[3] 冯兴元，"中国辖区政府间竞争理论分析框架"，天则内部文稿系列，2001。

第六节提出了良性政府间竞争的制度框架。

一、竞争的结构及其制度前提

按照奥地利学派市场过程（market process）理论，具有企业家精神（entrepreneurship）的市场参与者之间的竞争，是市场过程的驱动性力量。

基于知识——或者说无知——理论，哈耶克把竞争视为一个"发现程序"（discovery procedure）："哪些商品是稀缺商品，或哪些东西是商品，它们多么稀缺或价值几何，这正是有待于市场去发现的事情。"[1] 通过竞争，企业家们发现需求，发现消费者，发现商品，发现价格，从而使消费者及整个社会的状况得到改善。

不过，市场过程必须在特定的制度环境下展开，竞争是需要制度前提的。只有在特定制度框架内进行的竞争，才能够实现亚当·斯密所设想的市场过程的结果：竞争主体自己获得了好处，整个社会也从他的竞争行动中获得了好处。

关于这一点，奥地利学派思想家进行过深入的讨论。米塞斯首先区分了"生物学上的竞争"（biological competition）与"社会竞争"（social competition）："'竞争'这个名词，当它用在动物生活的时候，是指那些寻找食物的动物之间的生死斗争。我们无妨把这个现象叫做'生物学上的竞争'。'生物学上的竞争'不可与'社会竞争'相混淆，后者是指在社会合作的制度下人们为争取最有利的地位而作的努力。因为总归有些地位是人们视为比其他地位更有价值的，于是他们就去争取，以期胜过对方。社会竞争终于表现在各型的社会组织。"[2] 生物学上的竞争是你死我活

---

[1] 哈耶克，"作为一个发现过程的竞争"，收入哈耶克，《经济、科学与政治：哈耶克思想精粹》，冯克利译，南京：江苏人民出版社，2000，第 123 页。

[2] 米塞斯，《人的行为：经济学研究》，夏道平译，台北：台湾银行，1976，上册，第 289 页。

的，而社会竞争则以分工下的社会合作制度为前提，尽管人们争夺有价值的物品，但并不直接以生命作为竞争的赌注。社会竞争存在于几乎所有社会，而这样的竞争总是在某种特定的制度结构中进行的。

富有启发意义的是，米塞斯的"社会竞争"概念具有多个指向性。在不同的制度结构下，市场参与者会按照不同的规则、为不同的"标的"、向不同的对象进行竞争："在极权的制度下，社会竞争表现于人们之向权力者争宠，在市场经济里，竞争表现于下述的事情，即：卖者必须提供价廉物美的货物和劳务来打败别人，买者必须支付较高的价格来打败别人……这种型态的社会竞争——我们可称之为'交换的竞争'（catallatic competition）。"[1] 由此导致的社会福利结果自然也会大不相同。

米塞斯接下来强调了交换性竞争体系中消费者作为竞争对象的主权位置："交换的竞争——市场经济的特征之一——是一个社会现象。它不是政府和法律所保障而使每个人得以随意在分工的结构中选择他所最喜欢的地位的一种权利。指派每个人在社会上适当的地位，这是消费者的事情。消费者指派每个人的社会地位所用的手段是购买和不购买。他们的主权不受到任何生产者任何特权的侵害。"[2] 厂商是围绕着消费者而竞争的，而不是围绕着政府、为获得垄断权而竞争的。在这样的竞争结构中，厂商之间的竞争方具有改进消费者福利的可能性。

但这仍然只是一种可能性。交换性竞争本身也是需要制度前提的，只有在这样的前提下，市场竞争才能达到双赢结果。在1947 年朝圣山学会成立致辞中，哈耶克就提醒经济学家讨论"竞争秩序的先决条件"[3]，这些先决条件首先是指产权与合同执行规

---

[1] 同前，第 289 页。
[2] 同上，第 290 页。
[3] 哈耶克，《个人主义与经济秩序》，邓正来译，北京：生活·读书·新知三联书店，2003，第 164 页。

则等。哈耶克晚年的整个学术活动都围绕着规则 — 秩序问题展开，他论证了，市场的正常运转、市场给个体和社会带来好处的前提是"正当行为规则"的存在和有效发挥作用。[1] 哈耶克曾引用《牛津英语词典》"竞赛"一词的解释来说明市场竞争的性质："竞争"是"一场按照规则展开的、并由更高的技艺、力量或好运所决定的竞赛"。[2]

确实，对于竞争来说，规则至关重要。交换性竞争的基本结构决定了，厂商面向消费者进行竞争。但是，由于人性的弱点，厂商很可能未必采取向消费者提供更好服务的方式获取利润。相反，厂商有可能采取欺诈、夸大宣传等手段。假如市场的规则体系设计不当，受到侵害的消费者无法及时地主张自己的权利，这类欺诈行为就可能蔓延，从而诱发更多欺诈行为，导致整个市场秩序劣质化。正如诺斯所说："人类所有有组织的活动，不论是具体体育运动还是经济运行活动，都需要有一定的结构来制定'游戏规则'。这种结构是由一系列制度 —— 正式的规则、非正式的行为规范及其实施特征 —— 组成的。以职业足球联赛为例。比赛必须遵从一套正式规则和非正式的行为规范（例如，不能故意伤害对方球队的主力队员）；比赛还要运用裁判来保证正式规则和非正式规范的实施。比赛实际是如何进行的，不仅取决于提供激励约束的正式规则与非正式规范的强度，而且取决于规则实施的有效性。"[3] 可能总是存在一些短视甚至居心不良的球员。如果球赛组织者没有设立裁判，或者即使设立裁判，裁判却未能有效地制止其不当行为，就会使得球赛无法正常进行。中国乳制品市场的困境，就是因此而形成的。

---

[1] 这样的论述在哈耶克的《法律、立法与自由》一书中随处可见。
[2] 哈耶克，《法律、立法与自由》（第二、三卷），邓正来译，北京：中国大百科全书出版社，2000，第201页。
[3] 诺斯，《理解经济变迁过程》，钟正生等译，北京：中国人民大学出版社，2008，第55页。

根据上述讨论，我们可以为下面的讨论得出几条预备性结论：

第一，社会性竞争存在于任何社会。因此，人们不必仅仅因为某个领域存在竞争就兴奋起来，并不是所有的竞争都具有增加公益的效果。面对竞争，不论是一般市场，还是政治市场中的领域，都需要进行仔细地辨析，探究其结构，分析其展开的规则体系，观察其运转的现实结果，进而对其作出评断，或者提出政策建议。

第二，竞争通常至少包括五项因素：竞争主体，可以是个体，也可以是某个组织，他/它具有竞争意识，秉持某种信念，支配着某些资源，有能力参与竞争；竞争标的，即竞争主体所追求的价值，这样的价值在不同的社会是不同的；竞争对象，他们是竞争奖品的发放者，竞争主体的收益是由他们支付的；竞争策略，即面向竞争对象、获取竞争标的的策略安排；竞争规则及其执行体系，社会领域的任何竞争必然是按照某种规则或更确切地说规则体系进行的，它约束着竞争主体的行为。在不同社会中，由于竞争主体的信念不同，所支配的资源不同，人们对最有价值的物品的认知不同，竞争对象不同，竞争规则及其执行体系不同，社会竞争必然以不同的形态展开。

第三，依据这五个要素，米塞斯区分了社会性竞争的两种对立的理想型：在自由市场上，企业家是竞争主体；他们为获取商业利润而竞争，这是竞争标的；而利润只能来自消费者的自愿购买，这是竞争对象；自由市场必然以法治的规则体系为前提；在这套规则体系下，企业家所能采取的竞争策略通常是最好地服务于消费者。在这样的竞争过程中，企业家获取利润的过程，同时也是消费者获取剩余的过程。这是一个双赢局面，竞争有利于增进公益。

在权力自上而下控制的社会体系中，人们认为最有价值的物品是权力、特权，人们竞争的标的就是获得、保持掌握更大权力，或者购买到权力机关给予的某种特权。由于这种权力是自上而下分配的，因而竞争的对象是掌握更大权力、具有分配权力之权力的上级政府官员。这个社会的竞争就呈现为面向掌权者的"争宠",这样的竞争就决定,竞争主体可能采取各种超越规则的策略。这类竞争确实可能给竞争主体带来全社会认为有价值的物品,但却未必有助于公益。事实上也许可以说,由于竞争主体所支配的资源很可能不是个人的财产,其策略经常践踏规则,侵害他人权益,因而其竞争通常无助于公益。

第四,即便对于围绕着消费者而展开的市场竞争,同样需要必要的制度前提。如果缺乏合理的制度安排,这样的竞争将可能产生社会公益受损的结果:厂商得到好处,但作为竞争对象的消费者福利受到损害。即便消费者本身具有识别能力,市场竞争的力量最终也可以驱除这些不诚实的竞争者,但是,这些厂商至少可能在短期内成功地欺诈消费者。因而必须要使消费者能够惩罚那些采取了不当竞争策略的厂商。而这就需要以某种可执行的正当行为规则体系的存在和有效运转为前提,否则,消费者就无从制约厂商的行为策略。这一结论既适用于一般性市场,也适用于政治性市场。唯有当政府活动的消费者——其辖区内的居民,能够透过制度性渠道对参与政府间竞争的政府施加约束,方可使竞争具有良性效果。因此,政府间竞争良性运转的前提,就是一整套约束政府的规则体系及其执行机制。在经典联邦制下,大体上是存在这样一套规则体系及执行机制的。

二、经典联邦制下政府间竞争的结构与约束

政府间竞争的概念,是将经济学上的竞争概念运用于分析政府之间某些方面的关系。不过,从学术史角度看,最早从事这方面研究的是美国学者。原因在于,美国建立了比较经典的联邦制。地方政府间竞争的原型,就是联邦制下的政府间竞争。

在经典联邦制下,各个政府独立地向其可能重叠的选民承担责任。很多学者认为,联邦制的一大优势,就是政府有激励在纵

向及横向上展开竞争。Albert Breton 的《竞争性政府》一书的主题就是：在联邦制国家中政府间关系总体上看是竞争性的，政府之间、政府内部部门之间以及政府与政府之外行为主体之间迫于选民和市场主体（企业等经济主体以及工会等非经济主体）的压力，必须供给合意的非市场供给的产品和服务，以满足当地居民和组织的要求。在居民和资源都可以自由流动的前提下，只有那些提供了最优非市场供给产品和服务的政府才能够吸引并稳固居民和资源在当地扎根。类似于企业之间的竞争，政府之间、政府内部部门之间以及政府与政府之外行为主体之间为了提高自身的吸引力，就会围绕居民和资源相互竞争。当宪法充分保障居民的自由迁徙权利时，这些政府间的竞争只能围绕技术和制度供给展开，通过基础设施建设、技术平台准备、面向服务的制度体系的构建以及实施各种税收优惠和营销策略等，不只吸引居民和资源流入当地或本部门，而且还要使之稳定下来，融入当地的社会网络中。

　　政府间竞争是由联邦制的内在逻辑所驱动的。在美国历史上，始终存在着政府间为了税收和增长的竞争。在建国之初，政府间竞争多数表现为保护性竞争，即各州和地方政府采取地方保护主义措施。进入 20 世纪 80 年代以来，也许是试图在政府过程中引入企业家精神的努力，激发了政府的企业家倾向，似乎形成了一种为了经济增长的政府间竞争："20 世纪 80 年代，在美国地方层面上，公共部门与私人部门关系发生了一次重要变化。在过去十年间，地方官员们比起本世纪的任何时代，都更积极地寻求在其社区推动经济发展。他们在干预市场、协助私人部门在本地创建新企业、创造就业岗位的方式上，颇有创造性。有些地方政府现在被看成企业家，从事着传统上被认为专属私人市场的那些活动。"[1] 这位

---

[1] Watson, Douglas J., 1995, *The New Civil War: Government Competition for Economic Development*, Praeger Publishers, p. 1.

作者甚至将这种为了经济发展的政府竞争，称为"新型内战"。

按照上节提出的竞争结构五要素，我们可以勾画出经典联邦制下地方政府间竞争的基本结构：政府间竞争的主体是地方政府，通常是市镇政府，竞争的对象是本地选民，竞争的标的是选民的选票，竞争策略是通过推动本地经济增长而增加政绩。关于这些要素，似乎不用过多解释。在联邦制下，每一个政府都直接对其选民承担法律和惯例所确定的全部政治与法律责任。根据宪法，美国是一个复合的共和国，州、市镇等政府都是相对独立的民主治理实体。地方政府政治性官员的主要努力方向是博取选民的好感，为下一次选举准备更多选票。各个政府之间之所以为了抢夺企业落户本地而展开竞争，就是为了给选民创造就业岗位，从而换取选民的选票支持。

在对经典联邦制下地方政府之间横向竞争的主体、标的、对象予以界定之后，就可以发现，地方政府在进行竞争的时候，面临的制度约束是非常复杂而比较有效的。

首先，选民可以通过制度化渠道，比如定期选举、代议士的预算控制，或通过公共舆论，对政府的竞争策略予以控制和监督。政府为了增长而竞争，可能给予其所欲吸引的企业以一定的补贴。民主机制迫使政府必须站在选民的角度对这种补贴的成本——收益进行权衡。假如政府的竞争策略被选民认为超出了合理的范围，通常政府是不可能坚持的。诚如美国一位作者所说："假如多数公民相信，竞争已经走得太远，他们的税款被用于补贴私人部门却没有给他们带来足够回报，那么，州长、市长和立法机构就会限制这场激励战争。19世纪，各个政府提供给铁路等公司的补贴，就曾经遭遇强烈反弹。这种反弹导致了对政府在运用其资源追求经济增长的作用设立限制，这种限制一直持续到20世纪30年代密西西比州首次使用工业发展债券之时。"[1] 也就是说，可

---

[1] 同前，第115页。

以通过既定制度有效地集中、表达的民意，构成了地方政府愿意及能够提供给特定企业的补贴的政治边界。

其次，参与竞争的地方政府面临政府内部权力制衡机制的约束。在州的层面上，存在着较为典型的立法、行政与司法之间的制衡关系，这种结构可以对立法或行政部门提出的竞争策略发挥某些制约作用。比如，行政部门提出的竞争策略如果明显地侵犯部分选民的利益，可能遭到这些选民所支持的立法机构成员的反对，从而有可能无法获得立法机构支持。在市镇政府层面上，不存在如此经典的分权结构，但仍然有相当成熟、多样的权力分立与制衡机制。这种有效运转的分立与制衡机制将促使任何一个提出竞争策略的行政机构对其政策进行深思熟虑，避免导致显著的不公后果。

第三，联邦政府同样可以对地方政府间竞争加以约束。按照美国宪法，联邦政府有权管理州际贸易。由于各个政府之间并不存在明确的命令——服从关系，所以，这种管理基本上采取司法形式。联邦最高法院在其成立之初的大量活动就是控制各州的贸易保护主义竞争策略，以维护美国的统一大市场。最高法院为此发展出了"内部政治制衡"原则，也即，当各州通过歧视性调控法律以保护本州利益、排斥外来竞争时，说明州内的民主政治已经不能有效发挥制衡作用，这时，联邦法院就应当予以干预。[1]

对政府间竞争的联邦司法管理，以向当事的公民、企业提供救济的方式进行。政府间竞争必然引起复杂的权利、利益的再分配，这种分配过程不可能是全然和谐的。政府会利用自己所掌握的资源对某些企业提供补贴，本地同类企业可能认为自己因为政府的补贴而遭受了不平等待遇。政府引入的企业可能会给本地带来环境污染或生态破坏，从而损害本地民众的福利。而所有这些

---

[1] 张千帆，《西方宪政体系：上册·美国宪法》，第二版，北京：中国政法大学出版社，2004，第292—293页。

权利和利益在宪法上是平等的，那些认为自己遭受权益损害的个人或企业，可以到联邦法院主张自己的权益，联邦法院将按照联邦法律和宪法对个人、企业与地方政府之间的纠纷进行裁决。[1] 这一独立的、具有宪政审查权的司法体系，对于政府的竞争策略构成了一种外在约束。据此，受到这种竞争活动影响的个人或企业可以申请法官保障自己的权利和利益不至于遭到政府的不公平对待；法官也可以对某些竞争性措施的合宪性进行审查。这些司法活动将可约束政府的竞争策略，不至于为了吸引某部分企业的投资而显著地侵害个人及其他企业的权利与利益。

这样，我们看到，在经典联邦制下，作为竞争主体的政府——通常是行政当局——在制定竞争策略时会面临双重制度约束。第一种是内在的民主控制，选民是政府竞争的对象，选票是政府竞争的标的。这样的政治结构产生了双重效果：一方面，它刺激地方政府投入了为本地增长、繁荣而进行的竞争之中；另一方面，又对政府可能采取的竞争策略施加了限制，政府的竞争策略是最终受选民意见控制的。

政府间竞争面临的第二种约束是外在的法治约束，即司法控制。内在的民主控制诱导地方政府形成一种选民利益导向的竞争策略。外在的法治的限制则约束政府在制定及实施竞争策略时不得侵犯选民的权益，也不得进行不正当的竞争。

这两者共同发挥作用，诱导地方政府采取良性的竞争策略。所谓良性，就是通常所说的"制度性竞争"。观察现实中的政府间竞争，可以划分为两大主要类型：第一种是严格意义上的政府间竞争，即地方为了发展而进行的制度性竞争。在民主与法治制度相对健全的条件下，每个人、企业、包括政府财产的产权都是十分完整的，地方政府间进行竞争的主要策略是在自己受到限制的权限内改进本地的制度环境，比如，减少政府的投资审批环节。

---

[1] 刘海波，"中央与地方政府间关系的司法调节"，《法学研究》，2004 年第 5 期。

因此，严格意义上的政府间竞争会促进地方层面的制度改进，这种竞争也会推动制度的横向模仿与学习，从而推动整体制度向着有利于自由、有利于市场的方向改良。

政府间竞争也可能表现为另一种形式，即补贴性竞争。为了吸引或留住企业，地方政府给予特定类型的企业或具体一家企业各种形式的补贴。这些企业通常是那些被地方政府认为能够给本地带来较多就业岗位或税基的企业。比如，美国不少地方会为了争夺某个跨国汽车公司的工厂而进行激烈竞争。

制度性竞争与补贴性竞争的后果是不同的。概括而言，制度性竞争普遍地有益于本辖区内的所有个人和企业，增进整个经济体的效率，因而毫无疑问是良性的。相反，补贴性竞争在经济学界和政治圈内引起较为普遍的争议。主要问题在于，这种竞争对于其他企业不公平。人们也可以质疑，政府究竟有没有能力识别什么样的产业、企业才是本地最为需要的。当然，从全国范围看，这种争夺企业的竞争也无助于提高整体经济效率，因为某家工厂设立在何地，对地方来说很重要，但从国民经济角度看却无关紧要。

当然，即便是在联邦制下，地方政府在现实中所采取的竞争策略，也并不总是制度性竞争，而通常是这两种竞争策略的混合。一个总体的观察结论是，20 世纪 80 年代以来政治圈、学界围绕着政府间竞争的辩论之所以比较激烈，就是因为各州或地方政府热衷于使用补贴性竞争策略。[1]

不过，大体可以断言，联邦制的政制安排提供了一套复杂而有效的规则体系及其执行机制，卷入政府间竞争的主体——各个

---

[1] 比如，有些州为吸引企业而提供了下列激励：基础设施改进、财产税减免、提高管制的灵活性、税收延迟缴纳（tax credit）、公用事业费率激励、土地或设施成本减免、公共资金/拨款、创新区、补贴性的培训、雇员安家援助……见 *The New Civil War*, pp. 62 – 63。这些策略至少从表面上看，与中国地方政府所能采取的措施大体相同，尽管侧重点可能有所不同。

政府——面临着强有力的制度约束，包括内在的民主约束与外在的司法约束。这些约束迫使地方政府在参与政府间竞争的时候，尽可能采取制度性竞争策略，较少采取补贴性竞争的策略。这样，联邦制下的政府间竞争就趋向于发现、扩散地方所创新的优良制度，从而在没有任何人权益受到显著损害的情况下提高经济效率。

三、竞争的地方政府的产权

我们同样可以勾勒出当代中国的地方政府间竞争的结构：竞争的主体是地方政府的官员，竞争的对象是上级政府，竞争的标的是官员们的升迁机会，竞争策略是吸引和留住投资、获得出色的地方竞争增长政绩；竞争规则以自上而下的行政控制为主，而这种控制通常不能正常发挥作用，无法有效约束地方政府的行为。在对这一结构进行全面分析之前，本节首先对政府间竞争的主体——地方政府——的产权进行分析。

把竞争概念运用于政府之间隐含着把政府看成企业的意思。确实，有越来越多经济学文献从经济人假设角度考察政府行为，最重要的贡献来自公共选择学说。奥地利学派经济学家也做了这方面的努力，比如，余赴礼提出了"企业家政府"的概念，并以此解释东亚的增长故事。[1]

把一个地方政府视为一家企业，把地方政府官员视为企业家，首先需要探究一个问题：这个政府企业支配着什么样的财产。享有某种产权，这是企业成立及运转的前提，企业的内部治理结构也是依照产权原则建立的。同样，政府企业也必须享有对某些物品的产权，这些产权是它投入竞争的资本。如果没有这些

---

[1] Yu, Tony Fu-Lai, 2001, *Firms, Governments and Economic Change: An Entrepreneurial Perspective*, Part III, Governments, Edwad Elgar.

产权，政府即便具有竞争的意识，也没有竞争的能力，也就无从进行竞争。

在经典联邦制下之所以能够发生竞争，实际是因为，按照联邦制的政制安排，在整个联邦境内存在着分立的地方政府产权，使之有能力展开竞争。

首先，地方政府享有制定法律、法规、政策的权力，这构成了一种政治性产权。地方政府可以通过行使这种权利，给其所瞄准的企业带来好处。比如，政府可以通过立法放松管制，减少审批程序，或者是减免特定企业的税收，给予特定企业以某种垄断经营权，向它们发放补贴，等等。

其次，地方政府对某些物质性资源享有私法意义上的产权，地方政府可能控制着公有土地，地方政府可以支配其税款。地方政府对这些资源享有较为完整的私法意义上的权利，可以按照自己的竞争策略把这些资源分配给它所欲吸引的企业。

最后，地方政府也可以作为政治统治者，部分地分享对特定公民的财产的产权，也即，政府可以对公民的财产行使"征用权"（eminent domain）。2005 年，美国联邦最高法院对"凯洛等人诉新伦敦市案"（*Susette Kelo*，et al. v. *City of New London*，et al. ）[1] 作出裁决，该案在美国引起广泛争议。其案由是，新伦敦市政府为吸引某企业投资开发某地块，对该地块上拒绝出售土地的居民行使征用权，强制其进行交易。通过行使这种权力，政府通过某种程序，部分地分享特定居民的产权。

由此可以看出，参与政府间竞争的地方政府的产权的性质，与参与一般市场竞争的企业的产权是完全不同的。概括地说，地方政府所享有的产权，均以公共权力的行使作为其构成性要素，无论是立法权，还是公有财产的产权，或通过征用权对公民产权

---

[1] http：//caselaw. lp. findlaw. com/scripts/getcase. pl? court = US&vol = 000&invol = 04 – 108

的分享。

　　当然，在联邦制框架下，政府所有这些产权的获得、支配与处置，均被置于一定的政治、行政程序内。政府获得、支配及处置这些产权，均须通过这些程序，获得其他机构的同意，并可能遭遇对抗而无法行使。比如，市政立法、补贴、减税、市政当局行使征用权等，都须由市政议会审议通过。即便是市政当局与议会通过了征用权法案，相关的居民仍然可以通过司法程序寻求救济，对抗市政府的产权。这样，地方政府的产权是相当有限的，是一种严格依附于特定程序的有条件的产权，而不是无条件的产权。

　　换言之，地方政府产权的范围、强度与其总体政制架构密切相关。这一点可以解释，相比于美国，张五常等学者相信，中国的地方政府更像公司："要明白中国的地区政制，我们要从一家公司或一间机构的角度入手。北京上头的运作我一无所知，但地区的政制，是公司制。相比之下，美国的城市，法律上不少注册是公司的，但运作程序是另一回事。"[1] 张的意思似乎是说，美国的政府更加不像公司。确实，在美国，地方政府的产权是受到严格限制的，而在中国，地方政府的产权所受的限制较少而宽松，其产权是广泛而强烈的，这一点构成了地方政府间竞争十分激烈的产权基础。

　　这种类型的地方产权直接源于地方政府权力安排的集中。把美国的地方政府与中国的地方政府同样视为公司，中国的政府公司的内部控制力要强大得多，它更像是企业强人治理的公司，整个公司的内部治理是自上而下的命令—服从体系。

　　石秀印以包头为例，解析了这样的内部控制结构。[2] 城市的党委是最高统领机关，领导政府、人大和政协。在确立经济发展

---

[1] 张五常，"下星期上海不堵车"，http：//blog. sina. com. cn/s/blog_47841af7010004hf. html，2006 年 6 月 9 日。
[2] 石秀印，"地方间竞争、地方内整合与工人的地位处境——以包头市为例"，http：//www. usc. cuhk. edu. hk/wk_wzdetails. asp? id =3319，2000。

为中心和跨越式发展战略之后，市委首先要求作为主导者的各级党委紧密围绕经济发展这个"中心"进行工作，各部门的工作都要服务于"中心"，即以经济发展为目标对党的组织和工作进行整合。即使是党的纪律检查部门，也要紧密围绕经济发展这个中心工作，服务于中心任务。党委也对政府、人大和政协进行整合，要求这些权力机构都围绕经济发展这个中心工作，组合为统一的合力，成为跨越式战略中的行动者。为此，人大突出经济立法，积极发挥地方立法在完善市场经济体制、改善投资环境、促进地方经济发展上的重要作用。各行政机构也围绕着经济发展中心进行整合。人民法院的工作重点之一是全面加强民商事和行政审判工作。同时，市委也围绕经济发展中心，整合全市的科技、教育、文化、卫生等资源。党委围绕经济发展中心和跨越发展战略的整合自然地包括了对工会、共青团、妇联等群众组织的整合。各级政府还通过加强对全体民众的思想观念的整合，将人们的思想和行动统一到经济发展上来。

在这样的政制安排基础上，地方政府的产权非常广泛，其可行使的自由度也非常高。地方政府产权由强度不同的几类产权构成。

首先，给特定企业带来收益的立法权。按照《立法法》，地方政府，尤其是作为主要竞争主体的县级政府，并不享有法定的立法权。但实际上，县市级政府的政策性红头文件可以对市场管理体系进行调整，比如减少管制、制订规划、设立垄断，等等。

其次，地方政府拥有对重要资源的私法性所有权。最典型的是矿产、森林、水及城市土地。根据1982年宪法，城市政府享有城市土地的所有权，这是一种严格私法意义上的所有权。这些国有土地曾经被国有企业或城市居民实际占用，政府的所有权受到某种限制。也正因为如此，政府非常热衷于在城市进行成片大规模的改造、重建。这个过程其实是政府落实其法律上的土地所有权的过程，通过与开发商订立书面土地出让协议，政府作为所有者的权利在法律上得到确认。除了城市土地之外，政府对于其他资源也拥有权利。比如，政府是国有企业的资产的所有人，这其中包括银行。

第三，地方政府对本辖区内的分立的个人产权，在法律上拥有共享的产权。依然以土地为例，政府对于私人占有的建设用地使用权和承包经营权，也享有美国地方政府所享有的"征用权"。而这种征用权的适用范围是极其广泛的，对于政府的公共利益主张，也没有必要的审查程序。

第四，除了征用权之外，政府对于所有土地还享有法律上和政治上的实质性权利。这是由中国特定的土地制度及政治安排决定的。在中国，没有完整的土地私有权。城市土地从法律上属于国家所有，实际上即由地方政府拥有所有权。任何企业、个人所拥有的只能是这些土地的建设用地使用权。这样，在土地权利的配置中，政府的所有权是占先的。政府可以依据其所有权限制、中止、改变、转让私人的建设用地使用权。农村土地尽管由村集体所有，政府通过法律，对于农民的这种权利予以严厉限制，尤其是在土地的权利束中，改变土地用途的权利完全归政府所有。另一方面，政府通过其强大的党政控制体系，对农民的土地利用活动施加直接影响，比如，强迫农民种植某类农作物。在政府征用土地的过程中，征用政府可以将不公平的条款加于农民，而农民没有讨价还价的合法渠道。因此，农民对土地的所有权是高度不完整的，地方政府反而对农村集体所有的土地享有事实上的控制权，政府支配这些土地的便利程度，与城市国有土地，并无太大差别。正是借助这些权利，政府对于土地享有巨大的产权。

第五，归根到底，从政治角度看，地方政府对于一个地方、尤其是城市，作为一个整体，享有支配权。这本来只是一种哲学层面上的政治性权利，但在现实中，经常被理解为一种可以执行的法律上的法律。整个城市被视为一宗财产，这是所谓"经营城市"

理念的核心依据，大力鼓吹"经营城市"理念的中国城市发展研究会副理事长朱铁臻曾这样解释："所谓经营城市，是从政府角度出发，运用市场经济手段，对城市的自然资源、基础设施资源、人文资源等进行优化整合和市场化运营，实现资源合理配置和高效使用，促进城市功能完善，提高城市素质。"[1] 这位作者说，城市是最大的国有资产，因而经营城市的主体就是城市政府。推而广之，一般地方也都是如此。此种政治性产权获得了正统的意识形态及其国家理论的支持。

基于这种产权概念，地方政府对于其辖区内的所有人、财产都享有"剩余所有权"。按照现代宪政原则，政府只享有宪法、法律明文授予的权力，剩余权利（residual rights）由公民保留。[2] 据此原则，政府的权力是确定的，人民的权利却可以不断扩张。在中国，原则似乎相反，这样，地方政府进行政府间竞争时，其可支配的产权就是没有边界的。

四、政府间竞争的结构及其约束匮乏

在对作为竞争主体的地方政府的产权进行过分析之后，本节分析地方政府间竞争的结构。

首先，地方政府进行竞争不是为了面向选民争夺选票，而是为了向上级政府显示一个客观的、可量化的政绩。

尽管有很多文献在讨论 20 世纪 80 年代以来在各个方面出现的联邦制因素，其中最经典的讨论是所谓"财政联邦制"，但这样的限定性命题本身就已经表明，中国不存在基本的联邦制框架。每

---

[1] 朱铁臻，"经营城市是现代城市发展理念的创新"，http：//www. chinacity. org. cn/content/csyj/05zhutiezhen_1. asp，2008。

[2] 这一点的经典表达见于美国联邦宪法第九、十修正案："宪法列举的若干明确权利，不得被解释为否认或蔑视人民所保留的其他权利。""宪法未授予联邦的权力，宪法未禁止给予各州的权力，保留给各州，或保留给人民。"如果不考虑联邦制因素，则人民享有全部剩余权利。

一个地方政府官员乃是自上而下的权力配置体系中的一个环节。在此,每个官员都有沿着这个链条升迁的可能性。因此,长期以来,中国就存在地方政府官员之间的竞争。这一轮地方政府间竞争引人注目之处在于,官员的竞争策略是积极实现本地 GDP 和财政收入高速增长。

各级地方官员之所以采取这种竞争策略,乃是因为,上级政治权威主要以此作为考核下级官员的指标体系。形成这样的增长绩效导向的考核体系的原因是多方面的。首先,过去十几年来执政党的基本政治纲领是"以经济建设为中心",官员执行这一纲领的政绩自然就成为其是否升迁的依据,尽管不是唯一依据。其次,20 世纪 80 年代后,政治权威丧失了其克里斯玛性质。它必须借助于理性的权威来分配自己掌握的资源,即升迁机会,由此逐渐形成了一种"合理化"的考核体系,也即,按照某个客观的、可以量化的、容易辨识的标准,相对公平地对官员的政绩进行考核。正是基于这一合理化需求,反映经济增长总量与速度的 GDP 指标就成为考核地方政府主政官员的最重要指标。政治稳定更多地是一个底线指标,即通常所说的一票否决,它可以让一个人的升迁被阻止,但不能使一个人获得升迁机会。

正是政治权威按照客观的、量化的单一指标对官员政绩进行考核的制度安排,导致在中国,地方政府间的竞争异乎寻常地激烈。此种竞争的激烈程度通常让人觉得难以理解:因为中国不是联邦制国家,政府间的分权远不像联邦制那样明确而彻底。但其实,恰恰是由于这一集中的政治框架,迫使地方政府官员围绕着政治中心所确定的目标进行竞争。所有地方政府官员都投入到获得同样一个奖赏的竞赛之中,当然会使竞争看起来十分激烈,通常呈现为严重的过度竞争。现在,竞争对象是上级政府,而上级政府的考核指标是单一的,于是迫使地方政府采取相同的竞争策略,挤上同一条独木桥。地方政府的竞争策略都是招商引资。若潜在的投资者数量既定,则全部地方政府投入此一竞争，与部分地方政府投入此一竞争，其激烈程度不可同日而语。

其次，中国经济增长的经验让地方官员看到，投资是推动经济快速增长的快捷途径。因此，地方政府竞争的主要策略就是吸引和留住企业。地方政府在其法律、政策的制定及执行过程中，采取一种显著的企业导向策略。

目前自上而下的官员考核体系中核心的政绩指标是 GDP 增长率及其规模。从经济学上说，在投资、消费、出口三个 GDP 构成部分中，捷径是投资。官员任期过多强化了地方政府官员的投资偏好。目前，地方主政官员通常不能完成法律所规定的一届任期就会被调动到其他岗位。[1] 这意味着，官员的预期短期化，自然会倾向于寻找短期内能够最有效地显示政绩的经济增长方式：投资。计划经济时代，中国经济增长的主要动力就是如此，这种经验性知识对官员有很大影响。同时，在目前税制下，地方政府的税收主要依靠流转税，取自于企业的投资与活动，只要招引来投资并使企业开展营业活动，不论其是否赢利，都可以给地方政府带来税收收入。当然，吸引来企业也可以创造一定的就业机会，从而解决另一个在政府官员心目中较为重要的问题：社会稳定。因此，招商引资是地方政府间竞争的主要策略。

正是因为如此，地方政府与企业之间形成了比较密切的关

---

[1] 市、县、乡镇党政一把手都存在这种问题。《瞭望东方周刊》曾报道："从 1993 年 9 月到 2004 年 3 月，10 年中，河北邯郸市先后有 7 任市长施政，根据《地方人民政府组织法》规定，一届市长任期 5 年。显然，邯郸市 7 任市长没有一位工作到法定任期。"（http://www. people. com. cn/GB/guandian/183/2281/3280/2593416. html）关于县一级，《半月谈》曾报道："中部某省省委组织部有关同志介绍，近年来该省 90 多个县（市、区）中，只有一名县委书记在岗位上干满一届，其他党委一把手在任内纷纷被换动岗位，任期制的执行率只有 1%。在江西省横峰县，近 10 年党政主要领导换了 10 人，其中 5 任县长平均两年一任。"（http://news. xinhuanet. com/newscenter/2005 - 02/07/content_2557576. htm）。关于乡镇一级，《人民日报》2006 年 4 月 3 日第 10 版报道："在湖南，县级党政一把手干满 5 年的并不多，乡镇党政领导班子成员的交流就更加频繁。某市 9 个县市区乡镇班子的 2 283 名正、副职干部，不到 3 年就变动了 1 426 人，占 62.5%。"（http://politics. people. com. cn/GB/14562/4261904. html）

系。地方政府目前所采取的政策，与其意识形态恰好相悖。在民众——包括劳工、市民——与企业之间，地方政府奉行的是亲商政策。有人利用奥尔森的分利集团概念来解释为什么政府会这样。据说，企业可以组成商会或行会等"压力集团"游说或贿赂地方官员。而由于"搭便车"行为的存在，居民不可能有组成庞大利益集团的激励。这样的解释在中国是站不住脚的。在政府、民众、企业的三角关系中，政府居于绝对强势地位，因为政府掌握资源与机会的分配权。普通市民、劳工、企业等分利集团究竟哪个能够接近政府、游说政府，取决于政府的偏好，取决于政府官员是否具有接纳它的意愿。政府官员认为，企业对于实现自己的政绩最大化效用最大，因而自然地会在法律、政策的制定与执行中向企业倾斜。

第三，地方政府作为竞争策略的决策者，在决策过程中很少受约束，地方层面既缺乏选民对政府官员的约束机制，政府内部也没有权力制衡。

中国地方政府尽管在民主建设的方向上进行了很多努力，宪法也规定了一个大体民主的治理结构，但是，宪法与现实之间存在脱节。通常被称为"一把手"、在一个地方具有最大权力的党的负责人，直接获得了其最高地方国家权力。省长、市长、县长在形式上是选举产生的，但这种选举全部是间接的，即是由相应的人大选举产生的。人大在宪法上是地方国家权力机关，但其权力其实相当有限。对于自己选举产生的行政首长所委任、并经自己批准的厅局长，都缺乏有效的监督机制。这一切说明，选民对于掌握着本地政府权力的党政官员缺乏基本的约束、控制与监督，享有治理权力的人对上级政府负责。这也就意味着，每个地方尽管设立了不同的党、行政、人大等机构，但彼此之间并无有效的相互制约。

在这种治理架构下，地方政府可以不顾本地选民的偏好，主要以自上而下确定的政治任务、或者依照自上而下的考核体系来安排本地的政治、行政与司法活动。大体上，中国现有的治理架构仍然是以实现现代化为目的、进行自上而下的国家动员的工具。在计划经济时代，这套体系是依靠自上而下的具体指令运转的。彼时中央政府控制着大多数资源，地方政府所能支配的资源由中央政府按照指定给各个地方的任务予以分配。20世纪90年代中期实行分税制之后，国家动员的内在机制发生了变化。地方政府成为相对独立的利益主体，对于大多数资源的控制权也形成了比较明确的权力划分。但是，政治权威依然保留着官员升迁的最终控制权，从而诱导官员们展开了一场为了增长的竞争，从而使整个体制通过竞争实现了同样的动员目标。

第四，上述多种因素导致目前的地方政府间竞争主要是一种制度性补贴竞争。

在竞争的两种理想型——制度性竞争与补贴性竞争——中，相对而言，制度性竞争的难度要大很多。它需要政府进行以自我约束权力为核心的制度创新，比如放松管制、更有效地保障财产权和合同的执行、创造并维持公平的竞争环境等。这其中，有些是地方政府所无力承担的，有些对于地方政府来说需要自我设限，而政府自身是不大可能具有这种自我设限动力的。

因此，政府天然地偏好补贴性竞争。而在中国，地方政府进行补贴性竞争具有天然的优势，因为政府控制着最重要的要素——土地市场，政府也可以对信贷市场进行深入而广泛的干预，比如信贷。[1]对土地与信贷的控制意味着政府也可以很方便地进行基础设施改进，而相对于民众生活，超前的基础设施，也可以构成对企业的一种补贴。基础设施建设通常不是为了让本地选民享受更便利的公共品，而是为了"招商引资"。

地方政府也可以人为地抑制工资上涨。关于这一点，石秀印

---

[1] 石秀印，"地方间竞争、地方内整合与工人的地位处境——以包头市为例"，http：//www.usc.cuhk.edu.hk/wk_wzdetails.asp？id＝3319，2000。

以包头为例给出了详尽的说明，他的结论是："像包头这样的非东部城市要吸引稀缺资源必须提供较东部地区更高的价格，然而其资源整合的产出效率却低于东部城市，此种情况下要保证对外部资源的高回报就必须压低对本地区工人的待遇。资金、人才市场化之后政治体制依然是传统型的……政府为增强地方竞争力而整合工会，使其服从于政府目标，这导致工人缺乏提升待遇的行动能力。工人处于不利的地位，并且为了地方的整体利益和由外部资源提供的就业机会不得不接受不利处境。"这样的措施实际上给予了投资者、经营者一笔劳动成本补贴。

由于立法与预算控制机制的缺乏，民众对于这些补贴的授予缺乏必要的控制与监督。因此，由政府官员基于自身政绩最大化目标而设立的这些制度性补贴，其成本——收益是严重不对称的。补贴的成本由民众承担，但补贴假如未能产生收益，在现有的政制架构中，民众无法对官员问责；补贴假如带来了收益，收益却主要由官员享有。这样，政府就倾向于大量设立补贴。

强烈的补贴性竞争偏好与方便的制度条件相结合，导致中国当下的地方政府间竞争在很大程度上排斥制度性竞争，趋向于补贴性竞争。而且，这种补贴不是针对个别企业的，而是针对所有到本地投资的企业的。因此，地方政府间展开的是一种为了增长的系统的制度性补贴竞争。[1] 可以说，中国对各类企业的吸引力，部分地就是因为这种补贴。

---

[1] 参考李军杰对冯兴元认为地方政府竞争主要是制度竞争或体制竞争的看法的批评："本文并不完全赞同将政府间竞争等同于制度竞争或体制竞争的观点，因为它忽视了中国经济转型中所形成的'软化'的制度约束环境。在路径依赖极强的制度环境下，中国地方政府在很大程度上还是'逐利主体'而不仅仅是规则的制定者。换句话说，中国地方政府之间的竞争在某种意义上经常表现为对'预算软约束'和'模糊产权'资源的争夺和攫取。"（李军杰，"经济转型中的地方政府经济行为变异分析"，《中国工业经济》，2005 年 1 期）

五、评估政府间竞争绩效的尺度

应当说,地方政府间为了增长而竞争的行为模式,乃是在20世纪90年代以来具体的政治—经济约束条件下自发形成的一种政治经济秩序。有一些学者认为,地方政府间的竞争,促进了地方政府对民众进行制度创新的容忍度,地方政府甚至也参与到制度创新之中,从而有助于中国的经济制度向着有助于私人产权和市场制度的方向变迁。[1] 同时,至少从时间上看,当地方政府间发生激烈竞争的时候,中国的经济增长绩效也是比较好的,两者之间似乎存在某种关联。

总之,很多学者依据各种理论对地方政府间竞争给予了肯定。不过,中国90年代相对高速的经济增长,是否就是地方政府竞争所致?按照奥地利学派经济学的解释,经济增长的主要驱动性力量是私人的企业家精神的释放,而使企业家精神得以释放的制度改进,同样是民众自发地进行制度创新的结果。当然,从理论上说,地方政府间竞争有助于地方政府官员认可民众的制度创新,因而地方政府间竞争确实有可能对中国经济的高速增长作出贡献。

但上文的分析已经表明,地方政府享有广泛而不受约束的法律性、政治性产权,取消、最起码是严重地削弱和模糊了分立的私人产权,从而在一定程度上取消或限制了市场功能的正常发挥。市场是一种激励企业家创新的机制,也是一种交流与共享新知识的机制,而这些机制正常运转的核心基础是分立的产权制度。地方政府产权制度使得产权单一化,抑制了企业家的功能,从而损害了市场的知识生产效能。

地方政府间竞争也促使地方广泛地采取歧视性政策。政府倾

---

[1] 比如,张维迎和粟树和("地区间竞争与中国国有企业的民营化",《经济研究》,1998年第12期)通过地方竞争说明了国有企业民营化的转变历程。

向于采取各种各样的补贴性竞争策略，对特定企业、甚至对整个投资者群体给予特殊照顾。这固然在短期内带来了某种效率改进，但必然损害一个地方内部分立的个人与企业之间的平等，从而损害市场内部的竞争。

同时，政府凭借其产权进行竞争，与企业之间形成紧密关系，这就引发了一个十分严重的问题：谁来维护市场秩序？一个健全的市场秩序依赖公正的法律的有效执行，这正是政府对于市场的基础性功能所在。但在目前的架构下，政府却往往遗忘了这一基本功能。

因此，即便承认地方政府间竞争实现了高速增长，以此为理由而将这种竞争本身予以完全肯定，也许是轻率的。这样的评价标准过于单一了。评估一项制度，其产生的后果当然十分重要，但不应当只是单方面的后果，而应当是各种后果。正如法国 19 世纪经济学家巴斯夏所说："在经济领域，一个行动、一种习惯、一项制度或一部法律，可能会产生不止一种效果，而是会带来一系列后果。在这些后果中，有些是当时就能看到的，它在原因发生之后立刻就出现了，人们都能注意到它。而有些后果则得过一段时间才能表现出来，它们总是不被人注意到，如果我们能够预知它们，我们就很幸运了。一个好经济学家与一个坏经济学家之间的区别就只有一点：坏经济学家仅仅局限于看到可以看得见的后果，而好经济学家却能同时考虑可以看得见的后果和那些只能推测到的后果。这种区别可太大了，因为一般情况都是，当时的后果看起来很不错，而后续的结果却很糟糕，或者恰恰相反。于是，事情经常就是，坏经济学家总是为了追求一些当下的好处而不管随之而来的巨大的坏处，而好经济学家却宁愿冒当下的小小的不幸而追求未来的较大的收益。"[1]

---

[1] 巴斯夏，《财产、法律与政府 —— 巴斯夏政治经济学文粹》，秋风译，贵阳：贵州人民出版社，2003，第 1—2 页。

本文之所以长篇引用巴斯夏的话是为了强调指出，作为一项重大的政治—经济制度，目前中国的地方间竞争产生了非常重大而广泛的后果，仅仅看到与此制度所伴随的经济高速增长就对这种制度予以肯定，而忽略其长远的、广泛的社会、政治后果，是缺乏科学精神的。

即使从经济效率的视角看，地方政府竞争带来的很可能是某种"效率幻觉"。过去若干年，经济增长最快的地方，未必是市场化程度比较高的地方。可以以民营化作为一个指标来近似地衡量这种市场化程度。一个引人注目的现象是，在地方政府间竞争中表现得非常突出的长江三角洲主要城市，比如上海、苏州，相对于高速膨胀的经济规模，其民营经济的发展之滞后相当引人注目。同样，在90年代以来的地方政府间为了增长的竞争中，山东的表现同样非常突出，但是在山东，2003年山东民营经济对GDP的贡献仅为30.2%，国有经济依然是山东经济的主导力量。[1] 而山东在这之后的经济表现非常强劲。问题是，这样的强劲增长对于体制转轨究竟是利是弊？

或许可以说，地方政府竞争所导致的增长，在很多地方只表现为一种纯粹的规模增长，而未触及经济结构的变迁。但如前所述，中国的地方政府竞争主要是系统的补贴性竞争，而非经典的制度性竞争。地方政府间竞争很可能促使地方政府采取一种"强政府"策略，强化对资源的控制，强化对经济过程的微观控制。也就是说，竞争的力量不仅没有使政府的经济权力缩小，反而使其有所扩张，个人产权反而遭到政府大规模的干预，尤其以土地领域最为明显。可以说，政府间竞争在很大程度上推动政治企业家在干预个人与企业权利以补贴企业的方面不断进行创新，竞争所传播的也正是这样的知识。[2]

---

[1] 苏春红，魏建，"民营经济的发展差异：山东与浙江的对比"，《山东社会科学》，2004年第8期。

[2] 经济学文献有大量关于"奔向底线"的竞争的讨论。秦晖教授也以"低人权"优势来形容当代中国在全球分工体系中所具有的竞争优势。

　　总之，地方政府间竞争对中国经济增长、尤其是对中国市场制度、乃至整体上的优良治理秩序的确立，究竟发挥了良性影响还是负面影响，乃是一个需要仔细辨析的问题。下一节将从经济学和政治学理论角度进行追问。

六、地方政府良性竞争的制度前提

　　如果没有恰当的规则，即使一般市场上的竞争也未必是可欲的。正如布伦南和布坎南所说："18 世纪伟大的知识发现就是市场的自发秩序，这个发现就是，在合适的规则结构（斯密所用的术语是'法律和制度'）之下，追求自利的个人也能够促进他人的利益……市场参与者之间的合作……所需要的是一个适当的'宪政背景'（constitutional background）——一个合适的规则结构，以及落实这些规则的安排。"但令人遗憾的是，这两位作者指出，现代经济学却严重地忽视了规则的重要性："经济学家的倾向是看重结果，而不是看重产生结果的规则，这种态度始终是各种理论混乱的根源。"[1] 讨论地方政府间竞争的学者，尤其是国内学者，通常也忽略了对竞争规则及其所形成的制度框架的关注，这便是这方面的讨论出现大量混乱、谬误的根源。

　　更不要说，政府间竞争所需要的制度框架还有其特殊之处，即便是对一般市场之正常运转来说已经充分的规则体系及其执行机制，对竞争性政治市场的正常运转来说，也是远不够充分的。

　　探讨厂商出现的经济学假定，市场从逻辑上先于厂商，厂商因为其形成某种稳定的合约结构而具有相对于市场交易的效率。当然，厂商的效率功能之有效发挥，取决于竞争性市场秩序之存在本身，厂商不过是这一秩序的构成要素。如果没有这样的秩

---

[1] 布伦南，布坎南，《宪政经济学》，冯克利等译，北京：中国社会科学出版社，2004，前言第 2 页，第 15 页。

序，厂商的效率就无从谈起。但反过来，依据哈耶克的规则——秩序理论，这一竞争性市场秩序又是各个厂商遵循特定规则的效果。从某种程度上，市场会内生出这些规则及其执行机制，但是，如果要使这些规则趋向完善，并得到有效执行，还需要借助于市场之外的组织——政府。

为形成及维护市场秩序，政府需同时保障两个层面上的主体的自由与权利：首先是平等地保障各个企业的自由与权利，各企业在法律上平等，均不受政府的歧视，从而可以自由地获得市场进入机会，进行自由交易。其次，政府需要保障构成企业的那些要素各自的权利，即资本的权利、劳工的权利。加入企业的这些要素让渡给企业的只是有限的自由与权利，一旦企业或企业的管理层越界，资本、劳工就可以向政府寻求救济。企业员工即使在企业活动中受企业规章约束，但其作为一个公民的自由、权利却并不因此而稍有丧失。同时，投资人也可以在管理层未尽到其合理注意义务的时候，就其所遭遇的不应有的风险问责于管理层，法律是保障投资人的这种权利的。这一点非常重要，它让企业制度不至于变成奴隶制度，从而保障企业所生成的效率具有道德上的正当性。在市场之外的政府恰当地承担起这两项职能，乃是市场秩序正常运转的前提。

很显然，政府间竞争如果要形成一个可欲的市场秩序，同样需要这样复杂的规则体系和执行机制。首先，作为竞争主体的地方政府之间的竞争，如同企业之间的竞争一样，需要一种规则的约束。这种规则及执行机制必须要同样做到两点：防范地方政府之间互相采取不正当竞争行为；防范地方政府为了竞争而侵犯其治理之下的个人和企业的权利。合理而有效地实现这两个目标的解决方案，就是建立一个有效的全国性法律框架与司法体系。

其次，考虑到政府作为竞争主体的特殊性，尤其是需要关注作为竞争主体的地方政府的内部构造问题。经济学家讨论地方政府间竞争的时候，经常采取一种拟人化思维，即把地方政府视同自然人，它可以产生竞争意识，有意识地追求某种竞争奖品，并为此制定某种竞争策略。然而，地方政府不是自然人，相反，它是一个由很多人构成的组织。

当然，企业，尤其是现代企业，同样是组织，因而也就存在委托—代理问题。但是，企业与政府还是存在很大区别的。在企业中，主要存在投资人与管理层之间的委托—代理问题。负责企业日常经营的管理层所追求的竞争标的未必是投资人收益的最大化，其所采取的竞争策略未必有助于增进投资人的权益。政府的委托—代理链条更长、也更复杂。从原则上说，政府的一切活动皆需致力于追求公共利益，政府竞争的正当目标亦应为增进选民的福利。但是，实际竞争策略的构想者、制定者及实施者是政府官员。给政府及其官员带来收益的竞争策略，未必有益于民众。这可能是因为官员未能正确地预计到某一竞争策略的成本收益，但也很可能是因为官员本来就只考虑自己的收益，而忽视了选民的权利与利益。如果在一般企业的委托—代理环节存在严重道德风险，那么，作为竞争主体的政府更容易遭遇这种风险。

因此，规范政府间竞争的规则体系，首先应当包括那些规范"政府"形成竞争策略的规则。具体而言，就是代议民主的政治与法律程序。这包括政治性官员由民主选举产生，官员对民众负责；政府内部权力的分立与制衡，以使政府的立法与决策较为审慎。

关于政府与企业的不同，我们还可以补充一点。没有人否认，企业管理层可以有自己的利益诉求。但从伦理上说，由官员组成的政府这个组织，不应当具有自身独立的利益。确实，经济学家可以从经济人的视角讨论政府，人们也可以设计种种措施激励政府。但无论如何，政府唯一的职能是服务于社会，而不是追求自身的特殊利益。因此，唯一正当的政府间竞争，是那种增进公共利益、具体而言就是增进本辖区民众利益的竞争 —— 但也不能损害其他地区民众的利益。

要使政府间的竞争达成良性的斯密效果，即政治企业家追求个人利益 —— 即政绩最大化 —— 的过程能够增进公共利益，必须以一个合理的规则体系和有效的执行机制为基础。它们既要规范相互竞争的政府的行为，更要迫使地方政府对民众承担确定并可及时而有效地追究的责任。这些制度安排能将地方政府官员在追求政绩过程中可能产生的外部性内部化，让官员对竞争的后果承担全部责任。

余论

归根到底，地方政府竞争的概念本身是一种类比。这个类比带来很多误导性联想，比如，人们倾向于把政府看成企业，甚至看成自然人。然而，就事物的性质（nature）而言，政府不是企业，更不是自然人。将分析企业与自然人的理论用于分析政府，很容易忽视政府内部构造的复杂性，从而得出荒谬的结论。

肯定地方政府为了增长的竞争这一制度，本身就蕴涵着一个知识上的陷阱：它似乎将经济增长的主要责任归于地方政府。然而，不管是在经济学上，还是在政治学上，这一点都不具有足够的正当性。政府与市场间的关系是经济学的永恒主题，也是政治学、法学必须讨论的问题。常识性结论是：经济增长主要依赖基于分立产权的企业家在一个竞争性市场秩序中的创新活动，政府是必要的，其主要职能就是维护这一竞争秩序。为此，人们通常主张，政府须置身市场之外，为市场制定大体公正的法律，并比较公正地执行这套法律规则。

地方政府投身于为了增长的竞争，过分地考虑本地经济增长速度和税收，必然使其维护市场秩序的职能受到扰乱。因此，我们不得不回头思考一个最根本的问题：政府之善究竟是什么？地方政府为了增长而竞争本身，是不是政府一种可取的善？近代以来，尤其是自经济学诞生以来，经济性福利似乎成为人们普遍追求的一种善，人们也普遍要求国家致力于实现这种善：或者是国家创造财富，或者是国家分配财富。然而，对于国家这样一个独特的组织来说，其终极的目的，其本性，其自然，究竟是什么？

译介

《理性的滥用与衰落研究》导论*

布鲁斯·考德威尔**

赵　亮***译

奥地利经济学家弗里德里希·哈耶克在 1931 年秋作为访问教授来到伦敦经济学院（LSE），次年荣膺经济学和统计学的 Tooke 教席。从 1933 年后期开始，他断断续续地致力于一本有关资本理论的巨著，最后于 1939 年基本完成。这一年的 8 月 27 日，哈耶克写信给大学时代的一位老朋友弗里茨·马克卢普（Fritz Machlup）[1]，说了自己接下来的重大研究项目的计划，这是一项范围广泛的历史

---

* 本文是作者为 The Collected Works of F. A. Hayek, Volume 13：Studies on the Abuse and Decline of Reason 所写的导论。作者在文中所提到第某某章，可参考已有的中文译本：哈耶克，《科学的反革命：理性滥用之研究》，冯克利译，南京：译林出版社，2003。

** 布鲁斯·考德威尔（Bruce Caldwell），UNCG 经济学教授，著有《哈耶克评传》，是 19 卷本的《哈耶克文集》（The Collected Works of F. A. Hayek）的主编之一。

*** 赵亮，南京理工大学经管学院，E-mail：zhaoliang1967@ gmail. com。

[1] 当时马克卢普正任教于纽约的布法罗大学，整个 30 年代哈耶克与他经常通信讨论那本关于资本理论的著作，对此更详细的内容请参见：F. A. Hayek, The Pure Theory of Capital, ed. Lawrence H. White, vol. 12 (2007) of The Collected Works of F. A. Hayek (Chicago：University of Chicago Press, and London：Routledge), xviii – xxi。关于哈耶克怎样到了伦敦的故事，参见：F. A. Hayek, Contra Keynes and Cambridge：Essays, Correspondence, ed. Bruce Caldwell, vol. 9 (1995) of The Collected Works of F. A. Hayek, pp. 19 – 21。

探索，包含思想史、方法论和社会问题分析，其目的在于阐明社会主义的后果：

> 首先是一系列案例研究，包括一些方法论问题，尤其是以科学方法与社会问题的关系作为研究出发点，然后引出经济政策的根本科学原则，最终引出社会主义的后果。这一系列案例研究要构成关于最近几百年来（从圣西门到希特勒）社会发展根本原则的系统的思想史探究基础。[1]

信上的日期很重要。四天前，莫洛托夫和里宾特洛甫签订了苏德互不侵犯条约。五天以后，希特勒就要入侵波兰。9月3日，英国和法国将对德宣战以作为回应。第二次世界大战就开始了。

这场战争本会阻止哈耶克的伟大规划。英国宣战的一周之内，哈耶克就起草一封信件给英国情报部负责人，请求为作战服务。他把自己描述成一个"前奥地利人"、一个大学教授、一个"有时候"是英国臣民的人（事实上就在一年前他已经入籍了）。很明显，他想要清楚表明自己的身份和忠诚。随同此信的是一份备忘录，"关于在德国的宣传活动的一些解释"，包含怎样在德语国家发起一场有效宣传活动的各种建议。[2] 其中有一条初步活动建议是要用德语向德国人民说明，现在由英法所捍卫的自由民主原则也曾经被过去一些伟大的德国诗人和作家所拥护，这一事实在俾斯麦时代以来的德国历史中被完全抹杀了。[3] 很明显，由于想像着自己能在宣传活动中起到作用，哈耶克就继续谈道："如果这一'历史说

---

[1] Letter, F. A. Hayek to Fritz Machlup, August 27, 1939, in the Fritz Machlup papers, box 43, folder 15, Hoover Institution Archives, Stanford University, Calif.

[2] 哈耶克的信件和备忘录可见：Friedrich A. von Hayek papers, box 61, folders 4, Hoover Institution Archives, Stanford University, Calif. 。

[3] 在此背景下，看看在一份未发表的与威廉·巴特利三世（W. W. Bartley, III）的访谈（1984年夏，于圣博拉齐恩）中，哈耶克自己的评述也是有趣的："在很早的时候，我正阅读席勒以及歌德的朋友们的作品。我从这些伟大的诗人那里获得了我的自由主义。"

明'有机会成功的话，那么绝对重要的就是所有历史参考书籍都
要被慎之又慎地修改……"

哈耶克一直到 12 月才等到情报部的回信。要是情报部接受了
他的请求，那么哈耶克将会有一个多么不同的个人史啊！但事实
并没有如此发展。情报部的来信感谢他的建议，但没有要求他的
帮助。既然不能成为宣传者为政府服务，哈耶克就开始撰写战争
开始几天前向马克卢普所讲述的著作。

这一宏伟规划仅完成了几部分。哈耶克首先谈到的将方法
论、科学方法与社会问题联系起来的"一系列案例研究"，最终
变成了他的文章"唯科学主义与社会研究"。思想史部分始终没
有完成：只有标题为"科学的反革命"的唯科学主义在法国的起
源研究，以及短文"孔德与黑格尔"最终会被出版。哈耶克离题
了，首先是他论述"唯科学主义"的内容扩充了许多，接着是他
决定把规划中的最后一部分，即"社会主义的后果"部分，转变
为单独的长篇著作。该书将在 1944 年出版，题目是《通往奴役
之路》。

哈耶克规划的这本书本来要用一个挑衅性的题目《理性的滥
用与衰落》，此次《文集》沿用了这个题目，并加上"研究"两字
以强调原先所构想的著述没有完成。本文将讲述哈耶克最伟大的
未成之作的故事，包括探究文章创作的顺序，探索某些重要主
题，并检讨哈耶克思想史中的某些方面，这有利于解释哈耶克为
什么坚持他所持有的观点。在结论部分将对哈耶克的贡献给出一
个简要评价，并探究理性的滥用与衰落规划对其思想的后期发展
所具有的意义。

> 本书的研究从一开始就受
> 作者一种稍显老套的信念所指
> 引，并且最终印证了这一信
> 念，那就是：支配人类事务发

展的是人类的理念。[1]

一、文章的创作

最初通信之后大约十个月的 1940 年 6 月，哈耶克又一次致信马克卢普，讲述他的新努力。他的热情是显而易见的：

> 这是一个伟大的主题，可以为它写一本巨著。我的确认为现在我已经找到了解决这一主题的途径，由此，我可以发挥出一些真正的影响。但我是否能够把它写出来，这当然不仅取决于我是否能活过这场战争，也取决于战争的最后结果。假如事情真的变得很糟，我肯定就不能在这里继续写它，并且，由于我认为它确实很重要，是我能为后人所作的最大的贡献，那么我不得不尝试把我的活动转移到其他地方。随着战争进展，写作可能会很困难，所以我已经把第一部分的纲要副本寄给了哈勃勒和李普曼（Lipmann，原文如此）[2]，作为成立基金会的未来某种运用的一个基础。同时我也在此信后面附上了一份副本。我恐怕它只是给出了历史框架，围绕此框架，主要论点将被提出，但我当前没有一份安静的心境来提出文章论点本身的梗概。第二部分当然是我的《自由和经济体系》小册子的核心论点的详述。[3]

---

[1] 这一条以及随后的警句都出自哈耶克对该规划的注释，其中一些似乎是为本打算写但最终没有完成的序言所准备的。这些注释可见：F. A. Hayek papers, box 107, folder 17, Hoover Institution Archives。

[2] 戈特弗里德·冯·哈勃勒 (Gottfried von Haberler, 1901—1995) 是另一位哈耶克大学时代的朋友，他当时在哈佛大学任教。考虑到哈耶克参加过前一年在巴黎举办的一个讨论会，纪念沃尔特·李普曼 (Walter Lippmann) 的书 *An Inquiry into the Principles of the Good Society* (Boston: Little, Brown, 1937)，他是不应该把美国记者和作家沃尔特·李普曼的名字给拼错的。讨论会促使在法国成立了一个致力于复兴自由主义的研究中心，但研究中心在战争开始后就消失了。可以说，哈耶克把自己的书视为他对捍卫自由主义事业的贡献。

[3] Letter, F. A. Hayek to Fritz Machlup, June 21, 1940, Machlup papers, box 43, folder 15, Hoover Institution Archives.

从这一段话看得很清楚，除了有热情以外，哈耶克也认为他的规划极其重要：对于一个通常不会夸张的人来讲，"为后人所作的最大的贡献"，肯定是一种非同寻常的表述。夸张的词语选择大概也体现了他对当前局势的反应。"假战"戏剧性地在 1940 年 5 月 10 日结束，当时希特勒入侵了法国和低地国家。哈耶克写这封信时，正是英国远征军及其盟军在敦刻尔克海滩侥幸避免被歼或被俘之后的第三周。他担心自己是否能活过这场战争，或许也担心哪一方会取胜。他认为这是他为这场战争作出真正贡献的最好的方法了。

随信附上的大纲显示出，他已经确定了全书所要达到的目标，甚至为头十八章确定了标题要点。第一部分的大小标题揭示了他的主题：理性的滥用和衰落，是由傲慢所致，由人对自己理性能力的骄傲而起。在哈耶克的头脑中，傲慢和骄傲通过自然科学的飞速发展和巨大成功，以及将自然科学方法应用到社会科学的企图而被强化。信件还显示出，他已经决定该书的第二部分以"极权主义的报应"为标题，作为他 1939 年"自由与经济体系"一文主题的扩展。[1]

整个 1940 年夏天，哈耶克都致力于该书。每完成一章，他就把铅印副本寄给戈特弗里德·哈勃勒。9 月 7 日，伦敦闪电战开始了。于是伦敦经济学院在此期间完全撤离到了剑桥的Peterhouse。在接下来的学年（1940 —1941）中，哈耶克要每周花三个晚上在剑桥，其他四个晚上在他的 Hampstead Garden 郊区的伦敦家中，而他自己的家庭早已撤到莱昂内尔·罗宾斯的乡村住所。哈耶克 1940 年 10 月 13 日给马克卢普的信首先描述了伦敦的生活，随后又说到他的书的进展：

---

[1] "自由与经济体系"（Freedom and the Economic System）有两个版本，一个 1938 年发表，另一个 1939 年发表，都收入：F. A. Hayek, *Socialism and War*, ed. Bruce Caldwell, vol. 10 (1997) of *The Collected Works of F. A. Hayek*, chapters 8 & 9。

事实上，这一夏天我比以前类似时期做了更多工作。看完资本理论一书的校样后（麦克米兰公司还在犹豫何时出版——但一切已准备就绪），我又完成了新书中的五个历史章节，现在正全力写作最难的第一部分的理论章节。[1]

这里，我们不仅看到哈耶克的进展，而且也看到他的写作计划是如何开始改变的。那"五个历史章节"，在最初大纲中是第二章到第六章，包括了哈耶克对"法兰西时期"的叙述，以及唯科学主义的起源的细节。哈耶克将起源追溯到圣西门及其后续的圣西门主义者，以及孔德的著述中。哈耶克第二年以"科学的反革命"为题，把这些章节发表在 1941 年 2 月、5 月和 8 月号的 LSE 期刊 *Economica*（他是那里的编辑！）上。哈耶克没有继续写作这一历史部分，而是开始写作题为"唯科学主义"的第一章。哈耶克完成的其他历史章节，仅有"德国时期"的第一章，题为"孔德与黑格尔"，最后发表于 1951 年。[2]

正如他信中所示，哈耶克原本计划只有一章的"唯科学主义"的内容扩充了许多，而他写作此论题并不容易。完成此文要花费他四年多的时间：第一部分会发表在 *Economica* 的 1942 年 8 月号，第二部分在 1943 年 2 月号，最后部分在 1944 年 2 月号。因此，题为"唯科学主义"的一章最终变成了包含十章内容的"唯科学主义和社会研究"。

写作速度缓慢，部分原因在于扩充了的内容以及"唯科学主义"文章中材料的固有困难，但也在于哈耶克决定开始关注另一项规划。他在致马克卢普的假期信件中说到了这件事，这封信开始写于 1940 年 12 月的剑桥（当时在凯恩斯的帮助下，哈耶克在剑桥的国王学院享有几间房间），直到 1941 年新年在康沃尔海岸的

---

[1] Letter, F. A. Hayek to Fritz Machlup, October 13, 1940, Machlup papers, box 43, folder 15, Hoover Institution Archives.

[2] 哈耶克显然使用了"孔德和黑格尔"一文内容作为他在芝加哥大学的就职讲座。

Tintagel 才完成。信中说："现在我想着将《自由与经济体系》中
的主题以更扩展和更通俗的方式写出来。如果我完成了它，就可
以在企鹅出版社出版一本六便士的册子。"[1] 而到了夏天，哈耶克
就谈到，小册子"更扩展的"版本"不幸变成为充分完备的一本
书"[2]。最后到 1941 年 12 月，哈耶克告诉马克卢普，他已经决定
投入几乎所有的时间，完成那本会叫做《通往奴役之路》的书：

　　　它 ["唯科学主义"文章——引者注] 已经进入最后的阶
　　段，但现在我没有继续下去，因为我已经意识到，唯科学主
　　义在我们这个时代的具体表现有朝一日会成为《理性的滥用
　　与衰落》第二卷的内容，而这更为重要……如果一个人不能
　　与纳粹作战，那么他就至少应该与产生纳粹主义的思想进行
　　战斗，尽管提出这些思想的善意的人们自己并没有意识到，
　　但是来自这些思想的危害却是严重的。在这里，最危险的人
　　是一群社会主义科学家，我正要在 *Nature* 上发表一篇专门攻
　　击他们的文章。这份著名的科学周刊，最近一些年来已成
　　为"计划"的主要拥护者之一。[3]

　　哈耶克在进程中的变化是可以理解的。就在欧洲即将走向战
争的时候，他已经开始了自己的巨著。西方文明本身危在旦夕，
并且如果英国政府不允许他直接参战，那么写一本专著，论述这
个世界是怎样走到了这种糟糕境地，就将成为哈耶克的战争努

---

[1] Letter, F. A. Hayek to Fritz Machlup, December 14, 1940/January 1, 1941, Machlup papers, box 43, folder 15, Hoover Institution Archives.
[2] Letter, F. A. Hayek to Fritz Machlup, July 31, 1941, Machlup papers, box 43, folder 15, Hoover Institution Archives.
[3] Letter, F. A. Hayek to Fritz Machlup, October 19, 1941, Machlup papers, box 43, folder 15, Hoover Institution Archives. 哈耶克所谈到的 *Nature* 上的文章，题目是"计划、科学及自由"(Planning, Science, and Freedom), 收入 F. A. Hayek, *Socialism and War*, chapter 10. 关于社会主义（主要是自然）科学家，我们在本文的稍后部分将了解到更多。

力，也是他为"后人"所能作的最大的贡献。两年后，同盟国的前景更加明朗，但是一个新的危险正隐约呈现。哈耶克渐渐担心，尽管大众对计划的热情只是在战争期间有所增加，但也会影响到战后英国的政策。[1]《通往奴役之路》被当做这些趋势的反作用力。写作该书成了哈耶克的首要任务，即使这意味着耽误了他对那些他认为导致了理性的滥用和衰落的教义的历史起源和最终传播作更多学术思考。

《文集》这一卷中包含一个额外的章节，即哈耶克的著名文章"个人主义：真与伪"（Individualism：True and False）。依据他的大纲，原本要以此（哈耶克最初的题目是"个人主义的谦逊"）作为这个两卷本著作的导论。因此，现在的编排——将它作为其他文章的导论——是体现了哈耶克的原意。"个人主义：真与伪"一文什么时间写成并不完全清楚，但考虑到它首次是 1945 年 12 月在爱尔兰作为一个演讲发表，那么就有可能是在"唯科学主义"和"科学的反革命"文章出版后的某段时间被完成的。[2]

战争结束后，哈耶克从事了一些不同的活动，包括写作《感觉的秩序》，整理约翰·斯图尔特·密尔和哈丽雅特·泰勒（Harriet Taylor）之间的通信集，安排朝圣山学社的第一次会议，离开 LSE 前往芝加哥大学的社会思想委员会从事新工作等。在 1948 年

---

[1] 关于哈耶克这个决定的一个更详细的说明，参见：*The Road to Serfdom：Text and Documents*, ed. Bruce Caldwell, vol. 2 (2007) of *The Collected Works of F. A. Hayek*, pp. 9 - 15。哈耶克在致雅各布·维纳（Jacob Viner）的信中简要表述了他的关注："……尽管我对这场战争相当乐观，但是我对和平，或者说对战争之后的经济体制，并没有这样乐观。"Letter, F. A. Hayek to Jacob Viner, February 1, 1942, Jacob Viner papers, box 13, folder 26, Public Policy Papers, Department of Rare Books and Special Collections, Princeton University Library, Princeton, N. J.。

[2] 可能永远也不能确切地知道为什么哈耶克挑选"Individualism：True and False"作为文章的题目。他试图回应的或许是另两个题目：西德尼·韦伯（Sidney Webb）1894 年在费边社的讲演"Socialism：True and False"（London：The Fabian Society, 1894），以及约翰·杜威的"Individualism, Old and New"（New York：Minton, Balch, and Co., 1930）。此外，考虑到听众是爱尔兰人，他也可能是回应奥斯卡·王尔德在"The Soul of Man under Socialism"（*The Writings of Oscar Wilde*（New York：Wise, 1931），pp. 12 - 13）中关于真假个人主义的段落。

11 月答复约翰·内夫（John Nef）邀请前往芝加哥的一封信中，哈耶克重申准备进一步致力于《理性的滥用与衰落》。[1] 但是接下去的两年期间，他有时显然放弃了这一规划，因为在 1952 年，他出版了《科学的反革命：理性滥用之研究》。[2] 该书包含了此规划中他所完成的全部内容："唯科学主义"、"科学的反革命"，以及"孔德与黑格尔"。哈耶克给该书 1952 年英文版和 1959 年德文版写作的序言，包含在本卷的附录中。

随着这些著述的创作史被搞清楚，本卷编排次序恰好与哈耶克写作的顺序相反：首先完成的是"科学的反革命"，其次是"唯科学主义"，最后才是"个人主义：真与伪"。哈耶克在德文版的前言中说道，那些对"抽象讨论不怎么感兴趣的读者"，"科学的反革命"中的历史性说明使其比"唯科学主义"读起来更容易些，这些读者可能希望首先从那开始阅读。

> 把人类心智到目前为止所取得的最伟大成就（控制自然力的各种技术）应用于社会，将最终会证明是其自身毁灭的原因。[3]

二、"唯科学主义"文章的主题

"唯科学主义"文章的确包含一些"抽象讨论"，但是，哈耶克观点的主线还是相当直截了当的。他一开始就指明，在 18 和 19 世纪早期，那些试图科学地检验经济和社会现象的人，通常遵循研

---

[1] Letter, F. A. Hayek to John Nef, November 6, 1948, Hayek papers, box 55, folder 1, Hoover Institution Archives.

[2] F. A. Hayek, *The Counter-Revolution of Science: Studies on the Abuse of Reason* (Glencoe, IL: The Free Press, 1952; reprinted, Indianapolis, IN: Liberty Press, 1979).

[3] Notes, F. A. Hayek papers, box 107, folder 17, Hoover Institution Archives.

究物所使用的方法。然而，随着 19 世纪的深入，"科学"一词越来越与物理学和生物学的成功、与它们方法上的严格性和结果上的确定性联系在一起。随着"在方法上而不是在精神上竭力模仿科学"成为统治性的主题，一个变化也逐渐发生在社会科学内部。哈耶克把"对科学方法或科学语言的奴性模仿"称为**唯科学主义**，或叫做科学的偏见，他觉得这是一种事实上完全非科学的态度。[1] 唯科学主义包含一种偏见，因为它在考虑研究对象的性质之前，就已经假设知道研究它的最好方式了。

因此，哈耶克接下来的一步，就是要对我们寻求理解的社会现实给出一种描述。社会科学首要且最重要的任务是解释人类行为，而所有人类行为都依赖于人的主观感知和信念，或者就是哈耶克所说的"意见"（opinions）。因为这些意见决定了我们想要解释的行为，所以意见就构成了社会科学的"素材"。对此，我们能说什么呢？

首先，尽管每个人通过内省可以知道意见促成自己的行为，但是意见不能被观察到，只有由意见而来的行为是可以观察到的。然而，我们能够与他人交流关于这个世界的情况，这一事实说明，我们的心智是以相似的方式运作的。尽管每个人的心智结构可能相似，但人们还是有着不同的主观信念：我们的知识"只仅以分散的、不完美和不稳定的形式，存在于众多个人的头脑中"[2]。正如他使用"不稳定"这个词所指出的，信念主观性的一个进一步含义就是，它们可能是错的。哈耶克以下述话语总结了他对社会科学主观因素的讨论：

---

[1] 正如哈耶克在该规划的一个注释中所写的那样："我使用'科学的'（说法），因为它想要成为科学的，但实际上是不科学的。"参见：Notes, F. A. Hayek papers, box 107, folder 17, Hoover Institution Archives。

[2] 我们的信念是主观的，知识是分散的；这一点哈耶克首先在"经济学与知识"一文中作了确认。参见：F. A Hayek, "Economics and Knowledge", *Economica*, *N. S.* vol. 4, Feb. 1937, pp. 33 – 54, reprint in F. A. Hayek, *Individualism and Economic Order* (Chicago: University of Chicago Press, 1948), pp. 33 – 56。

我们必须从人们的想法和行为、从如下事实入手：组成社会的个人的行为，是受着事与物的某类分类的支配；这种分类与结构相同的感觉性质和观念的体系相一致；我们知道这些性质或观念，是因为我们也是人；不同的个人所拥有的具体知识在一些重要方面是不同的。……我们所了解的社会，现实的社会，是由人们所持的各种观念和想法形成的；我们能够认识社会，它们对我们有意义，仅仅是因为它们反映在人们的头脑中。[1]

给定这种关于社会现实性质的描述，然后哈耶克概述了研究它的恰当方法。简而言之，社会科学家的任务就是要揭示，个体的"构成性"（constitutive）意见怎样引导个体通过自己的行为形成了人类社会的更复杂的结构。最有趣的是那些非意图的结构——即不是出于任何人的设计结果的所遵循规则。沿着门格尔的思想，哈耶克把这种通过个体单位互动形成如此巨大的社会现象的方法，称为**"综合"**方法。

哈耶克给出一个简单的例子来说明——解释小路的形成。森林中小路形成之前，每个人都四处行走踩出自己的路。但一段时间后，某些路径就变得更为经常，逐渐地，每个人就开始利用同样的一些路。哈耶克说，这种解释几乎与我们的观察力无关，但与我们对人类行动的理解大有关系：

这种解释的说服力，并非来自观察任何一条甚至许多道路的逐渐出现，而是来自我们有关自己和别人在某种处境下会如何行动的一般知识；不断有人处在这种寻找自己道路的处境中，他们通过其行为的积累作用，创造了这条道路。我

---

[1] 此段翻译引用了冯克利之译文，特致谢忱。参见：哈耶克，《科学的反革命：理性滥用之研究》，冯克利译，南京：译林出版社，2003，第27—28页。——译者注

们在日常经验中，对这类复杂事情中的要素十分熟悉，然而只是通过自觉的、有目标的思想努力，我们才逐渐认识到许多人的这类行为结合在一起所产生的必然结果。我们"理解了"使我们观察到的结果得以产生的方式，尽管我们也许从未处在一个观察全过程或预见其确切进展和结果的位置上。[1]

当认识到许多社会和经济现象都适用类似解释的时候，寻常的例子就获得了意义。这些现象既包括门格尔所描述的制度的形成，也包括市场日常活动中的过程：

> 这种是一个十分漫长的过程——如货币进化或语言形成的情形，抑或是一个不断重复的过程——如价格的形成或竞争下的生产管理，就我们这里的论题来说没有什么不同。[2]

那么，运用综合方法，解释个体行动是如何形成了更大的社会过程、结构及制度，就是社会科学家的主要任务。

哈耶克从自己的讨论中得出了进一步的重要结论。考虑到通过互动生成社会结构和制度的个体的数量常常很巨大，社会科学家很少能够预测准确的结果：他可以准确地描述足迹如何形成，但他不能预测它的精确位置。哈耶克因此在允许作出预测的解释和仅能够描述现象生成原理的解释之间作了区分。由于材料的性质不同，我们在社会科学内所能做的最好的事情，常常就是"关于原理的解释"和"模式预测"。这一关于社会科学的限度的基本结论，是哈耶克保持并强调终生的。

展示了他所偏爱的方法以后，哈耶克转向批评各种唯科学主义的方法。他鉴别了三种广义的唯科学主义思想，它们都将在自

---

[1] 参见：哈耶克，《科学的反革命：理性滥用之研究》，冯克利译，南京：译林出版社，2003，第36页。——译者注
[2] 同上。——译者注

然科学中运作良好的方法照搬到社会科学，而这样做，就否认了社会科学所研究现象的一些基本属性。

因此，主张使用更"客观的"方法的那些人否认了社会科学素材的**主观**性质。在哈耶克所鉴别的唯科学主义倡导者中，包括有孔德，他贬低内省的使用；有各种派别的行为主义者，他们都把自己的科学限定为识别可观测的刺激与行为反应间的关系；还有像哲学家奥托·诺伊拉特（Otto Neurath）这样的"物理学至上论者"（physicalists），坚持科学理论的术语只能用于可观测的事物。

那些兜售"集体主义"的人，否认社会科学应从人类**个体**的意见出发，反而喜欢从存在于如"经济"或"社会"这样的整体层面的经验规则出发。尽管哈耶克一再引用孔德作为其主要的批评对象，但他也评论了具有这样一种观点的那些人，即主张极大量的统计数据集合会有助于我们理解社会现象间的关系。尽管哈耶克没有指名道姓，但他的评论似乎直指像美国制度主义者韦斯利·克莱尔·米切尔（Wesley Clair Mitchell）等人，或许也包括凯恩斯。

最后，那些鼓吹"历史主义"的人则否认社会科学在性质上是恰当的**理论**。哈耶克批判了历史主义的两个变种。一个把历史视为统计数据的逐渐积累，最终得出关于社会的一般概括——这种观点最常与古斯塔夫·施穆勒（Gustav Schmoller）相联系，他是德国新历史学派的领袖。另一个变种是寻找人类历史发展的规律。在这一阵营中，哈耶克归入了各类历史阶段理论和历史哲学、19世纪的"可爱的恶习"，以及黑格尔、孔德、马克思（"尤其是马克思"）和后来的维尔纳·桑巴特、奥斯瓦尔德·斯宾格勒。这些历史主义者，通过声称各种规律决定了历史的发展，否认了人类有意图的行动在塑造历史事件中的重要性——像集体主义者一样，他们也在错误的层面上寻求规则和规律。

在他的结束章节中，哈耶克详述了唯科学主义世界观的某些有害后果。一个后果是这种主张不能理解这样的根本理念，即"众多个人的独立行为如何能够产生内洽的整体，亦即产生服务于人类的各种目标却并非此目的设计的持久结构"。而那些持有唯科学主义观点的人认为，假如有东西服务于人的目的，那么它一定是被设计如此的。这一观念只要往前一小步就会走向如下更危险的观点：我们有能力随意改造社会制度。所有这些观点都高估了人类理性的能力。相反，"个人主义方法"承认人类心智的限度：

> 个人主义的态度明白个人头脑的结构性限制，试图揭示社会中的人如何能够通过利用社会过程的不同结果，在包含于这些结果之中但他们从不知晓的知识的帮助下提高自己的能力；它使我们认识到，离开了个人之间的交往过程，不可能存在着能够从任何意义上被视为优于个人理性的唯一"理性"，在利用非个人媒介的这一过程中，代代相传的或同代人的知识结合在一起并相互调整，而且这一过程是作为整体的人类知识的存在所能采取的唯一形式。[1]

唯科学主义方法的傲慢和个人主义的谦逊，它们之间的区分成为哈耶克的"个人主义：真与伪"中的主题，并作为建构理性主义与思维的演化方式之间的对比，不断出现在后来的作品中。

唯科学主义支持着现代社会中无处不在的对计划的呼唤，助长了某种"工程学观点"。这种观点认为，所有社会问题都被视为类似于工程师所面对的问题，并相信大规模的社会计划能够取得成功。哈耶克认为，对各种形式的经济计划的广泛热心，暴露了工程学思维的普遍性，这也是唯科学主义偏见稳占优势自然导致的一个后果。

人们可以看看《通往奴役之路》是怎样自然而然承续这一观

---

[1] 参见：哈耶克，《科学的反革命：理性滥用之研究》，冯克利译，南京：译林出版社，2003，第95页。——译者注

点的。呼吁计划的人承认，正如苏联的例子和各种法西斯分子的
试验所显示的那样，计划可以成为极权主义的奴仆，但西方民主
国家希望有一种民主形式的计划，希望有一种新体制，既充分保
障个人自由，同时又补救资本主义体制的失灵。这些想法在大萧
条时期是显而易见的。哈耶克在《通往奴役之路》中告诫，这个梦
想是一种虚幻，民主政治与完全计划的社会主义社会是不相容
的。正如他 1944 年所说的："社会主义只能够通过大多数社会主义
者不赞同的方法来实施。"[1] 这使得在两者之间的选择非此即彼：
假如完全计划的社会主义计划确实能够成功实施，那么自由和民
主就会丧失。当然，哈耶克坚信，一个重建的、民主而**自由的**政治
会是一个好得多的可选项。

> ……许多独立的经历和观
> 察逐渐拼凑在一起。[2]

三、时代背景中的哈耶克论题

在形成关于唯科学主义的论题的过程中，哈耶克主要是针对
20 世纪 30 年代来英国之后所经历的思想环境进行回应。但是，其
论点中的特定部分也充分反映了他自己的思想发展。哈耶克成长
在经济学的奥地利传统中，该传统起源于门格尔，并随着庞巴维
克和米塞斯的崛起而得到国际承认。特别是在前代奥地利学派学
者与德国历史学派经济学家之间著名的 *Methodenstreit*（方法论之
争）中，他受到了良好的训练。在第一次世界大战结束后，作为维
也纳大学的学生，哈耶克也直接接触了奥地利马克思主义（Aus-
tro-Marxism）。奥地利马克思主义者大量运用物理学家恩斯特·马

---

[1] F. A. Hayek, *The Road to Serfdom*, p. 159.

[2] Notes, Hayek papers, box 107, folder 17, Hoover Institution Archives.

赫的思想，混合了社会主义经济学和科学的实证主义哲学，希望
清晰阐明马克思声称已发现的真正的科学社会主义。攻读完他的
第二个学位后，哈耶克在美国度过了 15 个月的时间，此次旅程也
影响了他看待世界的方式。所有这些经历都会影响到后来他对所
处的两次大战之间的英国环境的回应。

（一）奥地利背景：历史主义、社会主义和实证主义

奥地利学派与德国对手间的方法论之争的性质是什么？在最
基本的层面上，德国历史学派经济学家拒绝针对他们的主题使用
理论的方法，认为这一方法最好的话充其量是不成熟，最坏的话
则完全不恰当。他们注意到每一个国家都有自己独特鲜明的历
史，有着不同的影响其发展过程的社会规范、制度和文化价值，
因而得出结论说，始于李嘉图并被其后继者发挥到极致的抽象理
论分析，只是 18 世纪后期英国这一个时点和国家狭隘经验的错误
归纳。他们更倾向详细研究每一个国家的经济、社会、文化、伦理
制度的发展，这样才可以获知哪些政策最恰当。其中的一些人持
有历史阶段论，而另一些则主张积累历史数据，但是他们都嘲笑
古典经济学家探索经济学一般理论的主张。

门格尔与德国历史学派经济学家一样，都认为李嘉图和英国古
典学派学者——大多数追随着生产成本理论的某些变种——所支持
的价值理论是错误的，但是，他认为这并不意味着不能有研究经济
现象的理论方法。在《国民经济学原理》中他主张，许多经济惯例
和制度，包括货币和交换的起源、价格的形成以及各种市场结构
的发展，都能被解释为有意图的人类行动的非意图结果。人在追
求自己利益时并没有打算去创建这样的制度，相反，这些制度是
作为非意图的、在此意义上自发生成的秩序而出现的。[1] 因为门

---

[1] Carl Menger, *Principles of Economics*, translated by James Dingwall and Bert E. Hosel-
itz (New York and London：New York University Press, 1976)。当然，该主题在哈
耶克的"唯科学主义"文章中是非常明显的。

格尔为一种理论方法作辩护，所以他的书被德国新历史学派的领袖古斯塔夫·施穆勒说成仅仅是李嘉图及其他古典主义者的错误的一种延续。两个学派间的争论最终演变成方法论之争——正是在此争论中，最初作为嘲讽用语的"奥地利经济学派"名称，被它的对手创造了出来。

如果以所获学术任命为标准，那么历史学派经济学家起初赢得了方法论之争的胜利。其部分原因在于，历史学派教授在教导那些随后要填补德意志帝国官僚机构空缺的人方面，起到了关键作用。当时已是帝国主义时代，德意志帝国（1871 年以后才出现）的领导者十分关心在国际竞争中战胜对手。因此，教授们就有着额外的责任，要为帝国所支持的政策提供智力支持，这种责任被一位教授描述为他们组成了"霍亨索伦家族的智力保镖"[1]。

但吊诡的是，即便俾斯麦攻击社会主义，他的政府也正在采用社会主义者的许多做法，以期在面对内部威胁（如工人动乱，美其名曰"社会问题"）和外部威胁时，更好地维持现有秩序。保守的德国历史学派教授们由于支持这些政策，而被一位自由派新闻记者称为"讲坛社会主义者"（socialists of the chair）。

从哈耶克的视角看，在历史学派经济学家所拥护的政治立场与方法论立场之间有一种令人不安的一致性。他们否认理论的有效性，坚持每一个国家的独特历史决定政策的有效性，这就赋予教授们在选择所支持的政策时具有完全的灵活性（当然，他们会支持那些最能促进帝国利益的政策，这是显而易见的）。历史学派经济学家还认为，他们的方法是研究社会现象唯一正确的科学方法。在方法论之争中，门格尔把这一点视为他们的主要弱点，就方法论问题发起了进攻。在理性的滥用研究规划中，哈耶克也会

---

[1] 在哈耶克的大纲中，他把他们称为"精神的"而不是"智力的"保镖。短语"霍亨索伦家族的智力保镖"是哲学家 Emil du Bois-Reymond 在 1870 年的一次演讲中使用的，他是柏林大学校长和普鲁士科学院的主席。参见：Emil du Bois-Reymond, *A Speech on the German War* (London：Bentley, 1870), p. 31。

采用类似的策略。

到 19、20 世纪之交的时候，奥地利学派的一个新对手——奥地利马克思主义，登上了舞台。庞巴维克和维塞尔，这两位"第二代"奥地利学派经济学家，倡导价值理论的边际主义方法，该方法与古典价值论的生产成本理论直接对立。而一位古典理论变种的杰出辩护者是马克思，他的劳动价值论是他解释剩余价值起源的核心，也是他的无产阶级遭受剥削理论的一个关键部分。这样，马克思主义价值论就自然成为奥地利学派的一个靶子。在庞巴维克于1896 年对《资本论》第三卷也是最后一卷进行毁灭性的批判之后，奥地利学派经济学家从此被视为马克思主义的最突出的批判者。[1]

尽管庞巴维克等人对马克思主义价值论的批判使一些社会主义者放弃了劳动价值理论，但是还有一些人起而为其辩护，其中就有奥地利马克思主义者。这导致了在庞巴维克的经济学讨论班上，庞巴维克与奥地利马克思主义的杰出年轻领袖、战后继续领导奥地利社会民主党的奥托·鲍尔（Otto Bauer）之间，发生了一场著名的辩论。其他参与者还包括：马克思主义理论家鲁道夫·希尔弗丁（Rudolf Hilferding），他批判过庞巴维克关于马克思的观点[2]；以及熊彼特和米塞斯。参加过这些关于改革问题和马克思价值论的辩论之后，奥地利学派经济学家完全熟悉了马克思主义理论的细节，并且至少部分地通过与其对比梳理了自己的理论。

但最终，奥地利学派对社会主义的批判远不只限于其价值论，部分原因在于讨论班的另一个参加者奥托·诺伊拉特。在讨论班上，诺伊拉特提出了"战争经济"学说，认为战争经济时典型的大规模中央计划应该扩展到和平时期。他进一步提出，应该废

---

[1] Eugen von Böhm-Bawerk, *Karl Marx and the Close of his System* (London：Fisher Unwin, 1898), reprinted in *Karl Marx and the Close of his System and Böhm-Bawerk's Criticism of Marx*, ed. Paul Sweezy (New York：Kelley, 1949；reprinted, 1975), pp. 3 – 118.

[2] Rudolf Hilferding, *Böhm-Bawerk's Criticism of Marx*, in *Karl Marx and the Close of his System and Böhm-Bawerk's Criticism of Marx*, pp. 121 – 196.

除货币，管理经济者应该转而依靠"实物"（in natura）计算，利用广泛的社会统计体系来安排生产和分配。大战结束后，许多人转向诺伊拉特提议的重组社会的社会主义方案，但都未如他那么激进。这些提议最终激起米塞斯撰写文章和专著来讨论社会主义，由此引发了德语世界社会主义计算可能性的大争论。[1]

诺伊拉特的著述也强化了奥地利学派将社会主义和实证主义联系起来的看法，因为在 20 世纪 20 年代，诺伊拉特是维也纳小组里的"社会科学专家"。正如最近研究所强调的，逻辑实证主义运动的早期有着鲜明的政治倾向，而诺伊拉特在其中起着核心作用。例如，他倡导科学的统一，希望所有科学都加入到按社会主义方式改造社会的活动中。[2] 他认为找到了社会科学的恰当方法："在所有尝试形成一门严格科学而非形而上的社会学中，马克思主义是最完善的。"[3] 所以在奥地利学派经济学家的思想中，科学的实证哲学总是与社会主义政治学和经济学联系在一起。

哈耶克在学生时代接触过实证主义思想，他甚至曾明显抱有加入维也纳小组的想法，但他真正涉足相关争论无疑是在参加米塞斯小组（Mises Circle）之后，也就是在他从美国返回后不久，这将在下文详述。哈耶克学生时代的朋友费利克斯·考夫曼（Felix Kaufmann），既是米塞斯小组的成员，也是维也纳小组的一员，他不断向米塞斯小组成员告知后者的活动。20 世纪 20 年代后期，米塞斯运用人类行动理论逐渐形成了自己对实证主义的回

---

[1] Ludwig von Mises, "Economic Calculation in the Socialist Commonwealth", translated by S. Adler, in *Collectivist Economic Planning*, ed. F. A. Hayek（London：George Routledge and Sons, 1935；reprinted, Clifton, N. J.：Kelley, 1975）, pp. 87 – 130；*Socialism：An Economic and Sociological Analysis*, translated by J. Kahane（London：Cape, 1936；reprinted, Indianapolis：LibertyClassics, 1981）.

[2] 对诺伊拉特的讨论参见：George A. Reisch, *How the Cold War Transformed Philosophy of Science：To the Icy Slopes of Logic*（Cambridge：Cambridge University Press, 2005）。

[3] Otto Neurath, "Empirical Sociology：The Scientific Content of History and Political Economy", in *Empiricism and Sociology*, Marie Neurath and Robert S. Cohen, eds（Dordrecht, Holland：D. Reidel, 1973）, p. 349.

应。这样一来在讨论班上，大家就更多地讨论到逻辑实证主义。
尽管哈耶克似乎从来就不欣赏米塞斯在研究中所声称的先验基
础，但是他还是吸取并同意如下观点：实证主义者仅仅是披着科
学外衣的骗子。因为实证主义者对科学的极端经验主义方法与德
国历史学派经济学家幼稚的经验主义有许多共同之处，所以任何
受过奥地利经济学传统训练的人都会很自然地加以反对。

当哈耶克参与争论的时候，逻辑实证主义正在兴旺，而奥地
利学派和德国历史学派间的争斗已近尾声。施穆勒在"一战"期
间去世，而历史学派经济学家在战争期间几乎没有显示出什么助
益，在接下来的恶性通货膨胀期间作用甚至更小。在许多人眼
里，他们的全部方法都不足为信。然而，在1933年 LSE 的就职讲
座中，以及在一份他寄给 LSE 院长威廉·贝弗里奇（William Bev-
eridge）的备忘录中，哈耶克都认为他们的影响依然还在。为什么
会这样呢？

（二）哈耶克的美国之旅

哈耶克的美国之旅或许有助于提供一个答案。他于1923年3
月前往美国，虽然带有熊彼特写给所有顶尖美国经济理论家们的
介绍信，但他还是对自己所发现的感到失望。[1] 理论界几乎没有
进展。每一个人都正在谈论一位经济学家，而对他哈耶克是没有
介绍信的，那就是韦斯利·克莱尔·米切尔。

米切尔师从打破传统又极具特点的凡勃伦（Thorstein Veblen）
和芝加哥大学的实用主义哲学家杜威。在美国制度主义运动中，
他是一位突出人物，1913年出版了一部研究商业周期的重要论
文。[2] 米切尔对自己主题的方法是极端经验的：他不从周期理论

---

[1] F. A. Hayek, "Introduction", in *Money, Capital, and Fluctuations: Early Essays*, ed.
Roy McCloughry (Chicago: University of Chicago Press, 1984), p. 2.

[2] Wesley Clair Mitchell, *Business Cycles* (Berkeley, CA: University of California Press,
1913).

开始，而是收集大量经济变量的周期运动的历史记录，以阐明在长
时间范围和变化速率中可能会出现何种模式。这种方法尽管有点像
施穆勒和德国历史学派经济学家，但它更系统化，也更有用。不像
他的德国同行，米切尔对战争作出过贡献，曾担当过战时工业委员
会的价格部门负责人；在那里，他直接见证了统计数据的使用对于
计划生产和分配战争物资是多么重要。作为一位有改革头脑的进步
人士，他希望这种科学方法对政府解决当今社会问题能起作用。

当哈耶克到来时，米切尔是新成立的国家经济研究局（NBER）
的研究负责人，也是哥伦比亚大学的教授，该大学当时是制度主义
思想的温床。[1] 1923—1924 学年期间，他在星期二和星期四下午
教一门叫做"经济理论的类型"的课程。当时哈耶克大部分时间
待在纽约，于是他决定去旁听米切尔的课。那一定是令他大开眼
界的经历。[2]

该课程在两个方面不同于标准的经济思想史课程。第一，米
切尔的宏伟目标是要阐明所有政治、经济、社会以及法律的制度
变化如何影响形成的经济理论的类型及其接受情况。因此，在解
释斯密的教诲是如何被接受时，他描绘了这样一个共同体：它经
历了一段相对和平的时期，专注于改善自己的经济状况，更多地
通过自发合作来经营事业，在处理地方事务时更少政府干预。也
就是说，这是一个准备好接受斯密教诲的共同体。[3] 相似地，曾

[1] 哥大的经济学家中赞同制度主义的有 J. M. Clark, Frederick C. Mills, Robert Hale, Paul Brissenden, 以及 Rexford Tugwell。参见：Malcolm Rutherford, "Institutional Economics at Columbia University", *History of Political Economy*, vol. 36, Spring 2004, pp. 31 - 78。

[2] 一个学生速记了 1934—1935 年课程的讲座笔记，参见：Wesley Clair Mitchell, *Lecture Notes on Types of Economic Theory*, 2 vols. (New York：Augustus M. Kelley, 1949)；以及 Wesley Clair Mitchell, *Types of Economic Theory：From Mercantilism to Institutionalism*, ed. Joseph Dorfman, 2 vols. (New York：Kelley, 1967 - 1969)。 Dorfman 的版本包含大量的附加材料——课程大纲、该课程来自他人版本的笔记，等等——所以更复杂，而且这些附加材料也使得搞清米切尔的讲述更为困难。我使用 1934—1935 的笔记作为本文中我的评述的基础。当然，后来的课程或许跟哈耶克在 1923—1924 年听到的内容有一些叙述重点上的变化。

[3] Mitchell, *Lecture Notes*, vol. 1, pp. 58 - 59.

用来支持取消谷物法的李嘉图的分析，针对的是正在兴起的资本
拥有者阶级并为提升其利益服务的。[1] 社会制度和国家的发展阶
段决定了哪些理论被接受，这种思想显然与历史学派的说法相
似，后者认为国家的发展阶段决定要采用哪些经济政策。

　　该课程第二个不同寻常的特点是，米切尔对古典经济学家
的"人性理论"的关注和检视。[2] 他特别挑选了边沁的思想加以仔
细审视。边沁是功利主义的倡导者，也是哲学激进主义的领袖，这
群人用功利主义的逻辑来要求所有政治、法律、教育甚至刑法的改
革。米切尔钦佩边沁的改革热情，比如，赞扬他在《政府片论》中
对法理学家布莱克斯通爵士的《英国法释义》的批评。[3] 同时，米
切尔严厉批评边沁理论中所暗含的人性理论，这种理论基于享乐
心理基础，把人刻画成计算的生物，不断努力权衡自己行为的成
本和收益。人并非总是成功，但边沁所支持的联想主义心理学意
味着：人可以被教会去做出更好的联想，因此，教育和刑法改革
是可能的。[4] 米切尔总结道，哲学激进主义者在推进某些改革方
面之所以获得成功，不是因为他们的人性理论（依他之见，这是
错误的），而在于他们的思想与强势利益集团所偏爱的一些改革很

---

[1] 同前，pp. 178 - 179。米切尔指出有趣的一点，在李嘉图区分的三个阶级中，土地
　　所有者和劳动者都不会阅读他的书，那么只剩下资本家是他的读者了。

[2] 米切尔最初把他的课称为"经济思想史与经济心理学"。在 1912 年的一封信中，他描
　　述该课程的目标是："首先我要尝试的是，研究当前所有经济学著述中隐含的或明确
　　的心理假定的特征，分辨它们如何远远背离我们所确切了解的人类活动特征。"Lu-
　　cy Sprague Mitchell, *Two Lives: The Story of Wesley Clair Mitchell and Myself* (New
　　York: Simon and Schuster, 1952), p. 234; cf. p. 164。

[3] 布莱克斯通颂扬英国宪法的优点，但边沁把它和普通法传统视为改革的阻碍。很明
　　显，米切尔反对布莱克斯通的观点，认为"布莱克斯通盲目崇敬英国宪法，这种情
　　感没有哪一位奠定美国政治基础的立法者能够比拟"。Mitchell, *Lecture Notes*, vol.
　　1, p. 92。在 1919—1922 年间，米切尔与查尔斯·比尔德（Charles Beard）是在社
　　会研究新学院（the New School）的同事。他即使不赞同比尔德在《美国宪法的经
　　济观》（*An Economic Interpretation of the Constitution of the United States* [New
　　York: Macmillan, 1913]）中的如下观点，也是对之很熟悉的：在创立美国宪法过
　　程中，建国者的主要目的在于保护上层阶级的财产利益。

[4] 边沁所设计的圆形监狱（Panopticon），因此被比喻为一间磨房，"使恶棍受到磨炼
　　变得诚实，使懒汉变得勤劳"。Mitchell, *Lecture Notes*, vol. 1, p. 103。

好地相匹配。使米切尔感到不安的是，他们关于人性的思想在以后的经济学家的著述中得到延续。[1]

如果边沁提出了一个关于人性的错误理论，那么，进一步的损害就是由李嘉图做出的，他给经济学家们提供了一套错误的分析方法。米切尔赞扬李嘉图理解事实和支持改革，但批评他提出的"抽象智力分析"方法，其中在解释分配份额的决定因素时，"利益"替代了边沁的"快乐与痛苦"概念。[2] 当这种方法被他的不那么聪明的后继者所效仿，他们基于简单模型匆忙得出结论时，政治经济学完全变得名誉扫地。米切尔对马尔萨斯和其他更以经验为导向的经济学家感到惋惜，因为他们在整体上，相对于李嘉图及其传统，被视为是次一级的经济学家。

米切尔同样怀疑19世纪70年代爆发的边际革命，在其中，价值的古典的生产成本理论被一个主观主义的价值理论所取代。尽管在术语上有一些变化（例如，马歇尔用"满足和稀缺"替代"快乐与痛苦"），但米切尔认为，这种新理论依然是基于相同的、现在已被推翻的古典享乐心理学之上的。其他错误包括把价值理论仅仅转换成了价格形成理论，这里只有需求和供给表才重要的，或者是，将价值理论转换成一种手段与目的相关联的关于选择的纯粹逻辑。[3] 在这两种情况下，米切尔视为根本的心理学基础都被抛弃了。

接着，米切尔批评"理性经济人"和李嘉图的理论方法，他认

---

[1] "正是因为这些关于人性的解释在构建我们曾拥有的、甚至在某种程度上现有的经济理论方面起着巨大的作用，所以不可避免地要在相当长的时间内依赖于边沁的著作，正如我所做的那样。" Mitchell, *Lecture Notes*, vol. 1, p. 112. 回忆一下，正是米切尔的老师凡勃伦对"理性经济人"提出了著名的蔑视性描述："这个关于人的享乐主义概念意味着，人对愉快和痛苦有着闪电般的计算，他像一个匀质的有着欲望和快乐的小球，在刺激的驱使下四处移动，却不会有所改变。" Thorstein Veblen, "Why Is Economics Not an Evolutionary Science?", *Quarterly Journal of Economics*, vol. 12, July 1898, p. 389。

[2] Mitchell, *Lecture Notes*, vol. 1, p. 153.

[3] Mitchell, *Lecture Notes*, vol. 2, chapter 19.

为古典理论与边际主义之间几乎没有差别。在他的这些观点中，都重复了施穆勒大约五十年前提出的解释。我们可以想像，所有这些都被那个来自维也纳的年轻人注意到了。

米切尔在课堂上只是暗示了他所喜欢的替代方法，但是后来在出版物中有较多阐述，比如为雷克斯福德·特格韦尔（Rexford Tugwell）在1924年主编的《经济学的趋势》（*The Trend of Economics*）所撰写的论文，该文可能就写成于哈耶克在纽约期间。[1] 米切尔首先建议，用行为主义的"科学心理学"替代边际主义的主观价值论。一旦经济学家赞成这种现代心理学的基础，接下去的一步自然就是制度的研究，因为制度影响行为。"'制度'是一个用来描述在广泛流行的、高度标准化了的社会习惯中更为重要的东西的方便术语。这样，行为主义观点将使得经济学越来越成为一种关于经济制度的研究。"[2] 新的研究关注点不是理性经济人想像的选择，而是大量的行为，最好利用复杂的定量分析方法来研究它。在将来，经济学家会与自然科学家、心理学家以及工程师进行合作，去建设一个更美好的社会。行为主义、制度研究、定量分析、志趣相投的科学家之间的合作，这就是米切尔为新的、现代的科学经济学所列出的公式。

与强大博学的米切尔相遇，一定对哈耶克产生了深刻的影响。[3] 我们知道，尽管米切尔是一位进步的改革家而不是保守的

---

[1] Mitchell, "The Prospects of Economics", in *The Trend of Economics*, ed. Rexford Tugwell (New York: A. A. Knopf, 1924), pp. 3 – 34。出版该书的想法诞生于1922年12月的一次美国经济学协会的会议上，当时，特格韦尔提议一帮经济学家们写文章评价该学科。除了少许地方，这本书读起来就像是一部制度主义的宣言。

[2] 同上，p. 25。

[3] 哈耶克最早的文献中就有他与米切尔的通信。参见：Hayek papers, box 38, folder 28, Hoover Institution Archives。斯蒂芬·克雷斯吉（Stephen Kresge）认为，哈耶克对经济分析中时间作用的关注，还有对经济学要研究复杂现象这一想法的关注，可能都来源自他与米切尔的交往。参见：Hayek, *Good Money, Part I: The New World*, ed. Stephen Kresge, vol. 5 (1999) of *The Collected Works of F. A. Hayek*, pp. 7 – 8。

帝国主义者，在对边际主义理论的攻击中，他建议研究制度，强调利用统计学，但他还是会使哈耶克想起德国历史学派经济学家。这个自 19 世纪 80 年代以来曾支配了德语国家的学派已转入衰落，然而它仍然是有影响力的思想，甚至在美国又的确被视为前卫，这无疑是件有趣但又令人不安的事情。[1] 类似地，尽管米切尔并不赞同诺伊拉特背后的马克思主义，但是他对行为主义的倡导（这可以被视为物理学至上主义的心理学对应物）以及对社会的科学管理的坚持，都会使人想起那位维也纳小组哲学家的观点。因此，对哈耶克来讲很明显的是，尽管像诺伊拉特、米切尔以及德国历史学派经济学家这些人有着非常不同的政治观点和关心话题，但是对于科学在塑造社会过程中所用的方法和所起的作用，他们都有相似的观点。[2]

我们这里已经关注哈耶克与米切尔的重要接触。事实上，科学能够并且应该被用于变革社会、有时甚至可以是激进的这一思想，在美国（也像其他地方一样）是普遍存在的，而且不乏拥护者。或许最著名的民众运动是"技术统治论"（Technocracy），这也在哈耶克的大纲中被提到。该运动出现在"一战"之后，由美国工程师霍华德·斯科特（Howard Scott，1890 — 1970）奠基并推动，在 20 世纪 20 年代特别是 30 年代大萧条期间流行开来。其鼓吹者认为在这个取代了贫乏旧世界的丰裕新世界，它是恰当的社

---

[1] 因此，哈耶克大纲中"美国时期"的前四个条目是关于德国影响、实用主义、行为主义和制度主义。他的这一条注释可能表达了他对所有这些的反应："这不过反映了所有现在的讨论是多么老套，尽管它们被认为是现代和进步的；同时，这些讨论是多么缺乏原创性或激进性，它们对于我们的祖辈来讲都是陈旧的，只是现在又被当做新事物重新发现和改头换面了一番。"Notes，Hayek papers，box 107，folder 17，Hoover Institution Archives。

[2] 进行这样对比的并非只有哈耶克一人，米切尔本人谈到康芒斯（John R. Commons）时曾说，他的"贡献属于经济学的制度类型，该类型在德国由桑巴特代表，在英国由韦伯夫妇代表，在美国由凡勃伦以及许多年轻人所代表"。Wesley Clair Mitchell，"Commons on the Legal Foundations of Capitalism"，*American Economic Review*，vol. 14，June 1924，p. 253。桑巴特当时被视为历史学派（最后）的代表人物之一。韦伯夫妇将稍后介绍。

会经济体系。技术进步带来了生产效率的巨大增长，而基于稀缺的旧经济体系，造成了工人们之间的竞争以及生活标准的下降；通过科学管理，由技术统治的州就能保障技术带来的收益会被所有人分享。当时在运动高潮时，美国许多城市都有技术管理"部门"，有时候甚至是有多个部门，因为每个部门的人数都被规定为50 个人。[1]

美国之旅的影响在哈耶克返回维也纳之后的工作中清晰地体现了出来。在一篇写于 1935 年的关于美国货币政策的文章中，哈耶克批评美国经济学家的"症候学"（即回避理论框架），明确地把这种倾向与倡导制度主义和行为心理学的米切尔联系起来。[2] 后来，在《货币理论与商业周期》的第一章中，哈耶克不仅为其研究的理论方法进行辩护，而且对经济学中使用"经验研究"进行猛烈抨击。靶子之一是"一个经常重复的观点，即商业周期的统计检验要在没有任何理论偏见的情况下来进行"，这种看法被他称为"总是基于自我欺骗"。[3] 最后，其他两个美国人沃德尔·卡钦斯（Waddill Catchings）和威廉·特鲁芬特·福斯特（William Trufant Foster）的著述促使哈耶克写作一篇文章，而这篇文章最终把哈耶克带到了 LSE。[4]

我们还要谈谈美国之旅影响哈耶克的另一种方式。后来他在采访中说道，英国自由主义对他的吸引力是他在美国的时候形成的，每当夜晚无事，他就会挑自己感兴趣的书看：

---

[1] 技术统治论与德国和其他地方的能量学运动（energetics movements）之间的相似性，被哈耶克写进"唯科学主义"文章中。

[2] F. A. Hayek, "Monetary Policy in the United States after the Recovery from the Crisis of 1920", in *Good Money*: *Part I*, p. 102.

[3] F. A, Hayek, *Monetary Theory and the Trade Cycle*, translated by N. Kaldor and H. M. Croome (London: Cape, 1933; reprinted, New York: Kelley, 1966), p. 38.

[4] F. A. Hayek, "The Paradox of Savings" [1931], reprinted in *Contra Keynes and Cambridge*, pp. 74 - 120。莱昂内尔·罗宾斯读了该文的德语版，随后就邀请哈耶克到 LSE 讲课。

  那时我才发现自己欣赏英国方式，虽然对这个国家我还
不太了解，但它的文献逐渐使我入迷。正是这种体验使我在
踏上英国土地之前，便转以英国人的方式看待道德和政治问
题。当我三年半后首次访问英国时，我立刻觉得如同回
家……在格莱斯顿式（Gladstonian）自由主义的意义上，我比
英国人还英国人。[1]

  也许正是米切尔的课促使哈耶克开始学习更多的"英国方
式"，这一点尽管没有直接证据，但似乎也是可信的。米切尔有广
博的英国历史知识，包括经济的、政治的、社会的，甚至是技术
的，并且由于他强调边沁、李嘉图以及他们的英国跟从者，而那
些知识在课堂上又充分展示了出来。他对边沁以及其他人的人性
理论的融会贯通，以及对联想主义心理学的替代性理论的评论，
毫无疑问都会使曾经受过心理学训练的哈耶克着迷。因为哈耶克
也受过律师的训练，所以米切尔对布莱克斯通以及英国法律史的
评述会进一步激起哈耶克的兴趣。最后，米切尔对密尔的阐释和
赞颂，把他说成是具有改革头脑的社会主义者——因为他揭示了
分配问题易遭受人为控制，这些都可能开启了哈耶克与约翰·斯
图尔特·密尔和哈丽雅特·泰勒思想之间长期而最终变得高度矛
盾的关系。[2] 米切尔的这种阐释经西德尼·韦伯和费边社会主义
者的推广而在英国广为流行，因此，哈耶克很快就会再次听到这

[1] F. A. Hayek, in W. W. Bartley Ⅲ, "Inductive Base", p. 64。巴特利本来要成为哈耶
克的正式传记作家的，但他 1990 年去世时该工作还未完成。巴特利是波普尔的一
个学生，对波普尔而言，"归纳的基础"就是关于世界的一系列经验陈述。因此，
巴特利玩笑式地把自己未出版的对哈耶克的采访，命名为"归纳的基础"：这就是
传记的"实事"基础。
[2] 米切尔把密尔称为一名"伟大的解放者"，说他是"一个伟大的精神领袖……是那
些相信人类智力能用作改善人类的手段的那些人的道德灵感当中最美好最优秀的部
分"。Mitchell, *Lecture Notes*, vol. 1, pp. 183, 240。也见 Mitchell, *Types of Eco-
nomic Theory*, vol. 1, p. 600："那些仅仅把密尔想是政治经济学家的人通常忽略
了密尔是社会主义者，并且将关注点主要放在了密尔作品的技术层面，而忽视了密
尔更看重的一个发现，即制度安排易于遭受社会控制。"

种说法。[1]

(三) 恍若重游：哈耶克来到伦敦

当哈耶克来到伦敦时，立刻感到在英国社会中很舒心，但是他也意识到，在纽约所读到的自由主义的英格兰差不多已经消失了。[2] 取而代之的是一种新的、(至少是在知识界) 广泛享有的远景，即期望在科学的帮助下，创建一个有计划的社会主义社会。

考虑到 LSE 是由费边社会主义者于 1895 年创立的，哈耶克能在 LSE 得到个教职就是个不小的讽刺。费边主义者们相信"投票箱社会主义"，认为一旦民众受到教育认识到社会主义的优越之处，那么其所提议的各种改革就可以通过选举过程进行实施。西德尼·韦伯坚信社会主义真理将胜出，因此他没有用意识形态测试来检验那些 LSE 所雇的教员。然而他坚持 (正如在 LSE 的宣言所述)，该学校的"特殊目标"就是"研究和调查工业社会的具体事实"。这是一种在社会现象调查中"事实"胜于"理论"的观点。[3] 总之，西德尼·韦伯既是实证主义者，又是一个社会主义者。

---

[1] "密尔 1848 年出版的《政治经济学》，恰当地标明了其旧个人主义经济学的终结。密尔作品的每一个新版本都变得越来越社会主义化了。他死之后，世界才从他的著述中了解到从一个仅是政治上的民主主义者到一个有坚定信仰的社会主义者的个人发展史。" Sidney Webb, "Historic", in *Fabian Essays in Socialism*, ed. George Bernard Shaw (Garden City：Doubleday, [1889] 1961), p. 80. 类似的看法还见于：L. T. Hobhouse, *Liberalism* [1906], reprinted in *Liberalism and Other Writings*, ed. James Meadowcroft (Cambridge：Cambridge University Press, 1994), pp. 51 - 55；Harold Laski, *The Rise of Liberalism：The Philosophy of a Business Civilisation* (New York and London：Harper and Brothers, 1936), p. 293。

[2] 在另一份未发表的采访中，哈耶克描述他是怎样在到达伦敦之后很快就觉得自己成了英国人的，最后他总结说："但是可悲的是，我成了一个 **19 世纪**的英国人。" F. A. Hayek, in W. W. Bartley Ⅲ, "Interview, Summer 1984, at St. Blasien". 从哈耶克的大纲看，他正准备探究在英国发生的一些变化，包括保守派首相迪斯累里 (Benjamin Disraeli) 所主张"托利社会主义" (Tory Socialism) 改革活动，也包括当时新近出现的革命思想费边社会主义，以及 19 世纪中后期实证主义的英国变种。

[3] 更多相关内容，参见：Ralf Dahrendorf, *LSE：A History of the London School of Economics and Political Science*, 1895 - 1995 (Oxford：Oxford University Press, 1995), p. 20。

社会主义的流行并不让人吃惊。当哈耶克 1931 年秋抵达伦敦时，那里的经济和政治状况颓败。大萧条正在蔓延，而且，在一场折磨全欧洲的金融危机迫使下，英国在这年夏天也放弃了金本位。工党政府于 9 月份下台，新的联合政府随后很快实施了保护性关税。[1] 经历 20 年代英国经济惨淡表现之后，大萧条的猛烈性和持续性为反对资本主义的新的经济观点提供了强大而广泛的说服力。

考虑到当时几乎所有知识分子都认为自由市场社会不再可行，那么自然而然接下来的问题就是：用什么来取代它？尽管有鼓吹共产主义和法西斯主义的，但广大的中产阶级还是喜欢某种形式的社会主义计划。用当时流行的话来说，社会主义计划在已经失败的资本主义和或左或右的极权主义之间提供了一条"中间道路"。

希特勒成为德国总理之后不久的 1933 年 3 月 1 日，哈耶克在所做的就职讲座"经济思想的趋势"上，就开始公开抨击这些想法。[2] 他从哀叹当前公众对经济学家著述的低信任度开始自己的讲座。相当有趣的是，他把这种局面与德国历史学派经济学家的贻害联系起来，因为他们六十多年前对理论的攻击损害了人们对经济体系的复杂运行进行理论理解的信心。这就更容易使得社会主义者提出大胆的构建新的社会秩序的各种计划，但这些计划在哈耶克看来是乌托邦式的。在这场在英国的首次公开讲演中，哈耶克开始把德国历史学派经济学家的方法论观点与社会主义的兴起联系起来。

讲座后不久，哈耶克在给 LSE 院长威廉·贝弗里奇的一份备忘录中为自己的讨论添加了新的元素。哈耶克赞同这样一个观

---

[1] 这或许解释了哈耶克大纲中题为"自由贸易的终结"一章的由来。当然，他也可能想到是世纪之交在英国发生的关于自由贸易的争论。

[2] F. A. Hayek, "The Trend of Economic Thinking", in *The Trend of Economic Thinking*, W. W. Bartley III and Stephen Kresge, eds, vol. 3 (1991) of *The Collected Works of F. A. Hayek*, pp. 17 – 34。哈耶克的题目显然是在回应特格韦尔 1924 年所编的那本《经济学的趋势》。

点：在干涉经济、限制个人自由的意义上，国家社会主义和社会主义之间的相似之处，比起它们各自与自由主义的相似之处，要多得多。[1] 这与当时的共识截然相反，一般认为，法西斯主义是一个失败的资本主义制度临终前的回光返照。[2]

20 世纪 30 年代中期，哈耶克出版了《集体主义经济计划》（*Collectivist Economic Planning*），继续抨击社会主义。[3] 该书针对的是学术界的经济学家，不久便引发了反应。[4] 但到了 30 年代末，一个比学术界里的社会主义者更重要的敌人出现了，这就是全国上下公众对计划的普遍狂热。这是一个更为可怕的威胁，因为计划的倡导者不分政见如何，随处可见。

的确，推进计划的政治努力到处可见。其中最持久也最成功的团体之一，名为"政治和经济计划"（P. E. P.），成立于 1931 年 3 月，甚至早于英国英镑大幅贬值和工党政府的垮台。除了一份双周刊的大报外，P. E. P. 还出版有关于基础工业（如煤炭、棉花、钢铁和电力）的沉甸甸的报告，以及诸如关于住房、国际贸易、社会和健康服务等主题报告。1933 年在牛津举办的全国和平会议（National Peace Congress）召集了来自各行各业的领导人，从保守派人士到社会主义者和工会领袖。会议最终在 1934 年决定组成

---

[1] 在这份备忘录的开头段落中，我们看到这样的话："对马克思主义者以及各类民主主义者的迫害，有可能掩盖这样的基本事实：国家社会主义是一个真正的社会主义运动，其主导思想是反自由主义思潮的最终成果。这种思潮自俾斯麦时代后期以来开始在德国持续地增强影响力，引导着大多数德国知识分子先是倾向'讲坛社会主义'，后来就是马克思主义。"这段话给贝弗里奇的备忘录参见：F. A. Hayek, *The Road to Serfdom: Text and Documents*, pp. 245 – 248。该卷导论部分的第 4—5 页，提供了关于这份备忘录的更多背景信息。

[2] 例如，参见：Harold Laski, *The Rise of Liberalism*, p. 283，"简而言之，法西斯主义是资本主义在其衰退阶段作一种制度创新而出现的"。

[3] Hayek, ed. *Collectivist Economic Planning*。哈耶克的两篇文章重印于 F. A. Hayek, *Socialism and War*, 第 1、2 章。

[4] 例如，Oskar Lange, "On the Economic Theory of Socialism", in *On the Economic Theory of Socialism*, ed. Benjamin E. Lippincott (Minneapolis: University of Minnesota Press, 1938; reprinted, New York: McGraw Hill, 1956), pp. 57 – 143。兰格的文章最初分两部分发表于 1936 年和 1937 年的 *Review of Economic Studies*。

一个名为"下一个五年"（Next Five Years）的团体。在其行动计划《"下一个五年"的政治共识》中，它们呼吁采矿、运输和电力工业的国家化。而反法西斯主义联盟的两个"人民阵线"（Popular Front 和 People's Front）也吸引了广大范围的民众。1938 年，哈罗德·麦克米伦（Harold Macmillan）出版了《中间道路》一书，这位未来的英国首相当时还是斯托克顿区的下议院议员。在这本书中，他也鼓吹对经济的广泛控制。的确，很少有人能够抗拒塞壬的歌声。[1]

哈耶克将这种"计划思维"很自然地与唯科学主义热忱联系起来，其证据在两次大战之间的英国是很多的。对于像西德尼·韦伯和比阿特丽斯·韦伯夫妇这样的人，苏联给出了科学应该如何进行的模式。他们对访问苏联期间所发现的"科学崇拜"给予称赞：

> ……莫斯科克里姆林官的管理者们真正相信他们公开宣称的对科学的信仰。任何既定的利益不能阻止他们把自己的决定和政策建立在他们所能得到的最好的科学上……全社会都热切渴望新知识。[2]

在热衷于苏联模式方面，韦伯夫妇并非是仅有的人。1931 年 7 月，国际科学史大会在伦敦召开，由英国学者兰斯洛特·霍格本（Lancelot Hogben）和李约瑟组织，布哈林率领苏联代表团参加了会议。最终会议变成了苏联科学成就和马克思主义科技史观的

---

[1] Liberty and Democratic Leadership, *The Next Five Years: An Essay in Political Agreement* (London: Macmillan, 1937); Harold Macmillan, *The Middle Way: A Study of the Problem of Economic and Social Progress in a Free and Democratic Society* (London: Macmillan, 1938)。关于这段时期的更多材料，参见：Arthur Marwick, "Middle Opinion in the Thirties: Planning, Progress and Political 'Agreement'", *English Historical Review*, vol. 79, April 1964, pp. 285 – 298。

[2] Sidney and Beatrice Webb, *Soviet Communism: A New Civilisation*, 2nd ed. (London: Longmans, Green, 1937), p. 1133.

展示。

最后的因素——即积极推进把自然科学中有效的方法应用到落后的社会科学中——由一帮英国自然科学家提出，哈耶克把他们称为"科学的人们"（men of science）。[1] 他们的基本主张之一是，在成熟的资本主义社会中，垄断企业压制各种发明以保持高利润，而且资本主义的周期性危机导致在新的研究和技术上的投资不足，因而科学无法有效地促进社会进步。但如果对科学本身进行管理和计划，那么这种晚期资本主义导致的扭曲效应就可以避免。

该运动的领袖之一是剑桥出身的物理学家 J. D. 贝尔纳（J. D. Bernal）。他在《科学的社会功能》中，将恰当计划的科学的乌托邦式图景与资本主义制度之下科学的黯淡前景进行了对比。[2] 另一位是剑桥的生化学家和遗传学家 J. B. 霍尔丹（J. B. S. Haldane），他是杰出的公众演说家，也是有史以来最成功的通俗科学作家之一。他也是《工人日报》（*The Daily Worker*）的董事会主席，同时参与其他马克思主义和共产主义期刊的编辑委员会，并最终于 1942 年加入英国共产党。其他人还包括：数学家海曼·利维（Hyman Levy），他通过一套书和 BBC 广播节目传播这样一种思想：被恰当理解的科学是社会变革的一个前奏；社会生物学家兰斯洛特·霍格本，他帮助组织了 1931 年的会议；物理学家 P. M. S. 布莱克特（P. M. S. Blackett），他为《科学的挫折》（*The Frustration of Science*）写了结束文章，其主旨是：只要资本主义体

---

[1] 正如后来哈耶克在给迈克尔·波兰尼的信中写道："我非常重视那些关于社会组织能被有效控制的伪科学观点，并且对于像霍尔丹、霍格本、李约瑟等这类人的宣传影响越来越警觉。"Letter, F. A. Hayek to Michael Polanyi, July 1, 1941, Michael Polanyi papers, box 4, folder 7, Special Collections Research Center, University of Chicago Library。

[2] J. D. Bernal, *The Social Functions of Science*, 2nd corrected ed. (London: Routledge, 1940). 对该书的详细批评，参见：Michael Polanyi, "Rights and Duties of Science", in *The Contempt of Freedom: The Russian Experiment and After* (London: Watts, 1940; reprinted, New York: Arno, 1975), pp. 1 – 26。

系还延续着，科学的进步就会受到挫折。[1] 正如该运动的一位历史学家总结的："从没有一个左翼运动像在英国这样对通往社会主义的科学道路如此着迷。"[2]

1936 年在对韦伯夫妇关于苏联的书的评论中，哈耶克开始关注其社会主义对手的唯科学主义思想，他写道："或许可以这样认为，苏联共产主义比我们已知的任何东西都更接近综合的、科学的文明，这一点吸引了 19 世纪后期的理性主义者，而两位作者是其中最杰出的支持者。"[3] 到 1939 年，在第二版的《自由与经济体系》中，哈耶克写道："揭示出这种信仰［即需要计划——引者注］是怎样大部分归因于以纯科学家和工程师的先入之见讨论社会问题，而这种先入之见在过去几百年中支配着受过教育的人的视野，这会是件很有意思的事情，但在这里是无法展开了。"[4] 这最终成了他的理性的滥用规划中的中心主题。

哈耶克的经历总结起来就是，尽管（就像历史学派经济学家总是坚持的那样）每一个国家有自己独特的历史演化，但在两次大战之间的西欧、英国和美国的知识分子及科学精英的思想中，能找到某些反复出现的主题，而这些主题也已经开始进入大众的讨论之中。首先其中一个关键的假定是：旧式自由主义的失败是

---

[1] 布莱克特文章的结束语是这样的："我相信只有两条路可走，而我们现在的道路似乎正通向法西斯主义……我相信另一条唯一的道路就是完全的社会主义。社会主义将需要所有能得到的科学去创造最大可能的财富。科学家或许没有很多时间去决定他们要站在哪一边。" P. M. S. Blackett, "The Frustration of Science", in Sir Daniel Hall and others, *The Frustration of Science* (London: Allen and Unwin, 1935; reprinted, New York: Arno Press, 1975), p. 144. 在霍格本看来，他显然轻视他的 LSE 的经济学家同事的思想。在一封致贝弗里奇院长的信中，他把"哈耶克—罗宾斯圈子"说成是"最极端个人主义的、形而上学的荒唐论调的最后堡垒，还冒充是维也纳以西世界的经济科学"。Lancelot Hogben, quoted in Dahrendorf, *LSE*, p. 262。

[2] Gary Werskey, *The Visible College: The Collective Biography of British Scientific Socialists of the* 1930s (New York: Holt, Rinehart and Winston, 1978), p. 178.

[3] F. A. Hayek, "A 'Scientific' Civilisation: The Webbs on Soviet Commmunism", *The Times* (London), Sunday, January 5, 1936, p. 11; reprinted in Hayek, *Socialism and War*, pp. 239 – 242.

[4] Hayek, "Freedom and the Economic System", p. 197.

不可逆转的；在一个有着大规模生产、卡特尔和垄断资本主义的世界中，人们不再能够凭借竞争的力量来限制大企业的势力；在一个有着长久的周期性危机的世界中，市场力量能自我稳定的观念显然是错误的。这都被当成是暗示着，某种计划在丰裕的新时代对合理地进行生产与分配是必要的，这些计划或者是零星介入，或者是全面的国有化，再或者是技术统治的图景。其次可以观察得到，我们关于社会过程和社会现象的知识已经远远落后于自然科学的知识，而这（特别在英国的自然科学家看来）又是归咎于资本主义。在即将到来的新纪元中，科学家和工程师会在推进向新的有计划的社会转型以及维持这个社会正常运行方面，起到核心作用。最后，在俄国和欧洲大陆上的共产主义和法西斯主义的"试验"，再加上大萧条的深度和烈度，造成了一种引人注目的急迫气氛。

像诺伊拉特、米切尔和韦伯夫妇这些人，显然他们之间的政治观点极为不同，从马克思主义到费边社会主义，再到美国进步主义。但在哈耶克看来，尽管他们在政治上如此不同，他们却都赞成计划对于建构一个自由与繁荣共存的世界而言是最好的希望。无论他们从何而来或欲往何去，"为自由而计划"和"计划之下的自由"，就成为各地进步主义知识分子的口号。[1]

在哈耶克看来，说个人自由与完全有计划的社会相兼容，这种想法是有逻辑缺陷的。而说科学本身能够被计划，进而使得社会理性化，这些观念更是理性的傲慢进一步地展示。哈耶克的规划正是要揭示这些思想是怎样开始的，它们又是怎样广为人们接受的。

---

[1] 因此，芭芭拉·伍顿（Barbara Wootton）将回应哈耶克《通往奴役之路》的书起名为《计划之下的自由》（*Freedom under Planning*, Chapel Hill, N. C.: University of North Carolina Press, 1945）。而米切尔曾服务于罗斯福总统的国家计划委员会（后来改叫国家资源委员会），他的妻子在 20 世纪 50 年代早期写道，米切尔"对'计划'有信心，只要其是建立在对所要计划的情境的前因后果有真实了解的基础上"。Mitchell, *Two Lives*, p. 367。

我们不知道哈耶克什么时候最终形成计划，要把社会主义和唯科学主义的共同起源回溯到圣西门的著述当中。在规划的注释中，他说明将其作为逻辑起点的合理性："我之所以从这个较晚的时刻着手，原因在于，尽管所有这些看法都能在 18 世纪被找到，但它们没有被系统化，因此也没有系统地加以发展。"[1] 将圣西门作为逻辑起点，可能还受到了诸如涂尔干的强化（相当令人难以置信的是，哈耶克没有引述过他）。涂尔干认为是圣西门，而不是孔德，才是真正的实证主义之父，他也是现代社会主义的创立者之一。[2] 埃利·阿累维（Élie Halévy）的可能影响也值得一提（这次哈耶克的确引述过他）。在那两篇大师级的讨论圣西门和圣西门主义的经济学说的文章中，这位伟大的法国历史学家总结说，圣西门的思想至今依然具有影响，而且不只局限于社会主义者当中。[3] 当他开始深入检讨孔多塞、圣西门和孔德等人的著述时，哈耶克发觉他们也像自己一样，生活在一个非常时期，而且他们的许多反应与自己时代中的那些人的反应有着惊人的相似。这样，一本书的核心思想成形了，也就是在"二战"爆发前几天他写信告诉弗里茨·马克卢普的那个写作规划。

哈耶克开始理性的滥用与衰落的规划，主要目的是要揭示那

---

[1] Notes, Hayek papers, box 107, folder 17, Hoover Institution Archives.

[2] 参见：Émile Durkheim, *Socialism and Saint-Simon*, ed. Alvin Gouldner, translated by Charlotte Sattler (Yellow Springs, Ohio: Antioch Press, 1958), pp. 104 – 105。该书是涂尔干讲座的翻译，1928 年首次出版，当时题为 *Le socialisme*，由 Marcel Mauss 编辑。哈耶克也令人难以理解地没有引述过马克斯·韦伯，尽管他在第 7 章中明确使用了韦伯对历史主义的批评。这使人想起那位波普尔主义哲学家、哈耶克的传记作家、《哈耶克文集》第一卷的主编威廉·巴特利的刺人的话，哈耶克对前人太过小气，而波普尔则对后人太过小气。

[3] Élie Halévy, *L' ère des tyrannies*: études sur le socialisme et la guerre (Paris: Librarie Gallimard, 1938), translated as *The Era of Tyrannies*, trans. by R. K. Webb (New York: NYU Press, 1965), pp. 99 – 104。哈耶克在刊登"科学的反革命"第一部分的那一期 *Economica* 上，也发表了翻译的阿累维的一篇文章。在文中，阿累维认为，"社会主义，在它最初的形式上，既不是自由的也不是民主的，而是代表着一个被组织起来的层级制的社会。对于圣西门主义来说，尤其如此"，而这正是哈耶克以后要表达的。参见：Élie Halévy, "The Era of Tyrannies", translated by May Wallas, *Economica N. S.*, vol. 8 (February 1941), pp. 77 – 93。

些他认为导致我们走入歧途的思想的起源，并且批判它们。[1] 但将眼界放长些，很清楚，批评并非他的唯一目的，最终他要寻求对有计划的社会提出替代性方案。在他为自己的书所做的最初构想中，理性的傲慢将与个人主义的谦逊形成对照。到 1945 年，他将法国启蒙哲学家的"假"个人主义与苏格兰启蒙人物，如弗格森、乔赛亚·塔克（Josiah Tucker）、休谟以及斯密等的"真"个人主义进行对比。在哈耶克后期的工作中，这些学者（以及其他诸如伯克、托克维尔、阿克顿勋爵等截然不同的思想家）的著述将会为他提供智力支持，使之创立一种自由主义哲学，不仅影响 20 世纪，而至更久远。

……以特定人物为例描述
一个新纪元的精神[2]

四、哈耶克的思想如何经受检验？

至此，我们已经追究了哈耶克思想的可能起源，这些思想被放置到他的时代背景中加以审视时，显得既可理解又合理。但对于其思想的其他问题也随之而来。特别是，我们这里将要探究的，他的历史叙述和对"唯科学主义"不断变化的定义是否恰当，以及他的主张在今天还能得到多少回应。

（一）哈耶克的历史叙述

我们先从"科学的反革命"当中他实际完成的那些部分开始，也就是哈耶克对唯科学主义和社会主义共同出现在圣西门及其追随者的著述中的历史处理。很明显，首先，哈耶克的研究是一丝不苟的。他的脚注显示出他几乎读了当时所能得到的有关圣

---

[1] 正如他自己在最后一章倒数第二句所言："我们的特殊责任就是辨别出那些仍在公众舆论中起作用的思想流派，评价它们的意义，必要的话还得驳倒它们。"
[2] Notes, Hayek papers, box 107, folder 17, Hoover Institution Archives.

西门、孔德及其追随者的德语、英语及法语资料。他的原始资料，包括 40 卷的圣西门和巴泰勒米·普罗斯佩·安凡丹（Barthélemy Prosper Enfantin）的文集、多卷的孔德的两部主要著作《实证哲学教程》（*Cours de philosophie positive*）和《实证政治体系》（*Systéme de politique positive*）。[1] 哈耶克对于资料收集不遗余力。在规划开始的早期，他写信给威廉·拉帕德（William Rappard），请求他从瑞士寄一些书。后来，他还向马克卢普抱怨不能得到自己需要的全部书籍。[2] 他在这方面的执著被一张列有 25 本书和两本期刊的清单（从该规划的相关文件中发现）所证实，清单上面写着："伦敦或剑桥的图书馆似乎都没有这些著作。"

　　他努力的结果怎样呢？至少，有一个有分辨力的同时代读者对他大加赞扬。杰出的经济理论家和思想史专家雅各布·维纳给哈耶克写信说："我刚刚读完你的'科学的反革命'，想告诉你我多么喜欢它。大部分内容对我来讲都是全新的，而且你以大师级的方式处理了极大量的困难的材料。"[3] 维纳接着请求要一个复本给

---

[1] *Oeuvres de Saint-Simon et d' Enfantin*（Paris：E. Dentu，1865 – 1878）；Auguste Comte，*Cours de philosophie positive*，6 vols.（Paris：Bachelier，1830 – 1842）；*Systéme de politique positive*，4 vols.（Paris：L. Mathias，1851 – 1854）。哈耶克对这些著作内容的复述，证明了哈耶克在这些著作上都下过工夫，显示了哈耶克的学术自律和毅力。在第 16 章结尾，他敏锐地观察到，"孔德的影响为何经常以这种间接的方式才更为奏效，凡是打算研读其著作的人，都不难理解"，显示出相当的自我克制。或许这也可以理解，在攻读过这些法国作家的著作后，为什么哈耶克会觉得接下去的工作难以进行。在一次采访中，他说到他停止历史叙述，是因为"接下来的历史章节不得不涉及黑格尔和马克思，我当时忍受不了深入地对这些可怕的东西进行钻研了"。F. A. Hayek，"Nobel-Prize Winning Economist"，ed. Armen Alchian。采访于 1978 年进行，由 UCLA 校图书馆的口述史项目资助。参见：Oral History transcript no. 300/224，Department of Special Collections，Charles E. Young Research Library，UCLA，p. 279。

[2] Letter，Hayek to Rappard，December 12，1940，William Rappard papers，J. I. 149，1977/135，box 23，Swiss Federal Archive，Bern；Letter，Hayek to Machlup，April 7，1941 and October 19，1941，Machlup papers，box 43，folder 15，Hoover Institution Archives.

[3] Letter，Jacob Viner to F. A. Hayek，December 7，1941，Jacob Viner papers，box 13，folder 26，Public Policy Papers，Department of Rare Books and Special Collections，Princeton University Library，Princeton，N. J.

一位研究思想史的同事："我借给他我的那一本，但他很想保留一本。"[1] 除了专门研究同一时期的专家以外，很少有人会不同意维纳的意见：文章中有很多在他们看来是"全新的"内容。而在对思想史研究注意力下降的今天，这一点恐怕更为正确。另外，哈耶克的精致文笔也为文章锦上添花。考虑到这是哈耶克首次涉足思想史研究，那么他的努力无疑应该被认为是成功的。

　　同样需要指出的是，如果仅考虑到圣西门和孔德的时代与哈耶克所处时代之间令人惊奇的众多相似之处而把圣西门作为叙述的起点，这一处理对于当时的读者来讲是恰当的。[2] 法国大革命、拿破仑帝国以及王朝复辟所产生的经济、社会、政治、司法和文化的剧烈改革，造就了期盼秩序和稳定的一代；而第一次世界大战、共产主义革命和法西斯主义兴起以及大萧条对哈耶克这一代人有着相似的影响。为寻找一条新的前进道路，自由主义的和正在兴起的社会主义的倡导者们（二者都反对保皇党和天主教复兴），在 19 世纪 20、30 年代在法国和其他地方相互争斗；而像哈耶克这样的自由主义者也与同时代的社会主义者相互竞争，以寻求一条能避免共产主义和法西斯主义的道路。在这两个时期中，都充斥着一种易于觉察"时代精神"（spirit of the age），大家普遍觉得这是重大的历史时刻，社会即将发生历史性的变迁。[3] 还有其他更具体的相似之处。[4] 例如，圣西门建议编写科学知识百科全书，预兆着诺伊拉特

---

[1] Letter, Jacob Viner to F. A. Hayek, December 7, 1941, Jacob Viner papers, box 13, folder 26, Public Policy Papers, Department of Rare Books and Special Collections, Princeton University Library, Princeton, N. J.

[2] 正如 Harold Laski, *The Rise of Liberalism*, p. 282 所指出的："为理解我们自己的时代，我们必须回溯到宗教改革时代或者法国大革命时期。"

[3] "时代精神"是密尔 1831 年在 *Examiner* 上所写文章的文集的标题，重印为：John Stuart Mill, *The Spirit of the Age* (Chicago：University of Chicago Press, 1942)。哈耶克为该书写了导论，题目是 "25 岁时的约翰·斯图尔特·密尔"。哈耶克在 "唯科学主义"的第 9 章的开头，使用了这一短语。在那里他谈到，对社会过程的有意识控制的需要，"大概比任何其他常见的套话更明确地反映着这个时代所特有的精神"。

[4] 其中一些在第 12 章第 3 部分被哈耶克明确谈到。

的"统一的科学的百科全书"计划;而由莱昂·阿累维(Léon Halévy,埃利·阿累维的爷爷!)等人提出的圣西门主义的文艺理论,则在列宁和斯大林的苏联现实主义中得到回应。哈耶克甚至宣称,将早期作家的言论及对其的个人描述与他同辈的某些人的著述和行为相比较,他能找出某种态度上的相似之处。[1]

哈耶克想要写的是一种非常具体的历史叙述。他的目的是要查明某些根本思想的起源,进而讨论这些思想对后代的影响。他的历史写作是带有目的的。对于他所讨论的那段历史时期,他没有也不打算给出所谓的"深描"(thick description)。[2] 哈耶克勾描式的历史研究方法不可能符合所有人的口味,但也有些人已经为此进行了辩护;无论如何,对于写思想史的经济学家而言,这还是一种共同的方法。[3]

因此,在哈耶克的历史重构中,他关注那些最能证明自己主题的关键片段。无论是在他的粗线条勾勒——例如,社会主义和实证主义同时在法国人的著作中出现[4],还是在他更具体的观点中,他所写的内容无疑是准确的,也通常是无争议的,而且总是论据充分的。有时他也提出新颖的观点,譬如圣西门主义对于青

---

[1] "对我而言,圣西门主义者是我在维也纳小组所发现的那种态度的一个绝好例证……卡尔纳普与这些人的相似之处是令人称奇的。"F. A. Hayek, in unpublished interview by W. W. Bartley Ⅲ, Freiburg, March 28, 1984. 在"1984 年夏,于圣博拉齐恩"进行的未发表的采访中,哈耶克对巴特利说,贝尔纳"对我而言是一种新观点的代表,我试图在'科学的反革命'中对此进行分析,这种观点正支配着"剑桥。

[2] 因此在注释中,哈耶克说:"我们关注的完全是思想史……具有代表性的人物,其思想是自我彰显的;我们不去讨论个人思想组成的体系,也不去支持那些只能存在于此体系中的思想。"Notes, Hayek papers, box 107, folder 17, Hoover Institution Archives。

[3] 对此方法的一个辩护,可见埃利·阿累维的 *The Era of Tyrannie* 的译者 R. K. Webb 在该书的序言(第 13 页)中说的:"阿累维的著作是对在历史写作中以主题和观点为核心的方法的决定性证明。"哈耶克的方法与施穆勒、米切尔在阐述各自学科的历史方面所持的方法,以及与西德尼·韦伯在探究英国社会主义兴起时所持的方法,都有共通之处。

[4] 这是一种已经被如涂尔干在其 1928 年讲座中确立的观点。参见:Durkheim, *Socialism and Saint-Simon*。

年黑格尔派（Young Hegelians）的影响便是一个有待进一步研究的
领域。[1]

很明显，这样研究历史不可避免地会导致：尽管并非技术上
不正确，但从更充分的历史叙述来看，某些解释最后会流于片
面。例如，在努力揭示圣西门、圣西门主义者以及孔德著述中的
唯科学主义偏见的起源时，哈耶克忽略了 19 世纪 20 年代后期孔德
和圣西门主义者之间的激烈争斗，只是一笔带过他们之间在 1828
年和 1829 年的辩论讲座。这一段有趣而复杂的情节可能有助
于（至少部分）解释圣西门主义者将自己转变为宗教团体的奇怪
决定，以及孔德在后期著作中转变的一些新方向。[2] 这些争斗也
有助于解释为什么圣西门主义者特别努力吸引来自巴黎综合工科
学院（École Polytechnique）的学生，因为他们被视为陷入了孔德
的影响。而这正是哈耶克所讲故事中的重要部分。

类似地，孔多塞被哈耶克刻画成典型的启蒙哲学家，他的最
后著作《人类精神进步史表纲要》在哈耶克看来，"无节制的乐观
主义在此书中得到了最新和最出色的表述"。很明显，正如一位历
史学家所说的，孔多塞信奉的"实际上是技术统治论信条：他们
相信自己的专业技能，乐于接受权力统治的传统，并且相信政治
问题能够有理性的解答和系统化的解决方法"，因此，他被圣西门
和孔德都视为先驱。[3] 的确如此，但是同样明显的是，孔多塞在
许多根本方面都不同于圣西门和孔德。[4] 哈耶克在自己的论述中

---

[1] 关于这方面的最近著作，参见：Warren Breckman, *Marx, the Young Hegelians, and the Origins of Radical Social Theory: Dethroning the Self* (Cambridge: Cambridge University Press, 1999)，尤其是第 4 章和第 5 章。
[2] 对这段情节的全面探究，参见：Mary Pickering, "Auguste Comte and the Saint-Simonians", *French Historical Studies*, vol. 18, Spring 1993, pp. 211 – 236。
[3] Keith Michael Baker, *Condorcet: From Natural Philosophy to Social Mathematics* (Chicago and London: University of Chicago Press, 1975), p. 57.
[4] 在 Baker 的整部书中，他都把孔多塞描绘成一位自由民主的理论家。在第 6 章，他令人信服地指出，《人类精神进步史表纲要》完成于 1793 年，但在 1794 年头几个月孔多塞躲避革命政权期间又进行了修订，不论后世对此有什么解读，这本书或许应该被看成一个绝望的人对未来的希望，而不是对将来的预测。

也小心地区分了早期和后期的孔多塞，也认为后人通常误解了他。这样，哈耶克对孔多塞的描述不可谓不公正。但是即便如此，人们从哈耶克那里不会知道，孔多塞同样影响了意识形态学家（Idéologues），或者他的遗孀后来组织的沙龙吸引了许多法国自由主义者，还或者他的遗孀于1798年翻译了斯密的《道德情操论》的法语译本。

简而言之，哈耶克并不总是提供所讨论的历史情节背后涉及的完整的背景信息，他所描绘的一些人物给人的感觉是单一维度的。这样做的一个可能原因是，这些著述一开始是作为杂志文章，发表在哈耶克担任编辑的一份期刊上。在这种情况下，如果要把文章变得比现在的还要长，那就需要哈耶克表现出可观的"自大狂"倾向了。但从根本上说，哈耶克的目标是要讲述关于某些思想的起源的故事，而他的叙述是自洽的，并且事实上是有说服力的。至于添加更多重要的细节带来的收益是否会超出这样做的成本，实际上并不是一个有什么意义的假说。

哈耶克历史叙述的最后一个方面必须要谈到。指出某些思想的起源，或者说明不同时代的人的思想的相似之处是一回事，而谈到影响则是另一回事。有些时候，影响关系不难确定。例如，实证主义和圣西门主义对约翰·斯图尔特·密尔的影响在他的《自传》中清晰写着，因此，哈耶克在自己的历史叙述中直接利用了。但在其他情况下，这即便不是不可能，也是很难做到的。

哈耶克自己完全意识到这个问题。例如，他承认，尽管很容易找到孔德和黑格尔思想之间的相似之处，也容易引证大家对存在这些相似之处的学术共识，但是要确定实际上谁影响了谁就很难处理。[1] 这就是为什么哈耶克在"社会学：孔德及其后学"一

---

[1] 因此在第17章脚注8—16中，哈耶克罗列了许多认为两人思想存在相似之处的学者，但他也说："有充分理由认为，黑格尔可能受过孔德的影响，正像孔德也受过黑格尔的影响一样。"也可参见第15章"圣西门主义的影响"的开头部分他所作的研究限制。

章的结尾说："对各种影响的探索，是思想史研究最不可靠的基础。"[1] 对此任何胜任的思想史家都会马上同意。而且事实上，人们有理由怀疑，哈耶克对这种困难的承认或许是他决定不继续进行历史叙述的另一个原因。[2]

（二）哈耶克对唯科学主义的定义

我们接下去转到"唯科学主义"文章。首先，哈耶克把唯科学主义定义为是将自然科学的方法不假思索地运用到它们无法发挥作用的领域。然后，他引入客观主义、集体主义和历史主义去描述"唯科学主义偏见"的一些典型特征。这些范畴非常广泛，足以涵盖所有他所鄙视的观点，从哲学的物理学至上主义到心理学的行为主义，从德国历史主义到"集体心理"的断言。当然，这些术语的反面——即社会科学研究的主观主义、个人主义和理论方法——准确描述了奥地利学派经济学家长久以来坚持的方法，这并非是巧合。

研究自然现象和研究社会现象的恰当方法有着根本性差异，这种主张由来已久。[3] 英国那帮"科学的人们"是最激发哈耶克斗志的人群之一，他们在公开场合一遍遍主张把自然科学方法应用到社会问题中去，因此不难理解哈耶克会将矛头对准他们。然而哈耶克很快就会修正这种主张。他这样做似乎是为了回应一位维也纳的哲学家所作的批评。这位哲学家不是人们首先想到的奥托·诺伊拉特，而是卡尔·波普尔。

---

[1] 他继而承认："（自己）已大大触犯了这个领域中谨慎为上的戒律。"

[2] 哈耶克没有明说这是原因之一。他有明说的原因，包括在完成《通往奴役之路》以后，想要进行一些全新的科学的东西（《感觉的秩序》）；以及我们先前提到的，他不愿意被迫系统地阅读马克思和黑格尔的著作。更多的内容可参见：Caldwell，*Hayek's Challenge*，pp. 257 - 259。

[3] 哈耶克显得赞同这种差异，并且他坚持阐释（interpretation）在社会科学中的核心作用，这导致了众多对"唯科学主义"一文的相互冲突的阐释。各式各样的阐释不一而足，有些更将哈耶克解读为批判现实主义者、解释学学者或后现代主义者。这些解读无助于了解哈耶克的实际观点，反而更说明了阐释过程中广泛存在的问题。我在《哈耶克评传》（*Hayek's Challenge*）的附录四中谈到了这样一些文献。

波普尔和哈耶克在"二战"之前见过面,当时波普尔在 LSE 的哈耶克研讨班上介绍了他的《历史主义的贫困》的早期版本。[1] 战争爆发后,波普尔来到新西兰,整个战争期间他二人保持着活跃的通信。哈耶克随后以多种方式帮助了波普尔:分三部分在 *Economica* 上发表《历史主义的贫困》,帮他寻找出版商出版《开放社会及其敌人》,战后又帮他加入 LSE 的哲学系。[2]

在《历史主义的贫困》中,波普尔在题为"方法的统一性"的一节讨论了哈耶克的"唯科学主义"文章。他认为所有真正的科学都遵从相同的方法,而这种方法(波普尔称为假设、演绎,并通过努力证伪来检验所提出的理论)实际上类似于哈耶克所辩护的社会科学的恰当方法。[3] 波普尔认为,哈耶克所称的"唯科学主义"并非是自然科学的真正方法,而是被"科学的人们"所误导的建议。哈耶克很快接受了波普尔提议的修改,在 1952 年版的"唯科学主义"文章中,哈耶克添加了一个新段落。其中谈到,自然科学家"经常试图强加到社会科学中的方法,并不总是这些科学家在自己领域内实际所遵循的方法"。在 1967 年的文集《哲学、政治学与经济学研究》(*Studies in Philosophy, Politics and Economics*)的前言中,哈耶克承认了波普尔的影响:

> 读过我一些早期作品的读者可能会注意到,我在讨论所谓"唯科学主义"时的语调,发生了轻微变化。原因在于,卡尔·波普尔使我认识到,自然科学家们并没有真正按他们大多数

---

[1] Karl Popper, *The Poverty of Historicism*, 2nd ed. (London: Routledge), 1957.

[2] Karl Popper, *The Open Society and Its Enemies* (London: Routledge, 1945).

[3] Popper, *The Poverty of Historicism*, pp. 130 – 143. 这一主张是否成立,以及波普尔与哈耶克的方法论主张是否兼容,都是引起相当多讨论和争论的主题。例如,参见: Bruce Caldwell, "Hayek the Falsificationist? A Refutation", *Research in the History of Economic Thought and Methodology*, vol. 10, 1992, pp. 1 – 15; Terence Hutchison, "Hayek and 'Modern Austrian' Methodology: Comment on a Non-Refuting Refutation", *Research in the History of Economic Thought and Methodology*, vol. 10, 1992, pp. 17 – 32; Caldwell, *Hayek's Challenge*, pp. 311 – 312。

人所声称采用的，并且催促其他学科模仿的方法那样去做。[1]

这种变化对哈耶克的论点有多大的重要性？一方面来讲，这关系不大。如果哈耶克所批判的客观主义、集体主义和历史主义没有真正在自然科学中实行过，而仅仅是"科学的人们"所提出的一些夸张的说法的话，那么，这反而会加强哈耶克的观点，即这些方法是不恰当的：如果这些方法无处可用，那为什么要用它们呢？但另一方面，哈耶克在社会科学方法和自然科学方法之间所作的严格区分，对支持他的这样一个观点至关重要，即社会科学中存在的特殊问题使其更难以作出预测。正是由于这种特殊问题，哈耶克得出结论说，通常在社会科学中我们所能做的最好事情就是进行模式预测，或者对社会现象借以发生的原理进行解释，就如同他的小路的例子。如果所有科学都遵循相同的方法，那么，凭什么说预测在某些科学中就是更难的呢？

哈耶克在 20 世纪 50 年代找到了这一问题的一个解决方法。此后，他不再依据"唯科学主义"文章中曾使用过的社会科学—自然科学的二分法来区分各门科学了。借鉴沃伦·韦弗（Warren Weaver）及其他人的研究，哈耶克将划分标准改为研究简单现象的科学与研究复杂现象的科学之分。[2] 重要的是，这样"唯科学主义"文章所得出的主要结论——在处理特定现象时，模式预测或对原理的解释，通常是我们所能做的最好的事情——依然是有效的。但是这些限度只限于研究**复杂**现象的各门科学（包括经济学），而不涉及**社会科学**整体。

哈耶克一再强调那些限度，构成了他反对米尔顿·弗里德曼

---

[1] F. A. Hayek, *Studies in Philosophy, Politics and Economics* (Chicago: University of Chicago Press, 1967), p. VIII.

[2] Warren Weaver, "Science and Complexity", *American Scientist*, vol. 36, October 1948, pp. 536 - 544。对哈耶克的立场变化更充分的讨论，参见：Caldwell, *Hayek's Challenge*, pp. 297 - 306。

观点的主要根源；对后者而言，能够作出预测是任何成功的科学的关键。和哈耶克一样，弗里德曼憎恶社会主义计划，是自由市场体制直言不讳的支持者。但至少在哈耶克眼中，他也是一个实证主义者。弗里德曼曾经是亚瑟·伯恩斯（Arthur Burns，他后来接续米切尔成为 NBER 的研究负责人）的本科生，他也曾在 20 世纪 30 年代在 NBER 工作，得到过米切尔的支持和建议。[1] 尽管弗里德曼与米切尔在政治观点上非常不同，但弗里德曼关于在经济学中运用经验研究的观点与米切尔的观点几乎相同。[2] 弗里德曼对"实证经济学方法论"的大力提倡，切断了实证主义方法论与社会主义之间的联系，并且在社会主义的狂热消退之后很久，还在经济学中保留了实证主义方法论。

（三）计划思维与科学

最后让我们转到哈耶克对计划思维及与其相随的希望——科学将使我们能够改造社会——的批判。哈耶克所一直攻击的对计划的狂热在两次大战之间达到了顶峰，而后在战争爆发后逐渐消退。这并不是说它完全消失了。在 1948 年，在工党掌权下的英国经济的国有化程度达到了 20% 的最高点，但随后就很快丧失了后

---

[1] Milton and Rose D. Friedman，*Two Lucky People*：*Memoirs*（Chicago and London：U-niversity of Chicago Press，1998），pp. 69 - 75.

[2] 参见：Mitchell，*Two Lives*，p. 351，在这里，关于成立 NBER 的动机，米切尔写道："感兴趣的一群人之所以对公共政策持有不同的观点，不是出于他们之间经济利益的差异，而是基于各人对某些根本事实的观点差异。没有人能够肯定自己的观点是正确的或者别人的观点是错误的。我们中没有人有时间或工具去确信这一点，尽管这些事实可以以一定的精度接近。我们认为，其他许多人也同样感到需要一个机构来发现事实……NBER 就这样在 1920 年 1 月成立了。"可以将这段话与弗里德曼论证经验研究的话相对比，这里的经验研究为的是以消除人们之间的不一致："你有关于外部事件的个人概率集，我也有自己的个人概率集，而这些个人概率是互不相同的。这就是我们为什么争论的原因。统计分析的作用是引导我们重新考虑我们的个人概率，从而使得各人的个人概率越来越趋近。"Milton Friedman，quoted in Daniel Hammond，"An Interview with Milton Friedman"，in *Research in the History of Economic Thought and Methodology*，Warren Samuels and Jeff Biddle，eds，vol. 10（Greenwich，CT：JAI Press，1994），p. 101。

劲。计划的尝试在之后的岁月里不时出现，如法国在 20 世纪 60 年代的指示性计划（indicative planning），又如在美国国内对产业政策的呼吁，再如 2005 年欧洲技术专家网络（Network of European Technocrats）的建立，这是试图在新的大陆上移植重新复兴的技术统治运动的最新尝试。但至少在当前的著述中，那种理性的和充分计划的社会的图景，似乎更像是一个较单纯时代的人造物，或者甚至是一个即将到来的反乌托邦的警告，而不具有以前那样的意义。

人们可以想出各种理由来解释为什么会发生这种变化。认为科学，一旦脱离了资本主义的束缚，就会是一种绝对追求善的力量，这种信心在经历过广岛核爆炸、冷战开始以及随之而来的军备竞赛之后更难以维持了。"学会如何与原子弹共存"导致知识分子倾向于存在主义，而不是技术统治论。苏联的例子损害了对更极端形式的中央计划和国有化的效率的信心。至少在西方，新的"中间道路"不再是社会主义而是某种混合经济，诸如所谓"福利国家"、"社会市场经济"、"凯恩斯共识"、"巴茨凯尔主义"（Butskellism），等等。哈耶克已经意识到这些变化，这也可能是他决定不再继续他的巨著的另一个原因。[1] 在他晚年的时候，哈耶克会是这些修正的批评者，而一旦涉足其中，他又会产生了新的论点。

无论怎样，很明显，哈耶克论点中的某些部分似乎有些过时。当然，这几乎不算是对哈耶克的批评，而是承认与两次大战之间的时期相比，世界的变化是多么剧烈。然而，左派的一些人可能会把哈耶克对计划思维的具体批评看成是与他们自己的观点基本无关。[2]

---

[1] 1956 年，哈耶克在给美国出版的平装版《通往奴役之路》的导论中写道（第 44 页）："本书所主要针对的狂热的社会主义在西方世界基本上消失了。"当然，正如他强调"西方世界"所表明的，对于在苏联、东方集团国家、中国、朝鲜以及其他共产主义"试验"仍被尝试的地区生活的千百万民众来讲，现实是截然不同的。
[2] 例如，杰弗里·弗里德曼（Jeffrey Friedman）就哈耶克对计划思维的批评回应说："在新左派出现之后仍然坚持这种批评，在任何哈耶克的左派读者看来，就像是一个精心打造但十分刻板的观点，因为它完全忽略了战后左派反对权威、计划和'意识控制'的剧变。"Jeffrey Friedman, "Popper, Weber, and Hayek: The Epistemology and Politics of Ignorance", *Critical Review*, vol.17, nos.1-2, 2005, p. XI.

这种说法不无道理。部分原因在于，哈耶克清晰地将西方的政治学家和经济学家分成两类，一类是思想上继承了苏格兰启蒙遗产的，另一类是思想上更契合欧洲大陆建构理性传统的。虽然这样做的结果有时是成果丰富并给人以启示的，但它对于某些特殊案例却无法加以说明。[1] 这种区分对于理解如 19 世纪的无政府主义者克鲁泡特金是没有多大帮助的，因为他既是自愿式共产主义和实证主义的双重支持者，也是一个强烈的反国家主义者（anti-statist）；又如巴枯宁，他的著述有着这样的题词：“没有社会主义的自由是特权，是不公正的；而没有自由的社会主义是奴役与野蛮。”[2] 到最近，法兰克福学派的成员或跟随者猛烈批判极权主义计划、实证主义以及充斥在技术主导的社会中的异化，所有这些都被他们说成是启蒙运动的遗产。[3] 某些法兰克福学派的学者进而成为新左派的偶像。

的确，对唯科学主义的许多现代批评都可以在左派中找到。这些批评者反对发达社会中的技术律令，而鼓吹个人自由和自决，在他们眼中，这只能通过消灭社会和经济不公来实现。尽管

---

[1] Arthur Diamond, "F. A. Hayek on Constructivism and Ethics", *Journal of Libertarian Studies*, vol.4, Fall 1980, pp.354 – 358. 作者挑战了哈耶克对几位学者在两大阵营中的定位。正如我们早先所看到的，对米尔顿·弗里德曼也无法套用这个模子。

[2] 参见：Marshall S. Shatz's introduction to *Kropotkin*：*The Conquest of Bread and Other Writings*, in the series *Cambridge Texts in the History of Political Thought* (Cambridge：Cambridge University Press, 1995), pp. XVII – XVIII；*Bakunin on Anarchy*：*Selected Works by the Activist-Founder of World Anarchism*, edited and translated by Sam Dolgoff (New York：Knopf, 1972)。哈耶克在第 15 章的阐述，即认为“强烈的民主主义与无政府主义”在 1848 年“作为新的变异因素”已经进入社会主义，显示出他认识到这种分类方式不适合他们。但是，他仅仅把不适合其分类方式的情况定义为“变异”，也是很难令人满意的。

[3] 因此在《启蒙辩证法》的题为“启蒙的概念”一章中，我们发现马克斯·霍克海默和西奥多·阿多诺这样写道：“被彻底启蒙的世界却笼罩在一片因胜利而招致的灾难之中”（第 3 页）、“启蒙带有极权主义性质”（第 6 页）、“对启蒙运动而言，不能被还原为数字的，或最终不能被还原为太一（Eine）的，都是幻象；近代实证主义则把这些东西划归文学虚构领域”（第 7 页）。参见：*Dialectic of Enlightenment*, translated by John Cumming (New York：Herder and Herder, 1972)。显然，哈耶克对法兰克福学派没有多少耐心，特别是对马尔库塞的著述：“它是我最讨厌的那种马克思主义。它是马克思主义与弗洛伊德主义的混合物。我反对这两种来源，而其混合形式尤其令人厌恶。” F. A. Hayek, quoted in：Dahrendorf, *LSE*, p.291。

他们呼吁的改革听上去是合理的，但最终结果却没有所说的那样有益。实际上正如哈耶克经常强调的，他和他的对手们其实寻求的是相似的目标，只是就什么是实现目标的最恰当手段上有着根本的区别。因此，只有当超越了像"消灭不公"这样的模糊判断之后，才能触及问题的实质：就像列宁曾说的，怎么办？

在这一点上，哈耶克和新左派大概会提出极为不同的答案。[1] 如果我们希望对两者的观点进行有意义的比较，那么能使讨论继续下去的正确问题应该是：新左派提出了什么可实施的建议？与哈耶克的建议相比又如何呢？在这方面，我们或许可以在双方当中都找到缺陷，因为没有哪一方特别善于从哲学层面转向政策层面。

"批判理论"的支持者，望文生义，总是更善于彻底的批判，而不善于解释如何建立一个新的更公平的社会。确实，对于大多数批判理论者来讲，尝试定义一套具体的社会变革方案本身，就是对他们所拥护的关于社会演化的完全黑格尔式观点的实证主义违背；而且考虑到社会现实的复杂性，这无疑也是浪费时间。[2] 因此，精致而又晦涩的文化批评就成了法兰克福学派的典型言论了。但如果重点在于改变世界，那么仅有批评是远远不够的。[3] 左派所面对的挑战就在于要提出一套可行的改革社会的建议，其中既考虑

---

[1] 实际上，在 20 世纪 70 年代后期，哈耶克曾想与左派辩论这些问题。尽管辩论没有进行，但促使他写了最后的一部书《致命的自负》(*The Fatal Conceit*: *The Errors of Socialism*, ed. W. W. Bartley III, vol. 1 (1988) of *The Collected Works of F. A. Hayek*)。

[2] 关于法兰克福学派和批判理论的更多内容，参见：Martin Jay, *The Dialectical Imagination*: *A History of the Frankfurt School and the Institute of Social Research* 1923 – 1950 (Boston: Little, Brown and Co., 1973), and Zoltán Tar, *The Frankfurt School*: *The Critical Theories of Max Horkheimer and Theodor W. Adorno* (New York: Schocken Books, 1985)。正如 Jay 所言 (第 63、152 页)，法兰克福社会研究所的大多数人员对经济学都没有多少兴趣，而且也批评那些尝试进行纯经济分析的同事，如马克思主义经济学家亨里克·格罗斯曼 (Henryk Grossmann) 是拜物教：分离出单纯的经济因果机制，就是反对完整的辩证法方法。

[3] "哲学家们只是用不同的方式**解释**世界，而问题在于**改变**世界。" Karl Marx, "Theses on Feuerbach", in *The Marx-Engels Reader*, ed. Robert Norton, 2nd ed. (New York: Norton, 1978), p. 145.

到所有我们已知的关于市场机制和计划体制如何运作的认识，也要考虑到它们是如何失灵的，又是何时失灵的。

　　至于哈耶克，他也应该为其很少涉及操作层面而接受批评，即便在《自由宪章》的第三编他至少提出过一些具体建议。[1]但是，其他人接续了这个任务。继承了奥地利学派传统的现代经济学家、公共选择学家、研究产权理论和交易成本的经济学家、一些实验经济学家以及新制度经济学运动的参与者，都可以在不同程度上被视为努力填补哈耶克的一般框架所遗留的空白。

　　在哈耶克与左派这些新对手之间，还存在着另一个重要的差别。就像他在20世纪40年代所批评的"科学的人们"那样，哈耶克完全投身到现代主义科学事业中：他把自己看成是一名科学家，并相信科学论证的力量。[2]他所抱怨的是，其他许多科学精神的信奉者（特别是那些喜欢给对手贴上"形而上学"标签的人），在他眼里，并没有身体力行他们所宣扬的东西。哈耶克彻彻底底是个现代主义者，但也是个承认阐释的重要性的人。作为一个在奥地利传统之中成长起来的主观价值论者，哈耶克在此意义上完全是其典型代表。

五、哈耶克转而做了什么

　　哈耶克没有完成理性的滥用与衰落的规划，而是转向了其他研究。但在许多方面，他转而从事的新研究与这个未完成的伟大工作相联系，有时候甚至是非常直接的联系。

　　如前所述，第一次"延期"是由于哈耶克决定把工作重心放在规划第二部分的写作和出版上，这就是后来的《通往奴役之

---

[1] F. A. Hayek, *The Constitution of Liberty* (Chicago: University of Chicago Press, 1960).

[2] "一些读者可能觉得，我在许多方面持有的观点与我所批评的观点如此相近，以至于我几乎没有资格去反对它们。然而大量的批评总是来自于持有相似观点的人，并且很明显，小小的不同确实可以区分出真理和谬误。"Notes, Hayek papers, box 107, folder 17, Hoover Institution Archives。

路》。他原本可能打算重新拾起那个巨大的规划，但是《读者文摘》上发表的《通往奴役之路》缩编版使他几乎一夜之间成为国际知名人物，这导致了进一步的延期。随之而来的是，福尔克尔基金会（Volker Fund）的哈罗德·卢诺（Harold Luhnow）邀请哈耶克为该书写一个美国版。哈耶克没有答应，反而是卢诺帮助他完成了创立一个国际性的自由主义学社的梦想。1947 年 4 月，学社的第一次会议在瑞士的朝圣山举行。依靠着卢诺的关系，最终使哈耶克在 1950 年得到了芝加哥大学社会思想委员会的任命。[1]

完成《通往奴役之路》后，哈耶克于 1945 年夏开始写作一篇心理学文章。文章暂定名为"什么是思维?"，是以他学生时代的一篇论文为基础。他希望能很快完成，实际却并非如此。他在 1945 年已经完成了初稿，但文章最终变成了一部书，直到 1952 年才以《感觉的秩序》为题出版。[2]

"唯科学主义"文章与《感觉的秩序》间的联系是直接的。"唯科学主义"第 5 章"唯科学主义立场的客观主义"，对哲学的物理学至上主义和心理学的行为主义所进行的长篇批评，就是基于哈耶克的感觉理论；哈耶克应用了这一理论，却没有对其进行充分的描述。这一理论在哈耶克学生时代所写的一篇论文中首次提出，但论文一直没有发表。"什么是思维?"一文最初的写作动机，就是要勾勒出隐含在其批评背后的这个基础。当然，最终的成书远远超出了一个批评的范围，但这个批评显然是哈耶克开始这次写作的初衷。[3]

1951 年，哈耶克出版了另一本与理性的滥用规划直接关联的书——《约翰·斯图尔特·密尔和哈丽雅特·泰勒：他们的通信

---

[1] 对此，更多内容参见：the editor's introduction to F. A. Hayek, *The Road to Serfdom*, pp. 18 - 21。福尔克尔基金会为哈耶克的任命提供了资金。

[2] F. A. Hayek, *The Sensory Order: An Inquiry into the Foundations of Theoretical Psychology* (Chicago: University of Chicago Press, 1952).

[3] 虽然对行为主义和物理学至上主义的批评仍能在《感觉的秩序》中找到，但它们在初稿"什么是思维?"中更为明显。事实上，对行为主义的批评始于初稿的第 1 页，上面的小标题为"那些否认和无视问题的观点"。他在书中所要处理的"问题"是感觉秩序的问题，它不同于科学揭示给我们的自然秩序。

及随后的联姻》[1]，书中收集了密尔和泰勒之间从 19 世纪 30 年代早期到她 1859 年去世期间的书信。哈耶克在导论和第一章中为这些信件提供了必要的历史背景，然后在这些信件之中穿插了额外的背景评论。他后来在一次采访中透露，正是为了理性的滥用规划而对圣西门主义者进行的研究"导致我出乎意料地投入大量时间来研究约翰·斯图尔特·密尔。实际上这个人从来没有特别吸引过我，尽管我不经意地得到了最杰出的密尔专家之一的名声"[2]。在对密尔的研究过程中，哈耶克遇到了大量未曾出版过的通信。他发现密尔和泰勒之间的通信"特别令人着迷"[3]，这最终促使他把其中最重要的通信集结成书。

　　接下来我们看看"个人主义：真与伪"，这篇文章原本是用作《理性的滥用与衰落》的导论。如果说哈耶克后期的政治学著述《自由宪章》和《法律、立法与自由》中的许多最重要的主题，都已经出现在这篇文章中，这恐怕并非夸大其词。[4]我们从中能够找到哈耶克在讨论：法国启蒙运动和苏格兰启蒙运动存在差异；限制国家强制权力，直到这种权力对于保护公民不受他人侵害是必需的；人类知识是有限的，这意味着人们应该利用一般性规则和抽象原理来形成一套适宜的法律框架；维护市场秩序中的个人自由与实现分配正义之间存在冲突；为了社会的顺畅运行，个人遵从那些看上去难以理解或非理性的道德规则和习俗是重要的。当然，也不是所有东西都在那里，例如演化主题、自发秩序与规则遵从间的联系都是后来添加的。但是，"个人主义：真与伪"依然为了解哈耶克后来的政治哲学工作提供了一个概要。

---

[1] F. A. Hayek, *John Stuart Mill and Harriet Taylor：Their Correspondence and Subsequent Marriage* (Chicago：University of Chicago Press, 1951).

[2] F. A. Hayek, *Hayek on Hayek：An Autobiographical Dialogue*, Stephen Kresge and Leif Wenar, eds (Chicago：University of Chicago Press, and London：Routledge, 1994), p. 128.

[3] 同上，p. 129.

[4] F. A. Hayek, *Law, Legislation, and Liberty*, 3 vols. (Chicago：University of Chicago Press, 1973 – 79).

如前所述，尽管哈耶克改变了对唯科学主义的定义（将其定义为那些**以为是**自然科学所采用的方法，以及那些"科学的人们"所提倡的方法），但是他从来没有改变过其基础的方法论主张，即社会科学的限度。有趣的是，正是由于他被迫修改自己的观点，才使他最终认识到是什么导致了这些限度：科学，比如经济学，有其限度，是因为其研究的是有组织的复杂现象。这给哈耶克提供了一个基础来支持其根本结论：处理复杂现象时，那种唯科学主义的希望——科学的进步有朝一日能使我们对其进行控制和预测——是错误的，也是危险的。哈耶克之后在研究复杂现象（及相关的自发秩序）上所做的重要工作，显然与他从自然科学—社会科学之分到简单现象—复杂现象之分的转变有所关联。

最后，至少在哈耶克自己的心目中，理性的滥用与衰落规划与他在 1988 年出版的最后一本书《致命的自负》之间也有联系。该书出版四年后，他就去世了。在一张日期为 1985 年 5 月 22 日的档案卡中，哈耶克这样描述他当时正在写作的书稿："这将是我大约在 1938 年所计划的《理性的滥用与衰落》的最后成果，也是我 1944 年出版的《通往奴役之路》的结论。要完成这项工作，一个人必须成为经济学家，但仅仅如此是远远不够的！"[1]

这可以使我们指出另一个有趣之处，以作为本文的结尾。正如我们所阐明的，哈耶克大量的后续工作，直接的或间接的，都与他那个宏伟的未竟规划有联系。而那本书终究没有完成，只留下了一个书名。

布鲁斯·考德威尔
2007 年 2 月写于北卡罗来纳州的格林斯伯勒

---

[1] 这张日期为 1985 年 5 月 22 日的档案卡由斯蒂芬·克雷斯吉提供。哈耶克在做各项研究时，准备了数以千计的档案卡，上面有他自己的想法或写作时可能用到的他人的引文。

理性、规则遵循与情绪：
道德偏好的经济学*

Viktor J. Vanberg**

莫志宏***译

摘　要：对经济人模型的持续批评近年来获得了新的动力，不过，这并不是因为行为经济学和实验经济学扩展了研究范围所致。传统上，许多批评都集中在理性选择理论难以解释人类行为中道德的或伦理的考虑这一点上，并且不少人都提议要对标准的模型加以修正以弥补此缺陷。本文对这种普遍持有的"修正主义"策略——也就是说，试图通过把道德考虑作为另外一种偏好包括进个体的效用函数中——提出质疑，认为这种策略忽略了对于结果的偏好和对于不同行为模式的偏好之间的差别，并且它没有认识到"道德偏好"属于后者而非前者。对于不同行为模式的偏好，不能在以单一行为为唯一关注点的理性选择框架中得到一致性的说明。而为了做到这一点，则需要视角的转换，从理性选择理论转向规则遵循理论。

---

* 原题："Rationality, Rule-Following and Emotions: On the Economics of Moral Preferences"，是为"经济行为的自然主义视角：存在规范联系吗？"研讨会准备的论文。研讨会由马克斯·普朗克经济研究所主办，2006年10月12至14日在德国耶纳举办。

** Viktor J. Vanberg，德国弗莱堡大学 Institut für Allgemeine Wirtschaftsforschung 教授。

*** 莫志宏，北京工业大学经管学院。

一、个体的经济人模型：理性和自利

主导新古典经济学的理性人模型包括两个可以分离的核心假定：理性和自利。个体被假定总是理性地追求自己的目标，并且他们所希望获得的总是根据他们自身的福利来定义。[1] 技术上讲，理性的、自利行为的概念由这个假定加以明确，即：个体根据他们所面对的约束条件而最大化其效用函数。在这个构造中，经济人模型的理性成分由最大化假定来表示，而自利成分由包括在效用函数中的项目予以明确。实际上，这样一来在标准经济模型中，个体就被"化约"成了效用函数（Witt, 2005：4ff.）。一旦个体的效用函数确定了，经济学家不用知道更多的信息就可以预测在给定的选择集和约束条件下个体会如何选择。[2]

标准模型中的两个成分，理性和自利一直以来都饱受批评，不管是来自于经济学内部非主流方法的批评，还是来自于其他社会科学的批评（Vanberg, 2004）。近来这些批评获得了新的动力，不过，并不是因为行为经济学和实验经济学中的新发现。[3] 对这个问题人们不断充实的讨论集中于：经济人模型是否可以，（如果可以，怎样）被修正以解释观察到的行为。从这些讨论中可以很明确的是，相对于传统模型中的理性成分，经济学家们对其中的自利成

---

[1] 森（Sen, 2002a：22f.）："把理性等同于自利的这种做法在经济学中非常普遍。……这种把理性狭隘地看做是对自我利益的明智追求的做法极大地影响了现代经济学思想。不仅这些假定在经济学中被广泛运用，而且现代经济学中的许多中心定理（如阿罗—德布鲁定理）也很依赖于它。"

[2] 瓦尔拉斯（Walras, 1954：256）："在我们的理论中每个交易者被假定根据自己的喜好决定自己的效用或者需求曲线。一旦这些曲线被确定，我们表明在绝对自由竞争的假想条件下价格如何由他们决定。"在谈及帕累托的文章"数理经济学"（Pareto, "Mathematical Economics", *International Economic Papers*, Nr. 5, 1955：61）时，Georgescu-Roegen（1971：343）说："就像帕累托明确地宣称的那样，一旦我们已经确定了个体手中掌握的手段，并且获悉了其偏好，……个体就消失了。"Georgescu-Roegen（同上）评论道："个体于是被化约成函数 $\Phi_i(x)$ 的一个小标。"

[3] 对于与理性选择的新古典模型冲突的研究发现，参见，如 McFadden（2005：12ff.）。

分持一种更妥协性的态度。就如何对模型进行修正这个问题而言，他们典型地愿意修正效用函数的内容，而不愿意放弃个体最大化他们的效用函数这个假定。[1] 这种"修正主义"策略的纲领性表述充分地反映在加里·贝克尔（Becker，1964：4）的一段话中，这是他在谈及其对写作《喜好的解释》（*Accounting for Tastes*）的初衷时做出的："这本书维持个体最大化其效用的假定，同时将个体偏好延伸，以包括……爱和同情以及其他被忽略的行为。"同样的精神在许多巧妙地将自利模型加以"延伸"的文献中得到了体现，这些模型试图协调"理论和实际观察到的行为之间的不一致"。[2]

本文关注的焦点在于各种试图以这样的方式说明人类行为中的道德和伦理因素的做法。在关于"不规则行为"（behavioral anomalies）的经验证据的文献中，经常会提到，例如，"公正的标准"（Kahnemann，Knetch and Thaler，1987：114）似乎会影响个体行为，以及"在客观的效用函数中将对于公正的偏好"（同上：115）包括进来有助于解释观察到的行为不规则现象。这种将对于公正、公平或者平等的考虑包括进来的做法非常普遍，尤其是在可能行为经济学中最广泛运用也讨论得最多的最后通牒实验中。[3]

在最后通牒博弈实验中，"提议者给对方平均40％的份额（许多给对方一半）而响应者拒绝接受小于20％的份额，这个事实否定了

---

[1] 森（Sen，2002a：24）："反映'修正主义精神'的理性选择理论的一个定义是由 C. Biechieri（2004：183）给出的：'理性选择理论的中心假定是，决策者根据其偏好在可能的各种行动方案中选择最好的行动。偏好的内容是不受限制的。个体的偏好可以是自私的或利他的，自我否定的或甚至受虐性的。偏好反映价值观和行为习性，它们超出理性可以说明的范畴。需要的只是偏好是性状良好的，因此可以满足特定的形式化条件……如果偏好是性状良好的，他们可以由效用函数表示，而理性则意味着最大化效用函数，或者为效用函数找到最大值。'"

[2] Kliemt（2005：207）："为了适应有关发现结果，他们争辩道，效用函数不一定是基于物质的、尤其是货币回报而可以基于更复杂的动机。重要的是，行为可以被描述为似乎个体会最大化其效用函数或其他不管什么能够代表他们给定偏好的东西。"

[3] 最初的实验见 W. Güth、R. Schmittberger 和 B. Schwarze（1982）。实验包括两个被实验者，其中一个是"提议者"，由实验者为其提供一定量的金钱让他在他自己和第二个被实验者，也就是"响应者"之间分配。如果响应者接受提议者分配给他的数目，两个都可得到相应的数目。如果响应者拒绝，两人什么都得不到。

个体尽可能地最大化自己的利益的假定"(Camerer, 2003: 43)。
Ernst Fehr 和他的合作者们在一系列文章中（Fehr and Schmidt,
1999, 2003; Fehr and Falk, 2003; Fehr and Fischbacher, 2000）争
辩到，各种偏离理性选择理论预测结果的经验和实验证据可以得到
解释。如果放松自利假定而允许将对他人福利的考虑包括进个体的
效用函数，这样个体是完全的理性最大化者的假定仍然可得到维
持。按照这种思路，他们认为，提议者在最后通牒博弈中愿意与响
应者分享以及响应者不愿意接受小的提议份额，这样的观察结果可
以通过假定个体的效用函数中包括"社会偏好，尤其是，对互惠性
公正的偏好"得以解释（Fehr and Fischbacher, 2000: C1f.）。根据
Fehr 和他的合作者们的观点，在面对观察到的"对于纯粹自利行为
的偏离"现象时，如果允许个体不只关注自己的福利，而且允许他
们的行为受到对不公平的反感情绪以及对"互惠性公正"的关注
的影响，那么理性选择范式的解释力就可以得到恢复。

　　不过，对于不公平的反感以及公正偏好情绪所扮演的作用，
很多人对 Fehr 及其合作者们的看法并不认同。例如，有人质疑，
在最后通牒博弈实验中，是否真的是对于公正的考虑导致了提议
者的"慷慨"？或者相反，是提议者对于响应者拒绝接受小份额分
配的预期导致了这种行为？[1] 而实际上，还存在基于更简单的假

---

[1] Elster（1998: 68f.）："在对最后通牒博弈的最初研究中，人们经常争辩到，博弈者之
　　所以偏离自利行为模式是因为他们受到对于公正的考虑的驱动。后来的实验基本上排
　　除了这种解释。在独裁者博弈中，其中第二个博弈者根本没有选择，第一个博弈者通
　　常不是那么慷慨（Roth, 1995: 270）。相反，之所以第一个博弈者表现得比较慷慨，
　　是因为他对于第二个博弈者宁愿什么都没有而不愿意接受小份额的分配的预期，就
　　像 Bolten 和 Ockenfels 提到的'响应者关心平等'（Bolten 和 Ockenfels [2000:
　　169]：'提议者可能关心平等 [他们确实在独裁者博弈中有所给予]，但似乎是响应
　　者对平等的关注决定了博弈的结果。'）所表明的那样，提议者基于对响应者不愿意
　　接受小份额分配的预期而行事，意味着提议者并没有期望对方会像理性选择理论预
　　期的那样行事，也就是说宁愿接受一个小的分配额而不是零分配。这就是说，最后
　　通牒博弈中的被实验者显然不是像标准经济模型中的人那样行事。并且不依照该模
　　型行事对他们来说是审慎的，因为如果他们那样做了反而会对他们不利。就像 Hart-
　　mut Kliemt（2005: 211）说的：'最后通牒博弈中的提议者通常会什么都得不到而
　　付出很大的代价。'"

定的其他解释，例如个体根本就没有考虑公正或公平本身而只是他们自己的相对地位而已。[1]

不管实验经济学家们自己在内部如何解决这样的解释冲突，但对本文来说我们最关心的是，是否道德偏好可以被合乎逻辑地视为个体效用函数中的一项而得到解释，如果是，那么在什么程度上它们在人类行为中扮演了其角色？当然，没有理由拒绝在一个宽泛的意义上谈论对于公正、公平、平等等的偏好，如果这仅仅意味着人们不只关心自己的利益，而还要考虑自己以及他人的行为是否符合普遍接受的"公正"、"公平"或"伦理的"标准的话。现在我们关心的是，是否这样的"道德"偏好可以像"通常的"对于金钱收益、可消费物品以及其他需求物的偏好一样对待。我认为，有一个关键的界限是必须划出的，这一点由肯尼斯·阿罗（Arrow，1996：xiii）予以简洁地表述："选择是对不同行为模式的选择，而偏好顺序是针对不同后果。"

理性选择理论用一种严格的工具式的眼光看待个体行为，把它当做个体实现其目标的工具或手段。相应地，根据对预期结果的考虑，个体在不同的行为模式之间作出选择。如果行为 A 预期产生的结果比采取其他行为的结果更好，理性选择理论则预测个体会选择行为 A。在这样的理论框架中是没有对于行为本身的偏好的位置的。正是这个事实，我认为使得在理性选择框架内通过调整效用函数的内容以解释道德偏好不具有逻辑一致性。

道德原则、公正或合理的标准等，典型地是关于行为本身的，而不是关于行为的结果的。[2] 它们是行为规范，要求人们必

---

[1] Bolten 和 Ockenfels 认为，个体最大化一个包括他们自己收益以及他们"相对收益份额"的"动机函数"（2000：171）。他们是这样论证的（同上：189）："不少研究都发现人们不愿意做出少量牺牲以维护平均主义。同样的实验对这样的观念提出了怀疑，即人们像一个纯粹的非自利的利他主义者一样关注收益分布。人们看起来是自我中心的，但以一种不同于有关理论预测的方式行事。"

[2] 这并不是说道德原则就不关心结果。不过，就它们的典型表述而言，它们是不关心结果本身而是关心个体应该如何去获得有关结果。

须以合理的、公正的或伦理的方式行事。它们告诉人们不能偷盗、不能欺骗、必须信守承诺等。他们典型地关心的不是个体想获得什么，而是以什么样的方式获得他们所欲求的。如果"道德偏好"这个概念要有任何意义的话，我的观点是，它只能用来指对于以道德的方式行事的一种偏好，也就是说，与行为的道德规范相一致。换句话讲，道德偏好如果是什么的话，它只能是对于有关行为模式的偏好，而不是对于行为结果的偏好。

在人类的决策中扮演重要角色的，除了对于行为结果的偏好外，还存在着另外一种对于偏好，即对于特定行为本身的偏好，这个事实当然并没有完全被经济学家们所忽视。例如 Bruno S. Frey 就在多处贡献中强调了"内在驱动"[1] 以及"程序效用"[2]，它们都与这个问题密切相关。不过，就我所知，对于这个事实，即解释对于特定行为本身的偏好需要一种从理性选择到规则遵循的行为理论的视角转换，并没有受到太多的关注。

二、对于行为的偏好与规则遵循行为

之所以使用"道德偏好"概念来解释"不规则行为"的实验经济学家没有意识到，从理性选择到规则遵循之间存在着某种视角的转换，我想，原因在于他们倾向于模糊关心他人的偏好（other-regarding preferences）同道德偏好之间的差别。但是实际上，认为个体不仅从自身利益的角度而且从他人利益的角度对行为的后果进行评估，与认为个体受道德规则或公正的原则的驱动而行事之

[1] B. S. Frey 和 F. Oberholzer-Gee（1997：746）："人类行为受到外在的和内在的动机影响。前者基于外部因素驱动。特别是，个体遵循普遍的需求法则。内在动机，相反，与个体采取某种行动仅仅是因为他喜欢这样做或者因为个体从履行其职责中获得了某种满足相关。"
[2] B. S. Frey、Benz 和 Stutzer（2004：377）："效用的经济概念是结果导向的。"（同上：379）；"程序效用，相反，意味着还有超越反映在传统的经济效用函数中的工具性产出之外的东西存在。人们可能对于工具性结果**如何**产生出来的有特殊的偏好。这些对于过程的偏好产生程序效用。"

间存在着重大的区别。认为个体的"对于结果的主观评价不是纯
粹的经济评价"（Fehr and Fischbacher, 2003：788）是一回事，在
这种情况下"非自利的动机"可以通过明确他们的效用函数得以
解释，但是认为个体有"奖励他人合作性的、规则遵循行为以及
对他人违反规则的行为施加制裁的倾向"（同上：785）又是另外一
回事。必须区分这两种说法，"我们像对待个人效用函数中货币和
私人物品一样对待利他偏好"（Gintis and Khurana, 2006：11）与
"性格优点"如诚实、公正等可以被包括进个人的效用函数中与
其他欲求的目标相权衡（同上：18）。

　　将个体用效用函数表示、并用它来解释人类行为的理性选择
理论的关注点在单个的选择行为，并且根据行为的预期结果对其
进行解释。[1] 这样理性选择视角单独看待每一个行为，并且对其
进行纯粹的工具式解释，把它当做是实现欲求目标的手段。每一
次个体都被认为是在可行的选择集中选择预期能够导致最好结果
的选择。确实，理性选择理论可以允许"利他的"或"关心他人"
的偏好被解释为对于结果的偏好。如果个体被认为根据行为如何
影响不仅是他们自己的福利也影响他人的福利来判断其行为的预
期后果的效用的话，理性最大化解释的基本逻辑根本未受到触
动。当然，现实是否如此取决于经验检验。不过，有一点是明确
的，即：以纯粹工具式的眼光看待个体的理性最大化行为，在逻
辑上不允许个体根据对于结果的偏好以外、其他的对于行为本身
的选择标准。但当"性格优点"或"行为倾向性"被认为引导人类
行为时，这种对于行为本身的标准或者偏好，不可避免地，或者
是隐含地，会被调动起来。因为"性格优点"以及"行为倾向性"
的意思就在于个体不会对在特定情形下不同行动方案预计产生的

---

[1] 就像 H. Kliemt（2005：205）提到的标准经济学理论中的"理性主体"一样：他"根
　　据选择的未来结果而机会主义地行事。行为规律性会出现，当且仅当个体所面对的激
　　励以同样的方式反复地对其自身利益产生影响。但是他总是根据具体情况进行具体
　　判断。……一旦未来看起来和过去不一样，他立即改变其行为以符合其利益"。

不同后果做出反应，而仅根据在所处的环境中预设的（precon-ceived）关于什么样的行为是伦理上要求的或者合适的观念或标准行事。[1] 而根据预设的标准行事，就等同于规则遵循行为，因为行为规则可以以"如果—那么"式的指令表示，其中"如果"中的成分说明行动的条件类型，而"那么"中的成分说明应该做出什么样的行为反应（Vanberg，2002a：16）。相应地，说一个人的行为受到其对于行为偏好的引导，相当于说他以规则遵循的方式行事。

当个体有遵循规则的行为倾向时，他们通常会从遵循或者违背该行为倾向中产生情绪反应。[2] 例如，当他们"偏离"有关行为规则时，他们很可能感觉不舒服。由于这些情绪反应有点像个体在作出选择时考虑的其他行为后果，你可能会认为行为倾向也可以作为个体效用函数中的组成部分而由理性选择理论加以解释。不过，这样的想法是错误的，因为个体遵守规则的倾向性的实质就在于他在某些类型的条件下以某种特定的方式行事而根本不考虑在每一情形中这样做的预期结果。确实，个体可能不时地会故意不按照他们的规则遵循习惯行事，把由于违背规则而产生的利益增进看得比由此导致的良心谴责更重。并且确实有这样的情况，个体的规则遵循行为是其理性算计的结果，因为他认为违背规则带来的利益不足以弥补其良心所受到的谴责。但是这些恰恰是个体从规则遵循的行为模式转向条件性的、个案式的选择模式的例子，它们不能代表"标准"的规则遵循行为的事例。

三、森对"同情心"和"信诺"的讨论

在多处贡献中，森都论及到了我们这里的议题，因此有必要

---

[1] 隐含在行为倾向性中的标准在个体面对的特定的选择场景中是"预设的"或"无条件的"。就个体的总体学习历史而言，它们是过去经历的替代性行为方式带来的结果的产物。
[2] 情绪在规则遵循行为中的角色，下面我会在第五节论及。

关注一下他的论点。在谈到如何修正理性选择模型以解释观察到的与理性自利假设不一致的现象时，森提出，应该区分对同情心（sympathy）和对信诺（commitment）的解释。根据他的观点，同情心可以毫无困难地在理性选择框架中得以说明，只需要将自利的概念范畴加以扩展就可以了，"自利并不意味着一定要求个体是自我中心的，因为个体也可以从对他人喜乐和痛苦的理解中获得快乐"（Sen，2002a：31）。如果"理性选择"最低限度地被定义为最大化某种事物，不仅对他人的关心可以很容易地"在有关个体的效用函数中"被接纳，对于个体欲求的任何种类的"目标"或"价值"，森争辩道，也可以在理性选择框架中得以解释。因此，他坚持认为，同情心截然不同于信诺。[1]

虽然我们的日常经验以及许多经验研究都"表明信诺行为有其自己的范围"（Sen，2002a：9），但它不能由标准的理性选择理论予以解释，即便是该理论的最低限度版本。[2] 森自己对于如何解释信诺行为（committed behavior）的建议是，我们必须放松"基于自我目标的选择"（self-goal choice）这个假定，即个体的选择仅反映他自己的目标，并且允许对私人目标的追求"与对他人目标的考虑相妥协"（Sen，2002c：215）。评论者如 Philip Pettit 批评森的建议是非常不现实的。[3] 确实，很难看出在什么意义上人类选择可以不是——用森的话讲——"基于自我目标的选择"。[4] 不过，如果重新用另外一种方式说明"信诺行为"的性质，也就是说，基于对

---

[1] 森（Sen，2002c：214）："同情——包括冷漠，当情况相反时——指个体的福利受到他人状况的影响……而信诺却是要破除个体福利与行为选择之间的紧密联系。"

[2] 森（Sen，2005a：8）："给予信诺行为一定的重视，原因在于它能够帮助我们解释许多我们实际观察到的、而狭隘的理性选择理论所不能解释的行为模式。"

[3] 就像 Pettit（2005：19）批评的那样，森认为："人们可以成为超出其自身目标的目标系统的执行者，这是非常不现实的，至少表面上是这样。"

[4] Pettit（2005：19）："根据理性选择理论的最低限度版本，个体可以由最大化某物的行为予以表示，或者根据自己的目标行事，满足森所说的'基于自我目标的选择'……理性选择理论的最低限度版本与常识接近。……认为我们可以是超出我们自己目标的目标系统的执行者，这肯定是成问题的。"

于结果的偏好和对于行为的偏好的区分，并且注意到对于行为的偏好与规则遵循行为之间的密切联系，那么，蕴涵在森所提出的不同于"基于自我目标的选择"这个概念中的内在困难就可以避免。这样的"重新表述"实际上森（Sen，2002c：214）自己也是接受的，因为他曾提到在信诺行为中"违背基于自我目标的选择"可能"产生于对追求自己目标所设定的自我限制（而愿意，如遵循特定的行为规则）"。[1] 显然，这是一种规则遵循的信诺，它在森看来，比起关心他人的偏好或者非自我的福利目标或价值来，对标准的理性选择理论构成了"更严重的"挑战（Sen，1973：249ff.）。接受"特定的行为规则作为义务性行为的一部分"，在森看来，"不是在每一次都问我能从中得到什么、我的目标怎样才能以这样的方式得以推进的问题，而是理所当然地采取某些行为模式的问题"。[2]

正像森猜想的那样，实际上正是现实世界中人类以规则遵循者的方式行事而不是像标准理性选择理论中的目标最大化者那样行事这样一个事实，使得人们可以实现许多合作的相互利益，而这样的利益对于策略性的理性最大化者是不可能的。在囚徒困境所描绘的策略性的相互依存性条件下，森（Sen，1973：250）认为："这正是道德规则传统上发挥重要作用的情形。囚徒困境类型的情形在我们的生活中会以各种方式出现，而一些传统的关于良好行为的规则要求个体暂时中止理性算计。"[3] 规则遵循行为与对于行为的偏好而不是对于结果的偏好有关，森明确意识到这点，

---

[1] 也参见森（Sen，2002a：7）："个体的选择可能受到他人目标或行为规范的约束或影响……因此违背基于自我目标的选择。"以及森（Sen，2002c：219f.）："对基于自我目标选择的拒绝反映了一种信诺行为，它不能由扩大所追求的目标的范围而得以说明。它要求从行为规范（它使个体系统地偏离基于目标的选择）出发来解释。……并且它与亚当·斯密讨论过的基于规则的行为有密切联系。"

[2] 森（Sen，2002b：178）："但是，遵循规则……其背后的驱动力不一定是对于他人福利的考虑……而仅仅是遵循已有的规则而已。"

[3] 森（Sen，1973：251）："假设囚徒困境中的每个犯人都不是按照上面描绘的理性算计方式行事，而是遵循不要让对方失望的信条，不管由此产生的后果是什么……选择不招供不是基于对自身福利的算计，而是基于暂时放弃理性算计的道德行为规范。"

所以他（Sen，2002b：191f.）才说："这个问题接近亚当·斯密的论点，即：许多行为规则性可以通过理解人们对于行为的态度而不是对于最终结果的态度而更好地解释。类似地，康德在社会伦理学中赋予了'绝对命令'以中心的位置……虽然斯密和康德的推理都是规范性的而非描述性的，但他们的分析是密切联系的，因为他们都把实际的行为理解成是部分地基于规则的。行为分析通过 $K(S)$ 而不仅仅是通过一个'什么都考虑进来'的泛偏好排序把实际选择的过程包括进来。"[1]

四、规则的理性与道德偏好的"理性"

在哈耶克的工作中，一个中心的主题就是，知识和理性的局限性要求我们遵循规则而不是在每个具体情况中都斟酌性地进行决策。他认为，"规则遵循现象的全部基础"在于我们"对那些决定我们行为后果的大多数具体情境的无法避免的无知"（Hayek，1976：20）。[2] 本着同样的精神，R. Heiner 给出了为什么"不完美的"个体，也就是不具有完备知识和完全理性能力的个体，可以从遵循规则中而不是从个案式的最大化决策中获益的充分论证。[3] 对完美个体——也就是在具体情境中都能够无差错地决策的个体——来说，进行个案式的最大化决策显然是最好的策略。但对于不完美的个体

---

[1] 对于记号"$K(S)$"，森（Sen，2002b：189f.）评论道："实行某些超越对特定目标的追求的禁令性行为规则已有很长的历史。就像亚当·斯密说的那样，我们的行为选择经常反映一些'普遍的规则'，它们要求避免实施某一类特定的行为。为了正式地表示这个意思，我们可以考虑一种不同于从给定的选择集 S 中（由外在限制所给定）根据一个全面的偏好排序进行最大化选择的结构。相反，个体可能首先通过接受一个'可行的'子集 $K(S)$，反映自我强加的约束来限制选择集，然后在 $K(S)$ 中追求最大化结果 $M(K(S)，R)$。"

[2] 理性主义的主张"人能够通过对所有可能行为方案后果的全盘评估而成功地协调其行为"，不仅是"对于我们智力能力的一种繁复的假定，而且也完全误解了我们生活的这个世界的性质"（Hayek，1967：90）。

[3] 最早的贡献者是 Heiner（1983）。对于 Heiner（1983）以及其后来论文中的论点，更详细的讨论见 Vanberg（1983，sect. 3）。

而言，相反，遵循规则可能会更好，即便有时遵循规则会导致不如最优结果（也就是具有完美理性的个体可以实现的结果）的结果。显然，对于不完美个体，其规则遵循行为的合理性在于这两方面的比较：一方面，他采取个案式的最大化策略会导致的犯错概率；另一方面，他遵循特定的规则可能导致的错失机会的概率。第一种风险是个体能力的函数，包括个体对于不同的行为可能导致的结果的推测是否正确、可靠，他对于相关环境条件的认识是否全面以及他是否能够正确地计算相关的收益和损失等。[1] 第二种风险是个体所依赖的行事规则的质量的函数。它取决于这些规则对个体所在的环境中的频发事件的适应程度，以及在新的选择环境中它们是否能够使个体容易抓住有关线索以便应用新的规则。[2]

　　哈耶克和 Heiner 将我们的注意力集中到事实上的和猜想性质的知识在人类决策中的作用，这个作用完全被理性选择理论所忽视，该理论把个体模型化为效用函数并且声称个体在任何特定的选择环境中的行为都可以通过其效用函数被预测。对这样的理论来说，只有两种选择，要么必须假定所有个体，包括作为分析者的经济学家，都具有同样的（完美）事实知识和猜想性质的知识，要么就必须牺牲掉最大化范式颇具欺骗性的简单性优点，而允许不同个体在所拥有的知识以及"思维模型"上的差别，从而容纳有关解释的各种复杂细节，如个体到底希望获取什么，他们是如何根据所知道的和所相信的行事的，等等。

　　确实，所有行为，不管理性选择还是规则遵循行为都一定是受到个体所在环境的知识的引导。但是，在理性选择的情形下对于个体明示知识的需要，非常不同于在规则遵循行为中对于同样知识的需要。理性选择是针对特定的环境做出反应，需要考虑在

---

[1] 完全理性假定认为个体具有无限能力。相应地，对这样的个体来说，个案式的最大化决策中的犯错率是零，这就使个体没有必要按照规则行事。

[2] 规则通过筛选出个体所面临的选择场景中的某些方面而使他不用考虑"任何事情无穷尽的复杂性"就可以知道如何行动（Vanberg，1993：181f.）。

可能的各种选择中所有潜在的相关信息，它需要个体能够对所有可能选择的后果进行预测，并算计相关的成本收益。在复杂的环境中，这显然是非常困难的任务，在很多时候对于一般人来说是超出其能力范围的。相反，规则遵循是关于个体如何在特定类型的条件下做出特定类型的行为反应。它要求个体能够对他所面对的环境进行归类，并且知道在给定类型的环境下什么样的行为是合适的。这样的规则它本身就体现了个体所在环境中对于相关状况的"知识"，这种知识不需要个体主动地去掌握。正是因为个体能够从隐含在合适的规则中的"智慧"获益，相对于个案式决策，规则遵循行为大大降低了对于个体明示知识和认知能力的需求。

认识到生活在真实世界中的"不完美"个体遵循规则行事可能比个案式的斟酌决策过得更好，这个事实要求我们更宽泛地理解人类理性，而不是像传统的理性选择理论那样狭隘地看待它。传统理性选择理论把注意力集中在单一行为上，只能根据个体的目标函数以及特定决策环境中的具体因素而判断个体行为是否是理性的，也就是说，是否是个体为实现他想实现的目标而采取了最好的手段。在这个意义上，一个行为只要不是"最好的手段"就不能认为是"理性的"行为。通过把分析焦点从单一行为转向行为规则的层次，哈耶克和 Heiner 使我们认识到，规则遵循在这个意义上是"理性的"，即：它能够比易犯错的个案式斟酌决策模型在整体上导致更好的结果模式，即便有时它需要采取在标准的理性选择理论意义上并不是"理性的"行为。[1]

如前所述，规则遵循行为是否能够在事实上导向比个案式的斟酌决策更"好"的结果模式，当然取决于规则的"质量"。这使人不得不思考，个体是如何采纳有关规则的，他们又是如何选择"好"的规则，也就是能够使他们过得更好的规则。很明显，而

---

[1] 一个从个体的效用函数角度看不"理性的"行为完全可能是由"理性的"行为倾向性——或对行为的偏好——而引发的。这种行为倾向使个体在他所处的环境中能够成功地应对频发的问题类型。

且人们也经常注意到，个体并不是像选择不同的行为那样选择采纳某种规则。个体不能通过行为学习获得规则遵循的习性，而且他们可能甚至故意地采取措施以便提升其学会获得某种所希望秉持的习性的可能性。这种习性在这种意义上可以被看做是对于某种行为的偏好，即：他们使个体在某些类型的环境中倾向于以某种特殊的方式行事，或多或少不对其他可能的行动方案在具体情况下可能带来的成本收益进行算计。[1]

特别地，个体受"道德偏好"的影响，也就是说，个体倾向于遵循道德规则行事——是否"理性"取决于规则的性质以及规则运用的环境的性质。不过，历史记录以及日常经验提供了丰富的证据表明，很多时候人类社会生活条件经常是这样的，在其中对于大多数人——即便不是对所有人来说——采纳道德偏好是"理性的"。[2] 就像其他规则一样，遵循"道德规则"在这个意义上是"理性的"，即：它能够比采取其他的办法更能够增进个体的利益，即便在一些特殊的情形下导致的结果并不那么好。不过，由于个体缺乏这样的能力识别哪些是属于这样的特殊情况，对不完美的个体来说，遵循规则总体上还是会比较好。[3]

与理性选择理论相同，"理性的"规则遵循理论也是采取了一

---

[1] 遵循规则行事的倾向并不意味着完全不进行情景性算计（situational calculation），而是完全可能是基于对于其他行为模式的有意识考虑之后作出的选择（更多的讨论见这一节接下去的内容）。

[2] 基于一个简单的计算机模拟竞赛，Vanberg 和 Congleton（1992）表明，在个体可以容易地避免与不喜欢的对象打交道的"道德程序"中（该程序是这样定义的：个体总是与其打交道的他人合作，但是不与叛变者打交道），个体在囚徒困境博弈中表现得最好。

[3] 这个事实由勒纳在论及自由贸易"作为一种普遍规则"时的一句话简练地予以了描述（引自哈耶克 [Hayek，1960：428]）："就像所有的普遍规则一样，始终存在一些特殊情况，对于它们来说如果个体知道所有相关细节的信息以及有关的所有后果，不遵循规则会效果更好。但是并不能因此就认为这个规则是坏的，或者找理由不适用它，因为在通常情况下，没有人知道所有有关信息因而不知道什么样的具体情况可以作为特殊情况看待。"这种具有诱惑力的选择，既获得规则遵循的好处，同时还不放弃利用例外规则获益，事实上并不存在。选择这种"策略"实际上意味着回到个案式的机动性选择模式，具体问题具体分析。

种"结果主义"（consequentialist）的视角看待人类行为，即它同样假定人类行为最终是受到其收益的支配。它们的差别在于，理性选择理论认为单个行为是根据行为的预期结果而选择的，而规则遵循理论则认为引导个体行为的倾向性是受过去的收益经历而被塑造的。两种理论都假定，在一定意义上，人类行为是基于"对好处的算计"（calculus of advantage）的，不同的是，理性选择理论把这种算计放在单个行为的层次上，而规则遵循理论坚持认为，尽管人类确实是在特定的个别情形中进行决策，但他们的行为也受到行为倾向性的影响，而这种行为倾向性是在行为规则这个层次上基于"对好处的算计"而采取的。[1]

说行为倾向是基于"对好处的算计"，当然并不意味着它们是有意识的算计的产物。它只是说，行为倾向形成的过程一定包括了某种"记录的方法"，它记录了在不同类型的环境中不同的行为模式的相对效果，也就是说，它们在多大程度上有助于个体在其所在的环境中解决频发问题。这种"记录的方法"可以被认为存在于——并且相应地，有必要在理论上使其明确——三个层次：生物进化的层次、文化演化的层次以及个体学习的层次。在这三个层次中的每一个学习过程或者"知识积累"都基于同样的原则——试错淘汰、变异以及选择性保留——而发生，虽然在各个层次中具体运作的模式可能很不相同（Campbell，1987）。在生物进化的过程中，会有基于基因的行为倾向或行为程序形成，我们称之为"人性"。[2] 文

---

[1] 这里讨论的理性选择理论与规则遵循行为理论之间的对照类似于行动功利主义（act-utilitarianism）同准则功利主义（rule-utilitarianism）之间的对照。

[2] Cosmides 和 Tooby（2000：98ff.）："在古代，像什么最合适吃，或者，他人的面部表情和他们的思维状态是什么关系等这样的信息加工问题经常出现。信息加工程序——食物喜好与厌恶，或者从面部表情推断情绪的规则——要求一套而不是许多套设计特征，因为被保留下来的特征能够对这些信息加工问题进行最好的计算……自然选择会提取出那些对于任何组织来说无法觉察的统计关系。它通过检验随机产生的各种设计、其中每一种设计体现了关于世界结构的不同假设，并保留那些最成功的实现这个目的的设计。……那些最有效地利用了这些真实的但基因上无法观察的关系的设计比那些基于其他关系的设计会表现得更好。"

化进化则塑造社会性的传统和行为规则，我们称之为"人类文化"（Vanberg，1994a）。而个体在其生命周期中的学习过程，既是基于其与生俱来的基因遗传，也被其所在的社会环境所塑造，同时该学习过程使得个体的行为倾向库得以形成（Witt，1987）。

接下来，本文的焦点是在"记录的方法"上。"记录的方法"在个体行为学习的层面上起作用，尤其是通过对于个体情绪的影响而影响个体的学习行为。

五、规则遵循、道德偏好与情绪

理性与情绪之间的关系近来除了在经济学（Damasio，1994），在心理学和神经科学（Frank，1988；Elster，1996，1998；Loewenstein，2000；van Winden，2001；Bosman，Sutter and van Winden，2005）也得到了越来越多的关注。许多假设被提出来以说明情绪会如何对清醒的、审慎的行为产生影响，或者，会使个体比其进行完全理性算计能够更成功。[1] 试图把情绪因素考虑进理性选择框架的经济学家通常把情绪看做是"可以像产生于物质报酬的满足感一样进入效用函数的心理成本或收益"（Elster，1998：64）。[2] 对于是否可以把情绪模型化为效用函数中的成分，使其与对于结果的其他"普通的"偏好相权衡，这一点实际上是受到争议的（Bosman，Sutter and van Winden，2005：408）。Bosman 等提到了 J. Elster（1998：73）说的"情绪的双重角色"（dual role of emotions）。按照 Elster 的说法，情绪的双重角色"不能被简化成仅对理性选择的回报参数产生影响"，它们"不仅影响（选择的）回报而且

---

[1] 参见，如 Elster（1998：59ff.）、Cosmides 和 Tooby（2000：93ff.）、Loewenstein（2000）、van Winden（2001：491f.）。

[2] Bosman、Sutter 和 von Winden（2005：208）："情绪在决策中的角色在经济学中越来越受到关注……标准的模型方法是把情绪作为效用函数中另外的（心理）成本或收益来处理。情绪与其他的物质回报在决策算计中被置于同样位置。"

影响选择本身"（同上），譬如它们作为一种"行为倾向"（action tendencies），而不是作为选择的成本或收益。[1] 类似地，Bosman、Sutter 和 van Winden（2005：412）争辩道："情绪可以根据行为倾向性来定义，是一种要贯彻执行特定的行为模式或者坚持不做出某种行动的驱动力。"[2] 而 Loewenstein（2000：428）认为，情绪经常作为一种"应该采取或者不采取特定行为时的感受"而被体验到，是一种很可能与基于对"行为的预期后果的分析"所要求采取的行动相冲突的感受。

我认为，情绪作为"行为倾向"可以被系统地理解，并清楚地同它们作为效用函数中的成本和收益的角色区分开来，只要把它们解释成对于行为的偏好，也就是说，作为驱使个体采取某种行动或抑制他采取某种行动的内在力量。从这个意义上理解，情绪可以说明个体在特定类型的情形中倾向于遵循某种特定行为规则的"强度"。形象地讲，它们是"流通币"，"对好处的算计"根据它们在行为规则的层面上进行。

情绪反映了个体多么忠诚地遵循规则行事而不是根据具体场景中的利益得失而机会主义地行事。尽管 John H. Holland 并没有从情绪的角度讨论这个问题[3]，但在其基于规则的适应性个体理论中他谈到了"规则的力度"（strength of rules）问题，也就是它们对于行为引导的力量，这也可以用于说明情绪在促使个体遵循规则中的作用，即便在那种存在相反的激励因素的场景中。Holland 的适应性规则遵循行为理论以及他设计出来模型化规则遵循的学习过程的计算机模拟程序，其核心在于他提出的适应性个体（adaptive

---

[1] Elster（1998：99）提到如嫉妒这样的情绪"被解释为行为倾向比解释成行为成本更好"。又如 Elster（1996：1388）："大多数情绪都与一种特殊的行为倾向相联。"

[2] Bosman、Sutter 和 van Winden（2005：412）在这里引用了 N. H. Frijda（1986：78）的话："很明显，那么，行为倾向是一种程序，该程序在掌控行为和信息加工上有优先权。"

[3] 参见 Holland（1995，1998）。更详细的对于 Holland 使用的方法的讨论，见 Vanberg（2004：12ff.）。

agents）概念。这一概念指的是，能够运用过去经验来改变其行为的个体装备有一个规则库，"随着经验的积累"（Holland，1995：10），他们调整这些规则库中的规则来适应所在环境中的各种情况。这种适应性源自于变异以及根据结果进行选择的过程。为了系统性地筛选出"好的"并淘汰掉"差的"规则，一个反馈机制或者记录机制必须存在，以便给予那些有助于个体在其环境中成功地生存的行为实践以分数奖励。

为了达到这个目的，分配奖励分数的办法必须给予那些自身并不能带来直接回报的行为实践合适的分数奖励。这种行为实践虽然自身不能带来直接的回报，但它为最终会带来直接回报的行为链条做好铺垫。[1] 这一点，显然对于典型地不能产生直接回报的道德实践来说，具有特别的相关性。在 Holland 的计算机模拟中奖励分配作为一种机制而被模型化，被称为"传递水桶算法"（bucket brigade algorithm）（Holland，1995：56；1992：176ff.）。这种机制多少像市场中奖励或回报的分配机制一样运作，其中，只有最后的卖者得到"最终回报"，也就是消费者支付的价格，但是，在消费市场上得到的收益会沿着生产链条向后转移到最终产品的生产者、最终产品的投入品的生产者以及生产投入品的投入品的生产者，等等。

我猜想，情绪和行为倾向形成的过程一定是基于类似于 Holland 的"传递水桶算法"那样的"奖励分配"（credit assignment）机制而运作的，其中与特定的行为实践相联的情绪力度——或者以某种特定方式行事的倾向性强度——反映了在个体过去的行为历史中分配给不同行为实践的"分数"。当然，到底在实际中这样

---

[1] Holland 等（1986：16）："当系统从环境中因为一个特定的行为获得回报时，奖励分配并不是特别困难：系统仅需要强化在那时起作用的所有规则即可。当奖励必须分配给那些为后来导向最终回报的行为序列做好铺垫的早期行为规则时，问题就比较困难。"

的"奖励分配"如何运作，这并不是当前要关注的问题。[1] 不过，这里指出这一点就足够了：上面的视角提供了对于行为中"伦理"因素角色的一种解释，它比像 Fehr 及其他人提出的把情绪当做个体效用函数中的普通偏好包括进来的做法更具有逻辑一致性。

就像所有对于行为或者行为倾向性的偏好一样，道德偏好也是学习过程——包括生物的和文化的进化过程——的产物[2]，其中不同行为实践对于促进个体福利的能力的经验随着个体对于不同行为实践的情感依附（emotional attachment）而被积累和提炼。个体的道德倾向或偏好的强度，如果这样理解的话，是其过去学习历史的函数，也就是说，他是通过过去直接的或间接的关于不同的行为实践在其所在环境中会带来什么样的回报的经验而学到的。相应地，个体的道德偏好差异不一定反映了个体对于结果的不同偏好，就像 Fehr 及其他人所认为的那样，而是相反，反映了个体不自觉地持有的理论的差异。这些理论他们不一定意识到了，但已经渗入他们的行为倾向中，这些行为倾向是其过去学习经验的结果。

如果比较被实验者在原始版本的最后通牒实验中的行为同他们在修正版本（此时通过某种象征性的任务决定谁是提议者、谁是响应者［Smith，1998：12ff.］）中的行为时，就可以意识到，道德倾向作为对于行为的而不是结果的偏好可以很好地解释在最后通牒博弈中观察到的"行为不规则"现象。提议者在修正版本中——其中他们（认为）是因为在先前的任务中表现得更好而"赢得"了他们

---

[1] 就像 Smith（2003：469）说的那样："大脑能够在离线状况下下意识地学习。"

[2] 森（Sen，2002a：25）："也存在这样一个难题，即很可能宽泛的价值目标本身也是演进的结果而不是理性的事前选择的结果。"以及森（Sen，2002c：217）："就遵循'习惯性'规则而不是毫不妥协地根据自己的目标进行最大化算计能够产生更好的结果而言，同样存在基于'自然选择'说辞的论点支持这样的行为模式，导致它们存活并稳定下来。……这是一种'演化的'影响，其运作的方向完全不同于弗里德曼认为的利润最大化者才能生存这种机制起作用的方向。"

的角色——相对于在原始版本中更不慷慨地对"饼"进行了切分，而响应者则愿意接受更小的份额，这个事实用个体对于不平等结果的反感很难予以解释。而如果假定个体行为受到一定的行为倾向引导，该行为倾向使个体能够将两种实验场景区分为两种不同的问题场景，各自对应不同的行为模式，那么，这就很容易得到解释。

原始实验可以归入这一类，其中收益的分配是纯粹基于运气，在这种情形下被实验者可能学会了采用更慷慨的分配规则。而对于修正版本的实验，被实验者可能把它归入另外一类，其中收益是基于能力而产生的，相应地，根据个体贡献的多少进行分配被认为是合适的分配规则。事实上，演化心理学家如 L. Cosmides 和 J. Tooby 已经指出，这种行为倾向很可能已经被植入我们的遗传基因中，因为食物分享曾是我们祖先在长期的演进历史中所必须面对的标准问题，我们有理由认为人类头脑演化出了一个专门的解决分享性质的问题的模块，它基于所分享的收益主要是运气还是努力的结果而诱发不同的行为倾向。[1] 不管生物演化是否确实产生了如 L. Cosmides 和 J. Tooby 所猜想的问题解决模块，有一点是非常可能的，那就是，学习过程本身就可能产生那样的行为倾向性，因为这些行为倾向性提供了如何解决两种不同性质的分享问题的普遍性指导。对于这样的行为倾向性——不管它是基于基因的，还是学习到的——的证据，在人类学家关于食物分享的报告（Ridley，1996：89ff.）里以及实验室的实验中都可以找

---

[1] Cosmides 和 Tooby（1994b：108f.）："在不同的环境中，个体从不同的分享规则中获益。例如，当个体粮草搜集的波动性比群体大时，在群体范围内分享食物就可以使波动性得到缓冲。实质上，个体此时以社会义务的形式存储食物。"食物分享作为一种形式的社会保险，就像 Cosmides 和 Tooby 认为的那样，典型地适用于运气对于获得它们起很大作用、并且其提供的食物量远远超过个体当前需求的大型猎物，而对于像草药或果实就不适合，因为其获取主要是劳动的结果，分享会导致搭便车。把这用普遍的规则加以表述，Cosmides 和 Tooby（1994a：331）写道："这些机制在资源获取存在高波动性条件下使分享性规则有很大的吸引力，而当资源获取是劳动的结果而不是运气的结果时就不再具有吸引力了。"他们总结说（1994b：110）："因为粮草搜集和分享是复杂的适应性问题，有长期的演化历史，很难不认为人类演化出解决这种问题的高度结构性的、范围特定的心理机制。"

到。后者表明，非常普遍地，"在个体收益受到威胁的情况下（个体付出了劳动），其行为会表现得非常不同于接受实验者分配给他固定预算的情形（个体没有付出劳动）"（Bosman，Sutter and von Winden，2005：407），并且基于所得收益是自己"挣的"还是纯粹基于运气而得，他们对于他人的态度也会非常不一样。

当然，个体存在着道德偏好或具有规则遵循倾向性，这并不意味着他就对所面对的决策环境的整体激励结构完全不当回事，而仅对那些使他可以对特定问题场景进行归类的"线索"做出反应。即便人类行为，包括道德行为，在很大程度上是"常规化的"（routinized），也就是说，大多数我们的日常行为都是半机械性的而不牵涉任何有意识的斟酌考虑，实际上我们也没有完全"切断"（switch-off）我们的理性算计能力：只要不寻常的选择场景出现，我们就可能使这种能力得以激活。[1] 情绪的"作用"，也就是它们的"演化机理"（evolutionary rationale），我认为，正在于在特定情景下反向性激励因素出现时，它可以"稳定"人类的遵循规则倾向性。[2]

在这样的情形中，个体经历的冲突并不是像 Fehr 等人所认为的那样，是效用函数中不同成分之间的权衡问题（这些人把对于公正、公平等的考虑当做是对于结果的偏好）[3]，相反，它是个

---

[1] 就像 Vernon Smith（2003：468f.）说的那样："由于我们对于社会系统的理论和思想过程牵涉到对理性的有意识运用，有必要时刻提醒我们自己，人类行为处处都受到无意识的、机械的、神经心理系统的支配，使人们可以在不需要总是利用大脑最稀缺的资源——注意力和推理能力——的情况下有效地活动。这是大脑运作的一个重要的节约性特征。……任何不熟悉的行为或问题带来的挑战首先诱发大脑的搜寻，将心智中已知的与决策环境相关的信息传到大脑。一定的情景会诱发头脑的自我回溯式的试验性记忆（autobiographic experimental memory）。"

[2] Elster（1996：1389）："社会规范作为对行为的禁令……不是结果导向的……并且受到内在情绪的支撑……它们不同于工具理性的结果导向性禁令，目标行为之所以需要被执行是因为它是内在地合理的，并不是因为它是实现欲求目标的手段。"

[3] 在讨论如何解释最后通牒实验中被实验者的行为时，情绪有时被作为解释变量，尽管通常并没有明确地承认它们作为对行为的偏好而不是对于结果的偏好的角色。例如，Camerer（2003：44）说到了"在最后通牒博弈中表现明显的对于不公正的情绪反应"，并且注意到它"可以用于区分使得响应者拒绝的情绪（称之为'愤怒'）与 A 由于感到 B 针对 C 做了什么不公正的事情而产生的情绪（称之为'义愤'）"。

体对于按照特定规则行事的偏好同他对于结果的偏好之间的冲突，前者被前面讨论过的"记录的方法"识别为个体处理其所面对的频发问题最有效的行事规则，后者告诉个体在他所处的场景中偏离道德规则行事可能获得他所偏好的结果。冲突的激烈程度一方面取决于个体"道德情感"的强度，另一方面取决于违反道德规则产生的结果的吸引力。[1]

前面谈到的情绪对于"稳定"规则遵循行为的作用已由 Robert Frank（1988）在"情绪作为信诺装置"（emotions as commitment devices）的标题下细致地讨论过。该表述强调了这样一个事实，有了这种装置，情绪有助于个体以比机会主义地进行理性算计更有利于其长远利益的方式行事。[2] 按照 Frank（1988：7）的说法："情绪经常使我们倾向于以与我们的短期利益相悖的方式行事，而这可以成为一种优势。"在对他提出的"信诺模型"进行总结时，Frank（同上：258f.）讲道："信诺模型是建构一个非机会主义行为理论尝试性的第一步。通过接受物质激励最终主导人类行为这个基本的前提，它用自己的语言挑战了人性的自利模型……导致人们以似乎不理性的方式行事的情绪因素因此间接地导向了更好的物质福利。以这样的标准看，信诺模型与其说是对自利模型的否定，不如说是对它的有益修补。在不抛弃基本的物质主义框架的前提下，它表明了人性中高贵的一面怎么可能自行出现并得以繁荣。"[3]

---

[1] 与道德偏好的冲突不仅可能源自于"情景诱惑"（situational temptations），此时，对于结果的偏好要求个体偏离道德规则行事；这种冲突也可能源于不同的道德原则在特定的环境中要求采取不同的行为方式，并且个体对于不同行事规则的道德偏好之间存在着冲突。以一个著名的范例来说明：某人藏匿了一个无辜的逃犯，并且被问到该逃犯是否在他家。这里的冲突是，到底应该遵循讲实话的规则，还是应该遵循帮助处于危难的人的规则。

[2] 类似的论述，见 Hirshleifer（1987）。

[3] Ridley（1996：132ff.）报告了 Frank 以及其他人对情绪作为"信诺保证的精神装置"的贡献。

六、结论

为了应对行为学上的证据对于自利的、理性经济人标准模型普遍有效性的挑战，一些经济学家们已经开始严肃地思考如何修正该模型以容纳观察到的"反常现象"。不过，他们的努力主要集中于理性选择模型两个成分中的一个，即自利假定，而很少考虑对其中的理性假定进行修正。很显然，经济学家们普遍认为，放弃自利假定而使效用函数更具灵活性比放弃个体都是理性最大化者假定更容易。这种特别的不对称性，其背后的原因很可能在于，如果仅仅是重新界定效用函数的内容的话，他们可以继续使用已经习惯了的建模技巧，那些自瓦尔拉斯和杰文斯以来就与最大化逻辑内在地绑在一起的技巧。

在本文中我论述了为什么集中于效用函数的内容实际上是在错误的方向试图解决问题。真正需要修正的，我认为，并不是自利假定，而是个体在追求他们自己的利益时总是个案式地根据行为在特定场景中的预期后果而进行最大化决策。我提出，人类行为的许多方面可以得到更一致和更令人信服的说明，只要认识到人类行为除了会受到其对于行为结果的偏好影响外，还会受到其对于行为本身偏好的影响。并且我还讨论了对于行为的偏好这个概念如何与规则遵循行为，尤其是与道德偏好相联，以及情绪在道德行为中的作用。

我没有讨论什么使道德偏好同其他的行为倾向性有所区分这个问题，以及由生物进化、文化进化以及个体学习生成的各种规则中哪些有资格成为道德规则。我也没有讨论在什么条件下个体或多或少会获得道德偏好，以及在什么条件下道德规则可能在社会群体中获得有效的认可。讨论这些问题需要不止一篇文章的篇幅。[1] 不

---

[1] 这些问题的某些方面，Vanberg（1987，2002b）、Vanberg 和 Buchanan（1988）已有所讨论。

过，大致上可以认为，被普遍归入"道德规则"的那些规则，不管是在日常生活中还是在学术话语中，都倾向于是这样的规则，即它有助于所在的群体解决囚徒困境类型的问题。在其他地方（Vanberg, 2002b）我曾提出，这样的规则可以认为是有利于有关个体共同的宪政利益的，有关个体同意把它作为获得相互利益的手段。[1] 道德规则在这个意义上，可以被看做是有助于所有各方共同利益、但在具体的行动情景中存在偏离它行事的激励的规则。一个群体或社会从合作中获得相互增益的能力就取决于它是否有能力采纳那些有助于其成员的共同宪政利益的规则，以及是否有能力创造相关条件，使个体获得遵守这样的规则的道德倾向或习性。

参考文献

1. Arrow, Kenneth J., 1996, "Preface", in K. J. Arrow, E. Colombatto, M. Perlman and C. Schmidt (eds.), *The Rational Foundations of Economic Behavior*, Proceedings of the IEA Conference held in Turin, Italy, New York: St. Martin's Press, XIII – XVII.

2. Becker, Gary S., 1996, *Accounting for Tastes*, Cambridge, Mass., and London: Harvard University Press.

3. Bicchieri, Cristina, 2004, "Rationality and Game Theory", in A. R. Mele, P. Rawling (eds.), *The Oxford Dictionary of Rationality*, Oxford: Oxford University Press, 182 – 205.

4. Bolton, Gary E. and Axel Ockenfels, 2000, "ERC: A Theory of Equity, Reciprocity, and Competition", *The American Eco-*

---

[1] 基于同样的精神，森（Sen, 1973: 250）在说到行为的道德规则时提及："在不同的社会环境、不同的历史时期，为了应对不同的问题类型，有各种不同的行为规则被提出来，它们都试图在没有正式的社会契约的情况下产生似乎有社会契约存在的结果，这是它们共同的分析性特征。"

nomic Review, 90: 166 – 193.

5. Bosman, Ronald, Matthias Sutter and Franz van Winden, 2005, "The Impact of Real Effort and Emotions in the Power-to-take Game", *Journal of Economic Psychology*, 26: 407 – 429.

6. Camerer, Colin F. , 2003, *Behavioral Game Theory: Experiments in Strategic Interaction*, New York: Russel Sage Foundation.

7. Campbell, Donald T. , 1987, "Blind Variation and Selective Retention in Creative Thought as in Other Knowledge Processes", in Gerard Radnitzky and W. W. Bartley, III (eds.), *Evolutionary Epistemology, Rationality, and the Sociology of Knowledge*, La Salle, Illinois: Open Court, 91 – 114.

8. Cosmides, Leda and John Tooby, 1994a, "Better than Rational: Evolutionary Psychology and the Invisible Hand", *American Economic Review*, Papers and Proceedings, 84: 327 – 332.

9. ——, 1994b, "Origins of Domain Specificity: The Evolution of Functional Organization", in Lawrence A. Hirschfeld and Susan A. Gelman (eds.), *Mapping the Mind: Domain Specificity in Cognition and Culture*, Cambridge/New York: Cambridge University Press, 85 – 116.

10. Cosmidcs, Leda and John Tooby, 2000, "Evolutionary Psychology and the Emotions", in M. Lewis and J. M. Haviland-Jones (eds.), *Handbook of Emotions*, 2ⁿᵈed. , New York, London: The Guildford Press, 91 – 115.

11. Damasio, Antonio R. , 1994, *Descartes' Error: Emotion, Reason and the Human Brain*, New York: Putnam.

12. Elster, Jon, 1996, "Rationality and the Emotions", *The Economic Journal*, 106: 1386 – 1397.

13. ——, 1998, "Emotions and Economic Theory", *Journal of Economic Literature*, XXXVI: 47 – 74.

14. Fehr, Ernst and Klaus M. Schmidt, 1999, "Theory of Fairness, Competition and Cooperation", *Quaterly Journal of Economics*, 114：817 – 868.

15. Fehr, Ernst and Armin Falk, 2003, "Reciprocal Fairness, Cooperation and Limits to Competition", in E. Fullbrook (ed.), *Intersubjectivity in Economics：Agents and Structure*, London and New York：Routledge, 28 – 42.

16. Fehr, Ernst and Urs Fischbacher, 2002, "Why Social Preferences Matter：The Impact of Non-Selfish Motives on Competition, Cooperation and Incentives", *The Economic Journal*, 112：C1 – C33.

17. ——, 2003, "The Nature of Human Altruism", *Nature*, 425：785 – 791.

18. Fehr, Ernst and Klaus M. Schmidt, 2003, "Theories of Fairness and Reciprocity：Evidence and Economic Applications", in M. Dewatripont, L. P. Hansen, S. Turnovski (eds.), *Advances in Economic Theory*, Eighth World Congress of the Econometric Society, Vol. 1, Cambridge：Cambridge University Press, 208 – 257.

19. Frank, Robert H., 1988, *Passions Within Reason：The Strategic Role of Emotions*, New York and London：W. W. Norton & Company.

20. Frey, Bruno S. and Felix Oberholzer-Gee, 1997, "The Cost of Price Incentives：An Empirical Analysis of Motivation Crowding-Out", *The American Economic Review*, 87：746 – 755.

21. Frey, Bruno S., Matthias Benz and Alois Stutzer, 2004, "Introducing Procedural Utility：Not Only What, but Also How Matters", *Journal of Institutional and Theoretical Economics*, 160：377 – 401.

22. Frijda, Nico H., 1986, *The Emotions*, Cambridge：Cambridge University Press.

23. Georgescu-Roegen, Nicholas, 1971, *The Entropy Law and the Economic Process*, Cambridge, Mass. , und London, England: Harvard University Press.

24. Gintis, Herbert and Rakesh Khurana, 2006, "Corporate Honesty and Business Education: A Behavioral Model", Paper presented at IEA Workshop on Corporate Social Responsibility (CSR) and Corporate Governance, Trento, Italy, 11 – 13 July, 2006.

25. Gueth, Werner, Rolf Schmittberger and Bernd Schwarze, 1982, "An Experimental Analysis of Ultimatum Bargaining", *Journal of Economic Behavior and Organization*, 3: 367 – 88.

26. Hayek, Friedrich A. , 1960, *The Constitution of Liberty*, Chicago: The University of Chicago Press.

27. ——, 1967, *Studies in Philosophy, Politics and Economics*, Chicago: The University of Chicago Press.

28. ——, 1976, *The Mirage of Social Justice*, Vol. 2 of Law, *Legislation and Liberty*, London: Routledge & Kegan Paul.

29. Heiner, Ronald A. , 1983, "The Origin of Predictable Behavior", *The American Economic Review*, 73: 560 – 595.

30. Hirshleifer, Jack, 1987, "On the Emotions as Guarantors of Threats and Promises", in J. Dupre (ed.), *The Latest on the Best: Essays on Evolution and Optimality*, Cambridge, MA: MIT Press, 307 – 326.

31. Holland, John H. , 1992, *Adaptation in Natural and Artificial Systems*, Cambridge, Mass. , and London: The MIT Press.

32. ——, 1995, *Hidden Order: How Adaptation Builds Complexity*, Reading, Massachusetts: Helix Books.

33. ——, 1998, *Emergence: From Chaos to Order*, Reading, Massachusetts: Perseus Books.

34. Holland, John H. , H. J. Holyoak, R. E. Nisbett and P. R.

Thagard, 1986, *Induction*, Cambridge, Mass. : MIT Press.

35. Kahneman, Daniel, Jack L. Knetsch and Richard H. Thaler, 1987, "Fairness and the Assumptions of Economics", in R. M. Hogarth and M. W. Reder (eds.), *Rational Choice: The Contrast Between Economics and Psychology*, Chicago and London: The University of Chicago Press, 101 – 116.

36. Kliemt, Hartmut, 2005, "Public Choice and Political Philosophy: Reflections on the Works of Gordon Spinoza and David Immanuel Buchanan", *Public Choice*, 125: 203 – 213.

37. Loewenstein, George, 2000, "Emotions in Economic Theory and Economic Behavior", *The American Economic Review*, 90: 426 – 432.

38. McFadden, Daniel, 2005, "The New Science of Pleasure: Consumer Behavior and the Measurement of Well-Being", Frisch Lecture, Econometric Society World Congress, London, August 20, 2005.

39. Pettit, Philip, 2005, "Construing Sen on Commitment", *Economics and Philosophy*, 21: 15 – 32.

40. Ridley, Matt, 1996, *The Origins of Virtue: Human Instincts and the Evolution of Cooperation*, New York: Viking.

41. Sen, Amartya 1973, "Behaviour and the Concept of Preference", *Economica*, New Series, 40: 241 – 259.

42. —— , 2002, *Rationality and Freedom*, Cambridge, Mass. , and London: The Belknap Press of Harvard University Press.

43. —— , 2002a, "Introduction: Rationality and Freedom", in A. Sen 2002, 3 – 64.

44. —— , 2002b, "Maximization and the Act of Choice", in A. Sen 2002, 158 – 205.

45. —— , 2002c, "Goals, Commitments, and Identity", in

A. Sen 2002, 206 – 224.

46. ——, 2005, "Why Exactly is Commitment Important for Rationality?", *Economics and Philosophy*, 21: 5 – 14.

47. Smith, Vernon L., 1998, "The Two Faces of Adam Smith", *Southern Economic Journal*, 65: 1 – 19.

48. ——, 2003, "Constructivist and Ecological Rationality in Economics", *The American Economic Review*, 93: 465 – 508.

49. Vanberg, Viktor J., 1993, "Rational Choice, Rule-Following and Institutions: An Evolutionary Perspective", in B. Gustafson, Ch. Knudsen, U. Mäki (eds.), *Rationality*, *Institutions and Economic Methodology*, London and New York: Routledge, 171 – 200.

50. ——, 1994a, "Cultural Evolution, Collective Learning and Constitutional Design", in D. Reisman (ed.), *Economic Thought and Political Theory*, Boston, Dordrecht, London: Kluwer, 171 – 204.

51. ——, 1994b, *Rules and Choice in Economics*, London and New York: Routledge.

52. ——, 1987, *Morality and Economics: De Moribus Est Disputandum*, (Social Philosophy & Policy Center, Original Papers No. 7), New Brunswick: Transaction Book (reprinted in Vanberg 1994b)

53. ——, 2002a, "Rational Choice vs. Program-based Behavior: Alternative Theoretical Approaches and their Relevance for the Study of Institutions", *Rationality and Society*, Vol. 14, 7 – 53.

54. ——, 2002b, "Constitutional Economics and Ethics: On the Relation Between Self-Interest and Morality", in Geoffrey Brennan, Hartmut Kliemt, Robert D. Tollison (eds.), *Methods and Morals in Constitutional Economics: Essays in Honor of James M. Buchanan*, Springer-Verlag, Berlin, Heidelberg, 485 – 503.

55. ——, 2004, "The Rationality Postulate in Economics: Its

Ambiguity, its Deficiency and its Evolutionary Alternative", *Journal of Economic Methodology*, 11: 1 – 29.

56. Vanberg, Viktor J. and James M. Buchanan, 1988, "Rational Choice and Moral Order", *Analyse und Kritik*, Vol. 10, 138 – 160 (reprinted in Vanberg 1994b).

57. Vanberg, Viktor J. and Roger D. Congleton, 1992, "Rationality, Morality and Exit", *American Poltical Science Review*, 86: 418 – 431.

58. Walras, Léon, 1954 [orig. 1874], *Elements of Pure Economics: Or the Theory of Social Wealth*, Homewood, Ill. : Richard D. Irwin Inc. (Reprinted 1984 by Orion Editions, Philadelphia, PA)

59. Winden, Franz van, 2001, "Emotional Hazard, Exemplified by Taxation-induced Anger", *Kyklos*, 54: 491 – 506.

60. Witt, Ulrich, 1987, *Individualistische Grundlagen der Evolutorischen Ökonomik*, Tübingen: J. C. B. Mohr (Paul Siebeck).

61. ——, 2005, "From Sensory to Positivist Utilitarianism and Back: The Rehabilitation of Naturalistic Conjectures in the Theory of Demand", Papers on Economics & Evolution #0507, Max Planck Institute of Economics, Jena, Germany.

制度的形成与演化：门格尔和凡勃伦的互补性分析方法 [1] *

Pierre Garrouste**

章　平*** 译

摘　要：本文试图比较门格尔和凡勃伦关于制度的理论观点，指出门格尔强调制度的形成，而凡勃伦更关注分析制度的演化，进而提出在两位学者间构建对话的设想，并给出其特征。

关键词：门格尔；凡勃伦；制度；演化；形成

引言

许多学者已经尝试在奥地利学派和制度主义学派之间构建一个对话，不论是认为两者主旨相近（Samuels，1989 [2]；Wynarc-

---

[1] 我感谢 Geoffrey Hodgson 和 Ülrich Witt 的有益评论。我也感谢经济学国际研究中心（International Center for Economic Research）的资助。

* 原题："The Emergence and Evolution of Institutions：The Complementary Approaches of Carl Menger and Thorstein Veblen"

** Pierre Garrouste，里昂第二大学经济学教授，巴黎第一大学市场与组织理论中心（AT-OM）副主任。

*** 章平，深圳大学中国经济特区研究中心，E-mail：pzhng@ msn. com。

[2] Samuels 已经组织了一次研讨会，会上奥地利学派学者（如 Boettke）和制度的主义学者（如 Rutherford）就奥地利学派和制度主义学派之间比较的可能性和内容要旨作了讨论。在《奥地利学派和制度经济学：一些共同点》中，Samuels 如此写道："本文目的在于识别奥地利学派和制度经济学的必然特征和思想要点，分析可以认为是两者共同的东西。"（Samuels，1989：53）

zyk，1990）或概念互补（Vanberg，1989）[1]，还是认为两者是几乎不可调和的相反意见（Hodgson，1989）。

尝试在奥地利学派和制度主义学派之间构建一个对话，存在两种类型的困难。

第一种困难与之前定义的、我们将要比较的理论设定（theoretical sets）的必要性有关。事实上，如果我们要揭示奥地利学派学者和制度主义者之间的共同点，那么首先有必要确定是什么使得一位特定学者或一个关于经济现象的给定概念与上述设定的其中之一相关联。一些人阐明了两种思想倾向[2]的异质性特征，而同时其他许多人的著作已经试图识别"学派"、"研究纲领"、"研究传统"和"范式"。为了减少第一种困难的影响，我们应该关注于比较门格尔和凡勃伦各自的贡献。

第二种困难来自于这样一个对话的建立，是以如下事实为前提的：（1）一种共同语言，或者至少是存在建立这样一种语言的可能性，和（2）可以用做对话基础的共同问题。第一个前提涉及概念化，第二个则是关于一个共同问题的存在性。实际上，这一困难就是，这些学派不是通过相同的方式提出问题，从而关于制度问题的背景也不尽相同。从科学知识演化范式框架的视角看，我们应该说，在库恩（Kuhn，1962）之后，范式的不可比较使得所有概念比较都无效了（Feyerabend，1975）。

的确，制度主义者认为，所有关于自然和制度演化的反思，

---

[1] 在该文中，Vanberg 试图说明康芒斯和门格尔的观点是如何可以互补、协调，而非冲突。

[2] 哈耶克（Hayek，1968）这样暗示几代奥地利学派学者。在熊彼特（Schumpeter，1954）和 Pribram（1983）的经济思想史著作中，他们提到了奥地利学派。O'Driscoll（1977）提出了用范式革命的观点解释凯恩斯主义战胜奥地利学派（事实上，是凯恩斯的观点战胜了哈耶克的）。Wynarczyk（1990）用 Laudan（1977）发展的研究传统的观点，刻画奥地利学派和制度主义者的贡献。Rizzo（1982）从拉卡托斯主义的观点定义奥地利学派研究纲领的特征。Parsons（1990）和 Caldwell 的工作揭示了奥地利学派思想的异质性。而在制度主义学派，存在"老"和"新"的制度经济学的区别（Hodgson，1989；Langlois，1986，1989；Rutherford，1989），还有新制度主义学派。Perlman（1991）指出了旧制度学派理论零碎不成体系的本质。

对于理解个人行为动力学都是必要的，而奥地利学派则尝试解释制度如何从个人行为动力学中非意图地形成。如果说前者是研究已经存在的制度的演化，后者则考察制度的起源。[1]

如果依前者，我们的理解是个人在预先存在的框架内行动，该框架的变化逻辑是有必要研究的；而依后者，制度的起源可能只是基于个人行动的分析，因此，这样的争论不会有任何结果。所以在经济学范畴内，有必要解释在问题识别上的差异，是它导致在反思制度的重要性和作用的观点上的分歧。

对于门格尔，从斯密式的视角，阐明如下问题是关键的：人们如何形成一种秩序和制度，尽管他们不是必须这样做、也不会就现在考虑的这一目标互相协调。对于凡勃伦，问题在于解释为什么人们的行动显示出诸多一致性，亦即为什么他们没有偏离某一先验行动。

两种观点可否调和？也就是说，我们能否考虑，通过某种方式阐明制度问题，它可以同时解释制度的起源和制度演化的本质？为此需要知道是否可能调和制度形成和制度运行这两种逻辑。

如果我们认为制度框架是创新动力学和更一般的经济变迁的一个要素，那么就需要明确表述这一问题（Ménard and Shirley，2005）。从这一视角来看，分析这一框架的演化构成了一个重要的理论问题。因此，检验导致制度形成和演化的要素显得十分中肯。

我们准备通过两个部分回答上述概括的所有问题。第一部分，我们将给出门格尔和凡勃伦关于制度的概念。然后我们在第二部分可以研究两位学者之间关于制度的对话。

一、门格尔和凡勃伦关于制度的概念

在继续深入我们的下一步讨论前需要指出，凡勃伦和门格尔

---

[1] 此论断对门格尔基本是确当的，但对哈耶克却不甚合适。在这一点上可参考 Garrouste（1994）。

有一点是共同的，亦即他们都拒绝任何将时间要素排除在一般经济分析或特殊的制度分析之外的分析方法。这样就可以认为他们两者关于制度都具有一个演化的理念。因此，我们关于他们著作的讨论就聚焦于制度分析的演化方面。

（一）门格尔关于制度起源的概念

作为奥地利经济学派创始人的门格尔认为，经济学家的主要任务莫过于解释制度的起源。因此 Langlois 写道，"门格尔对于经济科学最重要的贡献就是他关于社会制度的理论"（Langlois，1989：278）。Jaffé（1976）在区别瓦尔拉斯、杰文斯和门格尔三位经济学家时，出人意料地将门格尔描述成一位制度主义者。

1. 门格尔"演化"分析的基础

门格尔关于制度的概念特征介于经济学研究中的精确取向与现实—经验取向之间。[1] 后者旨在证明真实现象之间的规定性；而前者，对于门格尔来说，是一种真正科学的分析路径，力求发现经济现实的本质，亦即是"严格典型的现象"间的"严格典型的关系"。与"历史方法"支持者的批评截然相对，即使是趋于识别典型现象间的典型关系的精确理论，与不含时间维度的分析也不尽相同。相反，它旨在解释现象发生的起源："这些基本元素与理论科学的思想是分不开的。"（Menger，1963：94）

"精确理论是用于为我们揭示现象的最简单、严格典型的（在精确考究的范围中）构成因素，并揭示由最简单的要素形成的复杂现象的规律。然而，这些理论只有在提供给我们关于现象每一发展阶段的理解，才算彻底完成任务。或者

---

[1] 对这一区别的精确分析可以参考 Kauder（1957）、Hutchison（1981）、Dufourt 和 Garrouste（1993）或者 Dos Santos Ferreira 和 Ege（1991）。

说，他们只有告诉我们，现象在**他们发展的每一阶段**是如何作为一个常规化演变过程的结果呈现出来的，才算彻底完成任务。"（Menger，1963：113）

考虑到研究的精确取向没有融入一种"历史观点"（historical point of view），由此构成了一个方法论错误。门格尔的观点是，德国历史学派的支持者们，在批评这一取向并坚持将经济学基于历史方法之上的必要性时，混淆了历史"方法"（method）和历史"观点"（point of view）。正是基于这一判断，门格尔详尽论述了他关于制度起源的理论概念。

2. 制度的起源：自然有机体和社会制度间类比的范围和局限

对于门格尔，在自然有机体和社会构造物之间存在诸多相似性。两者都可以用存在局部与整体的互相依赖关系来刻画：

　　"在自然有机体中，我们能够观察到在细节上近乎不可穷尽的复杂性，特别是他们局部（单个器官）的巨大多样性。而所有这些多样性都有助于作为单位的有机体的生存、发育和繁衍……我们能够在许多方面观察到与一系列社会现象尤其是人类经济所具有的相似性。"（Menger，1963：129—130）

如果我们现在研究真实现象的这两种类型的起源——亦即自然有机体和制度——我们会注意到另外一点相似性：对于自然有机体，一些社会构造物的形成和功能并非来自于任何自主的意志。这些类比在一般社会现象和特殊制度分析中具有显著影响：

　　"既然社会现象和自然有机体在其性质、起源和功能方面都是可以类比的，那么事实很显然，我们无法忽略它们对于一般性的社会科学和具体特殊的经济学研究方法的影响。"

（Menger，1963：130）

　　然而，这一类比系统必须置于它的实际内容的视角中予以考量。当然，首先，一些社会制度并不符合上述类比："实用主义的"或"机械的"[1]制度，是一种刻意盘算、一种集体意图的结果。其次，一个自然有机体的多个部分自动参与——或者更精确地说，在整体演化和构成中没有特定行为，而社会制度的创生并不与此相同：

　　　　"相反，它们是人们努力的结果，是思考中、感觉中和行动中的人努力的结果。"（Menger，1963：133）

　　因此，类比的范围是相当有限的。简化为只是现象起源维度的类比，将被证明只适用于那些作为个人行动的非意图结果的制度。门格尔将这种情况表述为"有机的"制度。如上述提到的实用主义的制度和那些有机的制度（本质和功能）的其他维度，这一类比并不合适。对于门格尔，关于制度起源的"有机的"分析方法可能需要一个精确取向的研究框架来指导：

　　　　"承认许多社会现象是'有机体'与期望得到关于它们的精确（原子式的！）理解，毫不矛盾。"（Menger，1963：141）

　　门格尔因此反对制度的集体主义分析，他们将制度作为起源

---

[1] 门格尔所作的实用主义的制度和有机的制度之间的区分，与它们各自形成条件的差别并不相关，而实际上与他所作的精确和现实—经验取向的区分有关。的确，尽管门格尔说过，存在可能是实用主义本质的社会制度，但他还是坚持认为，将社会制度作为个人行动的非意图结果，更令人满意。这和下列因素有关：（1）门格尔没有分析实用主义的制度起源（他只是给出这样的一个例子：在殖民地国家，货币作为一项制度的产生）；（2）Vanberg 定义门格尔著作中的"有机的"分析方法时所作的评注（Vanberg，1989）。（对这一评注的完整表述容后详述。）

和演化的单位而不着手研究解释这些构成部分的行为。他不怀疑这些社会构造物的统一性，但他认为经济学研究中的精确取向能够解释它们的起源和功能：

> "研究中的精确取向，一方面，力求澄清这些称为社会有机体的社会构造物的'整体性'；另一方面，力求得到关于它们起源和功能的精确解释。"（Menger，1963：143）

语言、宗教和国家，以及经济学领域中的市场、竞争和货币都是精确取向研究能够解释的、非意图创造的社会构造物。

事实上，门格尔使用精确取向研究作为批评"整体主义"和"集体主义"制度分析方法的基础。诸如货币和市场这样的制度在如下意义上并非有机的，即它们作为演化单位即刻生成并会如此演化。

3. "典型行为"的形成过程

门格尔将货币起源所作的例证将有助于我们澄清这一方面。在《经济学与社会学的问题》中的一段、《国民经济学原理》的一章和《货币的起源》一文中，门格尔给出了一种关于货币起源的特殊理论观点。他指出，存在一个基本的动态过程导致一种货币的形成。虽然他承认，某些货币可能的确是刻意创造的结果（比如在殖民地），但他认为，如果将货币作为一项非意图的制度，就应该区别其起源和演化。因此，在创生之后，货币作为一种"规则"的形式得到运用。此处我们找到"整体的互相依存（reciprocal conditioning）和局部的正常功能"（Menger，1963：147）的思想。

如引言中所提及的，在一般和特殊的"有机的"制度分析中，区别制度的起源和演化是关键的。我们此后还会回顾在这一方面门格尔式的思考。关于货币起源论述至今，门格尔将物物交换的情况作为分析起点。人们根据各自需要交换财货，但这些财货大多可以在一个市场交换。[1] 考虑到这些，人们将会倾向于用他们的财产交换财货，这样就能换得更多的其他财货。他们会因此日益频繁地在最易于交换的财货中，选择在他们的交易中最能被接受的一种。一种货币的创生，是相对不易于交换的财货能换得更易于交换的财货这一事实引致的，因此也是对所有人有利的。然而，一种货币只有在下列条件下才会存在：人们清楚自身利益，这是在用他们的财产换得所需财货时的先验条件，实际上就是通过交换获得更多可交换的财货。这里门格尔采用如下论证：只要直接的物物交换不能使人们得到手头急需的财货，那么人们逐渐会模仿那些愿意换取更易于交换的财货的那些人，因为他们发现这有益于自己。采取这种"难以置信的"交换使得每一个人都接近于实现自己的最终目的，亦即需求的满足。门格尔因此给出了他分析货币起源的结论：

> "因而，如我们所看到的，货币这样一项世界上最出色地服务于公共利益的制度，如其他社会制度一样，可以通过立法得以创生。然而，这绝非货币形成的最原始的唯一途径。相反，这种原始形成途径只能在上述描述的过程中探寻，如果我们只是将这一过程称为'有机的'，或者将货币称为某种'原始的'、'原初的'等等诸如此类的东西，那么这都只能粗略地解释其本质。显然，只有当我们学会将这里讨论的社会制度理解为非意图的结果，理解为每个社会成员各自努力的、非计划的结果，我们才算真正完整理解了货币的起源。"
> (Menger，1963：155)

这个例子完美地阐明了关于制度起源的门格尔理论观点。的

---

[1] O'Driscoll 非常正确地指出，在《国民经济学原理》中，"货币理论"紧随"商品理论"之后 (O'Driscoll, 1986：608)。这就是在门格尔作品中，为什么货币起源于交换的原因。

确，人们拥有的关于他们所处环境的特殊知识和他们满足需求的愿望驱使他们进入一个学习过程，这一过程逐渐引导他们选择一种能够与所有人交换的财货，即使在行动中并不存在共同意志。

我们可以从门格尔的论证中得出如下命题：

（1）选择一种货币，就表明将这种货币自身作为一个"规则"。所以，一方面，它看起来像是被单个意志所强加的，另一方面，它又不受制于修正。没有个人意志能够挑战这个淘汰过程所作出的选择。

（2）不可能先验地知道将会选择哪一种财货作为货币。实际上，一方面，一种货币是在选择过程完成之后才会确立的，另一方面，一种财货的物理特征在其渐进选择过程中的作用并不那么大。一种财货的可交换性的历史，在其选择过程会发生变化，并决定其未来的可交换性。门格尔说明了货币的"谱系"，他写到，德语货币"geld"一词来自动词"gelten"，意思是"补偿"。

（3）在该过程的最初点，在所有财货中个体选择的分布取决于他们的需求和他们认为能够满足需求的方式。当人们极不对称地偏爱某一财货时，也就是说较高比例的人选择了该种财货，第一个选择在此时就已确定。

（4）个人交易行为的演化和变迁都有一个认知根源。正是通过学习过程——门格尔有时将其限定为仅仅是模仿，人们会改变他们对于希望交换的财货的偏好。

门格尔分析中相对而言的弱点，在他对制度演化的考察中，或者精确地说，是他没有考察制度的演化，这促使我们引入另外一种分析方法。的确，在清楚地解释了制度的起源后，他就再没有详尽地讨论制度创生之后的阶段。而且，对于门格尔来说，非意图创生的社会制度符合满足每个人的幸福（社会福利），或者说，它们最胜任于通过一种最优方式解决协调问题。然而，如Schneider在《经济学与社会学的问题》美国版导言中所写的：

"门格尔在回答非计划作用的制度形成问题、指出通过追求个人利益'快乐'社会环境能得以形成时，他仍留下许多未涉及的东西，而这些正是人们希望他给予关注的。"（Schneider, 1963：12）

对于我们，制度主义分析方法在这里看起来是有用的，且甚至是互补的。的确，一方面，凡勃伦强调制度的选择过程，另一方面，他批评根据适应满足社会福利来选择制度的观点。

（二）凡勃伦与制度演化

凡勃伦的制度分析和他所构想的一个演化经济理论有关。因此，他对"古典"经济理论的批评是，它可以归结为一个分类系统，在这个意义上，又是前达尔文主义的（Veblen, 1898）[1]。但是，离开了刻画"旧制度经济学"的实用主义定位，我们便无法理解凡勃伦的制度分析。

1. 凡勃伦式演化主义的实用主义基础

这一哲学理念遍布于凡勃伦所有著作，并被他作为新科学范式丰富了演化理论方法论。[2] 他赞成达尔文的观点，认为科学必须探寻社会范围中的因果关系，社会和自然演化是科学家应该探究的关键要素；认为人们是非理性的盘算者，他们想要满足自己嵌入在社

---

[1] 在揭露他所认为的凡勃伦的蹩脚学问时，Jaffé 也批评了奥地利学派的著作，即使该学派思想所产生的著作不是完全的无知（Jaffé, 1976）。Hodgson 表达了稍有不同的观点，但认为凡勃伦不幸卷入这场对"新古典"经济学和奥地利学派的批评："当然，他和像门格尔那样的奥地利学派理论家的观点还是有所区别的。"（Hodgson, 1989：261）
[2] 注意到我们后面要指出门格尔和凡勃伦之间要点的相似性，确实很有意思。的确，两位理论家详细说明了运用于社会科学和自然科学的方法论特征。可以参见凡勃伦（Veblen, 1899：123—124）和门格尔（Menger, 1963：59，注释18："理论性自然科学和理论性社会科学之间的分立，仅仅是它们根据理论观点所要探究的现象有所不同。这种分立不是方法意义上的分立。"）

会世界中的欲望，并在嵌入得以发生的思想习惯基础上行动。所有
这些要素对于达尔文和实用主义者来说都是共通的。"虽然凡勃伦
很少完整讨论表述这些问题，我仍认为实用主义关于行动的观念与
他自己表述的观点完全一致，且这些观点的采纳在皮尔士（Charles
Sanders Peirce）、詹姆士（William James）和杜威（John Dewey）的
思想知识体系中都是可理解的。"（Hodgson，2004a：350）经济科学
的偏见和产生它们的特殊环境之间关系的本质，以及这些偏见的演
化，使得凡勃伦演化论的实用主义基础越发明显。他写道：

> "为了这一目标，需要指出我们所讨论的先入之见（pre-
> conceptions）属于重农主义者所生活的那一代，它作为所有严
> 肃思想的指导规范而成为那个时代的常识的一部分。"（Veb-
> len，1899：133）

凡勃伦肯定注意到了自然秩序中重农主义的影响依然延续着，
但他认为，这一延续只是一个"变质的"版本，因为它与当下的环
境完全不符。因此，在谈到休谟对相关问题的观点时，他指出：

> "为了解释休谟所持的特定意图，站在休谟的立场上，我
> 们应该探究其特定环境——最终是物质环境——在英国形成
> 的习惯看法。这种英国式的先入之见，有别于法国人的或者
> 说是欧洲大陆上所流行的先入之见。"（Veblen，1899：136）

在"特殊环境"中定义先入之见表达了概念和感知的相同本
质，也就是说，我们"不加区别和不顾其不确定性，将感知等同于
概念，将概念等同于感知"（James，1926：132）。这些被总结成如
下的"实用主义法则"：

> "实用主义法则规定，一种概念的意义，经常能从某种有助

于表达的、特殊感知的实在中，或至少能在于人类经验的某种特征中找到，这些经验特征的存在将得以实现。"（James，1926：75）

因此，关于英国式和法国式先入之见的分歧的解释并不能建立于实在的差异之上，而是要根据与这一实在间的关系来看待。所以需要从文化学习的特殊模式的角度来考察：

"在更高层次的综合之中，如处理各种知识的方法、评估所得到的知识的评价基础而不是知识本身，在这一层次上，分歧是明显的。这一分歧必须从文化差异、观点差异而不是遗传继承的信息差异来解释。当一个给定信息主体，当他越过国界时，他就获得了一种新的肤色、一种新的国籍和文化特质。这种学习的文化特质是此处将要探究的相关的学习。"（Veblen，1899：138）

这一实用主义理念使得我们可以认识凡勃伦关于选择过程的单位。

2. 选择的单位

对于凡勃伦，如果经济学意味着是一门演化科学，那么必须将经济行为作为研究对象。但经济行为又无法通过经济学家们所坚持的经济人假设中的享乐主义刺激来加以解释：

"他并不是一个简单的欲望束，可以通过环境压力的方式予以排列满足，而是一个由性向和习惯构成的、在自由活动中寻求实现和表达的紧密联系的构造物。根据这一观点，人类活动和其余的经济活动，就不能被理解成是满足给定欲望过程中的一些偶然事件。"（Veblen，1898：390）

这一观点形成于人类活动的实用主义视角中。凡勃伦如此表达：

> "经济活动本身是经济过程的物质部分，而指导这些活动的各种欲望构成了决定给定情境中活动将会进行的方向的精神环境。这些精神环境对于身处其中的个人对特定活动采取的态度具有决定性影响。"（Veblen，1898：390）

对于凡勃伦，是根据"累积因果"的观念来分析变化。因此，分析人类行动历史必须识别出实施决策的主体。正是所有思想习惯构成这一主体的内容：

> "行动的基础——出发点——在此过程中的任何一步，都是完全有机的、复杂的思想习惯，这些思想习惯由过去的过程形成。"（Veblen，1898：392—393）

所以，制度的演化使得可以解释那些由思想习惯所决定的人类行动的历史，然后选择就被运用于制度之中。制度构成了选择的单位。凡勃伦因此认为，最适合的思想习惯的选择是使人们适应环境的变化。由此，制度的选择过程的分析构成凡勃伦式分析方法的一个理论问题。

3. 选择过程

对于凡勃伦，选择的单位也是选择的一个主体（factor）。Hodgson 觉察到这一点，以凡勃伦式的方法写道，"在社会经济演化中，制度既是复制者，又是选择单位"（Hodgson，1992：288）。凡勃伦由此写道：

> "制度，不但其自身是选择性和适应性过程的结果，这个过程塑造了占主导地位的精神态度和特质；而且它也是人类

生活与人类关系的特定方式。因此，反过来说，它也是选择的有力主体（factors）。这就是说，变化着的制度也进一步选择那些最具适应性气质的人，并通过新制度的形成，内化这些个人气质和习性，从而对变化着的环境作进一步的适应。"（Veblen，1899：188）

从这一视角来看，存在一个思想习惯的强化过程。事实上，这一分析方法的特征就是主张制度具有惰性。在凡勃伦看来，行为是"惯例化的"（routinised），思想习惯是受制度引导的。所以，存在一个制度强化的过程，即惯例行动倾向于被重复和加强，这反过来又使得这些行动不断被惯例化。Hodgson 恰当地谈到 Arthur（1989）关于锁入（lock-in）现象的研究工作，他写道："它看起来是，制度和惯例的累积和自我强化与某种正反馈过程相关。……这种锁入现象可以视为是一个演化过程中选择的充分稳定单位。"（Hodgson，1992：292—293）。

在 Rutherford 所做的凡勃伦式的制度分析中，非常明显存在这样一个导致锁入现象发生的过程。的确，如 Rutherford 所指出的，在外部的制度动力学——制度作为行为和思想习惯以及技术变迁的固化者，与作为引入新行动和思想习惯的"提供者"之间的冲突关系——之外，制度也存在内部的动力学（Rutherford，1984），"制度系统当然不是从一开始便完全出现"（Rutherford，1984：334）。一方面，制度原则也会倾向于"感染"其他社会现实的权威，"通过这种方式，任何制度系统随着时间都会趋于变成内在一致、高度相关的或者说'具有某种系统性的一致'"（同上：334）。另一方面，随着时间过程，将会形成一个制度提炼的过程。最后，"制度习俗在法律、宪法和特定组织形式中得以体现"（同上：334）。

这三个过程趋于引起制度的固定化（crystallisation）——一种锁入现象——因此导致制度惰性的增加。然而，在凡勃伦的分析中，制度动力学中的不同思想习惯之间存在一种紧张关系。的确，从达尔文进化论的视角来看，选择意味着存在选择单位的变异过程，除非我们认为演化存在一个终点——显然这是凡勃伦所不认同的，他对这样认为的马克思便进行了批评。

4. 变异的问题

在分析中将制度作为选择的单位和主体，随之而来便要考虑制度变迁。但是，演化动力学并不能从变迁的辩证概念框架中得出[1]。凡勃伦认为，人必须适应工业社会生活，直至他们的思维方式部分地反映他们的生活方式；同时，他们必须与社会、市民、军队和宗教的利益旨趣相适应，而"这些利益并不通常与工业社会所给予的训练相一致"（Veblen, 1899：143）。在我们看来，在这种实用主义的紧张与皮尔士的存在基本范畴概念之间，应该建立起某种关联。皮尔士区分了三类基本范畴：

> "**第一性**（firstness）是这样一种存在状态，独立而不参照于任何事物的。**第二性**（secondness）是这样一种存在状态，只关系一个第二者，但不牵扯第三者。**第三性**（thirdness）是这样一种存在状态，使第二者与第三者联系起来。"（Peirce, 1978：72）

在我们看来，皮尔士的三类基本范畴可以作为凡勃伦演化理论的方法论基础，虽然他在制度变迁分析中没有明显提及这些内容。人，作为行动主体，是与世界存在实际联系的（第二性），而世界被认定为是潜能的存在（第一性）。但是，关于预期的可能性意味着，现实实在中的预测是可投射于未来的，通过规律反映第二性的未来特征。对皮尔士来说，第三性是第一性和第二性之间的中介，它创造一个"过程"。依靠这一概念可以构建这样一种理

---

[1] 关于凡勃伦思想和马克思主义之间的关系，可参考 Aron 对于《有闲阶级论》一书的启发性引介。

论：当人在思想和行动时，他的确处于世界的现实实在之中，但这些思想和行动的状态并不是一种单向的适应的结果。这也就是为什么（1）思想习惯中会出现变异和选择，（2）对于凡勃伦来说，人类行动是演化经济科学的研究对象，以及（3）凡勃伦式方法论是成整体的。

凡勃伦制度分析的弱点是他把本能和制度相类比。一方面，他对本能的分析特别模糊（Pribram，1986）；另一方面，他在本能、思想习惯和社会制度间构建的关系内在并不一致（Walker，1977）。Hodgson 在讨论本能和制度的关联时指出了这一点：

> "但是，如我们所注意到的，具有敏锐洞察力却缺乏足够有效的解释，是凡勃伦著作一大令人沮丧且又是特有的特点。"（Hodgson，1989：288）

无论如何，有三点需要强调。第一，如 Hodgson 所指出的，"本能与制度的关联是否成立不应该被拿来攻击本能的概念，而应该是一个科学研究问题"（Hodgson，2004a：353）。第二，制度可以被构想成为众多权重不同的本能的集合。第三，随意的好奇心（idle-curiosity）或许也可以被认为是一种刺激发现和寻求新奇的本能（Witt，2008）。

但是，看起来这一困难从根本上阻碍了凡勃伦的抱负施展。确实，凡勃伦力图给出一个关于制度演化的理论，而不是一个关于制度起源的分析[1]。他要说明的是随着技术变迁带来的演化必

---

[1] 如 Hodgson 点出的："凡勃伦勾勒出了调解人类能动性和因果决定间的问题，但没有形成一种恰当的、非还原论的、可以调和人类意向、一元论和因果决定论的哲学框架，而避免将精神还原为物质，或将物质还原为精神。回顾起来，是因为缺少这样一种概念工具，即分层本体论（layered ontology）中明确的、成熟的、生成的概念。……不过，直到凡勃伦晚年的 20 世纪 20 年代，生成主义哲学才趋于成熟。"（2004a：351）Hodgson（2004b）感叹凡勃伦没有有效利用美国社会学家在 1900 年左右发展的自发秩序理论。Witt（2008）强调，凡勃伦提出了一个关于新奇的生成的自然（基因的）解释，但没有给出关于新奇的文化解释。

然性，面对制度惰性，制度如何更新，如何变得相互冲突。不像门格尔，在他分析的重心，制度起源所占比重并不如制度的演化逻辑那么大。如果制度构成选择的单位，那么构建一个要整合进制度没有出现以前的情境的理论是无法想像的。这就是对于凡勃伦来说，为什么不可能构建一个内在一致的、同时解释制度的起源和演化的理论的原因。

对于凡勃伦和门格尔的制度分析，我们可以作如下总结：前者观察惯例的演化，而后者尝试解释这些惯例的形成；凡勃伦将惯例作为选择的单位，而对于门格尔来说，个人行为或者更精确地说是作为行为基础的知识，是选择的单位，惯例只是选择的结果。从奥地利学派视角看，个人在知识因而在行为上的分工导致了变异的出现。从制度主义视角看，制度变异产生于下列两者间的关系中，一是通过修正人们融入实在中的状态，技术动力学引起了行动和思想方式的演化，二是制度的内在动力学。

如果将制度的起源和演化放在同一层面上，是否可以调和这两种相矛盾的分析方法呢？

我们提出的论题可以归纳如下：新创立的制度，与之前的老制度发生矛盾，激发人们行为调整，从而逐渐创造一项现实制度范式。在这一制度范式的基础上，一个内在一致的制度集合趋于创生，并破坏以前的制度，这一选择过程并不是快速的，也不完全是整体的替代。所以，旧制度可能维续，但在某种程度上不再构成障碍，只要它们不可能被任何其他制度所替代，而且它们不阻碍制度的推广过程。最后，旧制度的抵抗能力会限制新行为惯例的普遍化。

在我们看来，上述论题在门格尔或凡勃伦的理论概念中似乎并不矛盾。我们甚至认为，这可以解决前者的理论概念在解释已创立的制度的演化的困难，也可以解决后者的理论概念在解释新制度如何形成的困难。深入探讨这一论题将会使我们证明这一观点。

二、门格尔和凡勃伦"对话"的条件

　　如 Kauder（1957）所指出的，门格尔的著作是从亚里士多德式的视角观察，而凡勃伦的论著则是由实用主义哲学所激发的。如果我们把自己放在这一层面上去比较两位学者，就明显会发现，他们各自关于制度的理论概念的哲学根源存在一种根本的不可兼容性。如果我们把自己放到方法论层面，我们可以发现门格尔是一位忠实的方法论个人主义的鼓吹者，而凡勃伦一般被视为将他的著作植根于方法论整体主义[1]。所以，如果我们从门格尔和凡勃伦"思想"的认识论和方法论特征的角度比较这两种制度观念[2]，如果我们尝试一种概念对概念的比较，也就是说在每个层面上比较这些思想的认识论、方法论和理论内涵，那么对话的结果只能是两者互不相容。

　　然而如果我们认为两位理论家都提出了一种演化的制度分析方法，对话的可能性总是存在的。在这一框架内，他们建立的分析认为：（1）制度演化的每时每刻都只能根据它的先前时刻来理解，（2）不可逆性是制度演化的一个关键特征，（3）演化的结果是不可预期的，（4）演化是一个"自我支持"（self-supporting）的过程。这意味着比较两者，不能在这个或那个层面上寻求解答，而是依靠能够分析整个过程的方法。从这一视角来看，如果我们从制度演化分析的视角定义制度的产生和运行的逻辑这一问题，那么对话还是可能的。

　　如何能够澄清这问题呢？

---

[1] 个人主义和整体主义并不一定矛盾。如果我们接受如下论断，它们才确实矛盾："如果'整体'存在，那么它具有不同的目的和自己的利益。"（Agassi，1975：147）

[2] Dufourt 和 Garrouste（1993）采用"思想"这一概念刻画一位学者知识体系的认识论、方法论和理论水平之间的统一体系。

门格尔在解释制度起源时，假设人们从其他人的行为中学习并相应改变他们的行为。在这一意义上，Streissler 恰如其分地写道："对于信息内容的强调是门格尔非常现代的一个方面。"（Streissler，1972：432）根据他的意思，"门格尔式的人"经常试图增长自身知识：

> "他经常试图**增长**他的知识，通过创造社会制度去收集信息，使得大量不断增加的代理人去按照他的利益行事。但他所知的未来依然比所知的现在更少。门格尔一次又一次地强调财货的**时间维度**及其中包含的**不确定性**。"（Streissler，1972：433）

但是，只当这些人对于其他人的行动有了充分理解时，这种学习才是可能的。所以，除非用米塞斯的方式解决这一问题，即假设人类行动由某些先验的定律定义，否则我们仍有必要考虑使得这种理解存在的知识的共同空间。这样的话，不能不把制度、思想准则纳入到考虑当中。这一观点使得我们能够定义门格尔式的有机制度起源理论中的状态。恰如 Vanberg 所指出的：

> "它不是试图说明某一特定情形，这里指的是一种具体的制度。它其实是试图对某种过程提供一般的理论解释；这种过程中，在合理地认为可能存在过的历史条件下，要作出解释的制度得以生成。"（Vanberg，1989：339）

在财货交换、空间分布等问题中，这些共同知识作为一种典型行为的渐进选择的基础。因此，存在一个制度集合，该集合建立在成为惯例的行为的"锁入"之上，任何偏离都会产生不可挽回的成本。偏离成本不可挽回的本质实际上也说明了出现偏离行为的可能性。熊彼特式企业家就是这里的榜样。即使他不是为实施一种新的生产组合所需承担风险的那个人，但他的行为是一种偏离。而后，通过一种学习，他被同伴模仿的事实将这种偏离行为逐渐普遍化。在这一点上，Perroux 指出，在《经济发展理论》中，熊彼特给出的不是一种"演化理论（发展）"，而是一种"触发理论（出现）"（Perroux，1935：121）——这证明了将熊彼特作为一名"奥地利学派学者"的事实。偏离成本的补偿过程是渐进的，且受制于其普遍化的成功程度。

因此，这种触发的行为可以作为一项制度发育的基础。这样，我们找到了一种制度生成的逻辑。

然而，只有通过一种激励或者强制的方式，吸引到一个群体中足够多的人的行为遵从，一项制度才会自己建立起来。这一现象不仅仅导致了人与人之间关于特定行为（模式）的竞争，而且还导致了制度与制度之间的竞争。如 Leathers（1990）所指出的，此处涉及的讨论十分接近于凡勃伦和哈耶克的著作，在其中他们都认为选择单位可以是一个行为规则集合。行为一旦成为惯例，选择过程不再关注个人行为，而转向惯例。那就是我们为什么与 Hodgson 一致认为，将惯例作为选择的单位是合理的。因此在制度演化过程中，有必要考虑两种不同选择的单位所区分的不同逻辑环节。第一个环节涉及行为的选择，也就是说典型行为（模式）从诸多个人行为的组成中渐近形成。第二个环节论及惯例之间的竞争，以及典型行为（模式）间的竞争。这两个环节的重合，在我们看来能够说明制度动力学。事实上，可以认为门格尔和凡勃伦之间的关键区别是，门格尔关注于一项单个制度的个体生发，而凡勃伦关注于多种不同制度间的演化选择（系统生发）。[1]

我们有必要讨论由变异行为的出现而导致不均衡的原因，以此结束关于制度动力学的两个环节的描述。我们已经提到，对于凡勃伦，制度惰性与技术演化所造成的新思想习惯之间的紧张关

---

[1] 我感谢 Geoffrey Hodgson 给了我这一想法。

系，导致了制度替代的过程。对于门格尔，经济动力学，尤其是制度动力学，是知识过程无法抑制的趋势的结果：

> "人类经济过程的发展程度，在未来时代仍会与人类知识过程的发展程度保持同步，没有什么比这更确定的了。"（Menger，1976：74）

知识的增长依赖于制度的存在，制度同时是知识增长的条件和结果。这里我们面临一个自我参照（self-referential）过程，在这一过程中，一个系统运行的产物包括该系统自身的生产过程。凡勃伦恰如其分地强调这种认同的重要性，他写道：

> "个人的经济生活是一个使手段适应结果的累积过程，随着该过程的延续渐进变化，主体和他所处环境在任何时点都是过去发生过程的结果。他今天的生活方式是他从昨天带来的生活习惯和作为昨天生活的机械残余的环境所强加的。"（Veblen，1898：391）

在我们看来，我们已讨论过其必要性的行为突变，必须纳入到决定行为的行为规则空间里加以考虑。技术变迁实际上是重要的，只要它们依赖的是新的行动规则。所以，引进一项新技术意味着存在某些基于知识的预期，是它们导致变异行为的发生。而打破惯例使得新行为的出现与技术变迁保持协调。所以，在行动空间——这代表了知识——中，才可以寻求打破惯例的起因。当然，认为技术变迁导致新行动规则，这并未告诉我们任何关于现存行动规则与技术变迁所要求的行动规则之间存在多大的差距。

正是在与特定知识相关联的行动规则空间里，我们才可以度量这一差距，而不依靠某些外部强加的权威的推测。所以，新行为的渐进构建使得我们能够解释制度突变（institutional break），这些行为的构成产生了新的惯例。因此，我们不仅能解释一个惯例被另外一个惯例替代，而且还能解释新惯例的渐进形成。

结论

在本文中，我想说明凡勃伦和门格尔之间的对话是可能的，只要我们承认，他们关于制度的、从根本上讲是演化的观念，是对不同阶段的制度所作的分析。他们的两种理论各自解决了一个特殊的问题：门格尔回答了制度的起源，凡勃伦回答了制度的变迁。尽管两位作者形成了关于经济学和制度的非常不同的认识论和方法论，但我认为可以"调和"凡勃伦和门格尔的分析方法，只要我们将一项制度定义为典型行为的集合，进而解释两种不同逻辑类型的过程：（1）在所有行为中形成一种典型行为，和（2）在所有典型行为中确认一种典型行为。这其实可以说是一个两阶段博弈，首先选择出一些典型行为，然后在这诸多典型行为中选定一种。

参考文献

1. Agassi, J. , 1975, "Institutional Individualism", *The British Journal of Sociology*, Vol. 26, No. 2: 144 – 155.

2. Arthur, B. , 1989, "Competing Technologies, Increasing Returns, and Lock-in by Historical Events", *Economic Journal*, Vol. 99: 116 – 131.

3. Dos Santos Feirrera, R. and R. Ege, 1991, "Abstraction théorique et inductivisme. A propos des rapports entre la jeune école historique allemande et l'école allemande d "inférence statistique", 4th symposium of the Association Charles Gide pour l'Etude de la Pensée

Economique, Marseilles.

4. Dufourt, D. and P. Garrouste, 1993, "Criteria of Scientificity and Methodology of the Social Sciences: Menger, Mises and Hayek", in R. F. Hébert (ed.), *Themes on Economic Discourse, Method, Money, and Trade*, Perspectives on the History of Economic Thought, Vol. 9, Hants: Edward Elgar: 19 – 36.

5. Feyerabend, J., 1975, *Against Method*, London: Verso.

6. Garrouste, P., 1994, "Menger and Hayek on Institutions: Continuity and Discontinuities", *Journal of the History of Economic Thought*, Vol. 16, No. 2: 270 – 281.

7. Hayek, F. A., 1968, "Economic Thought VI: The Austrian School", in D. L. Sills (ed.), *International Encyclopedia of Social Sciences*, Macmillan & Free Press, 4, pp. 458 – 462, reprinted in S. Littlechild (ed.), *Austrian Economics*, Vol. 1, Hants: Edward Elgar.

8. Hodgson, G. M., 1989, "Institutional Economic Theory: the Old Versus the New", *Review of Political Economy*, Vol. 1, No. 3: 249 – 269.

9. ——, 1992, "Thorstein Veblen and the Post-Darwinian Economics", *Cambridge Journal of Economics*, Vol. 16: 285 – 301.

10. ——, 2004a, "Veblen and Darwinism", *International Review of Sociology*, Vol. 14, No. 3: 343 – 361.

11. ——, 2004b, *The Evolution of Institutional Economics: Agency, Structure and Darwinism in American Institutionalism*, London and New-York: Routledge.

12. Hutchison, T. W., 1981, *The Politics and Philosophy of Economics: Marxians, Keynesians, and Austrians*, New York and London: New York University Press.

13. Jaffé, W., 1976, "Menger, Jevons, and Walras De-Ho-

mogenised", *Economic Inquiry*, Vol. 14: 511 – 524.

14. James, W. , 1926, *Introduction à la philosophie, essai sur quelques problèmes de métaphysique*, Paris: Marcel Rivière.

15. Kauder, E. , 1957, "Intellectual and Political Roots of the Older Austrian School", *Zeitschrift für Nationalökonomie*, Vol. 17: 411 – 425, reprinted in S. Littlechild (ed.) (1990), *Austrian Economics*, Vol. 1, Hants: Edward Elgar.

16. Kuhn, T. S. , 1962, *The Structure of Scientific Revolutions*, Princeton University Press.

17. Langlois, R. N. , 1986, "The New Institutional Economics: An Introductory Essay", in R. N. Langlois (ed.), *Economics as a Process*, Cambridge University Press.

18. ——, 1989, "What Was Wrong with the 'Old' Institutional Economics? (and What Is Still Wrong with the 'New' ?) ", *Review of Political Economy*, Vol. 1, n°3: 270 – 298.

19. Laudan, L. , 1977, *Progress and Its Problems, Towards a Theory of Scientific Growth*, Berkeley: University of California Press.

20. Leathers, C. G. , 1990, "Veblen and Hayek on Instincts and Evolution", *Journal of the History of Economic Thought*, Vol. 12, No. 2: 162 – 178.

21. Ménard, C. and M. Shirley (eds), 2005, *The Handbook of New Institutional Economics*, Dordrecht: Springer.

22. Menger, C. , 1883, *Untersuchungen über die Methode der Socialwissenschaften und der Politischen Oekonomie insbesondere*, Leipzig, Verlag von Duncker & Humblot. English translation by Francis J. Nock, Louis Schneider (ed.), 1963, *Problems of Economics and Sociology*, Urbana: University of Illinois Press.

23. ——, 1976, *Principles of Economics*, New York and London: New York University Press.

24. O'Driscoll, G. P. Jr., 1977, "Economics as a Coordination Problem: The Contributions of Friedrich A. Hayek", Kansas City: Sheed Andrews & Mc Meel, Inc.

25. ——, 1986, "Money: Menger's Evolutionary Theory", *History of Political Economy*, Vol.18: 601 – 616.

26. Peirce, C. S., 1978, *Ecrits sur le signe*, Paris: Editions du Seuil.

27. Perlman, M., 1991, "Understanding the 'Old' American Institutionalism", 4th symposium of the Association Charles Gide pour l'Histoire de la Pensée Economique, Marseilles.

28. Perroux, F., 1935, "Introduction", in J. A. Schumpeter, *La théorie de l'évolution économique; recherche sur le profit, le crédit, l'intérêt et le cycle de la conjoncture*, Paris: Librairie Dalloz.

29. Parsons, 1990, "The Philosophical Roots of Modern Austrian Economics: Past Problems and Future Prospects", *History of Political Economy*, Vol.22: 293 – 319.

30. Pribram, K., 1983, *A History of Economic Reasoning*, Baltimore: Johns Hopkins University Press.

31. Rizzo, M. J., 1982, "Mises and Lakatos: A Reformulation of Austrian Methodology", in I. M. Kirzner (ed.), *Method, Process and Austrian Economics*, Lexington, Mass., and Toronto, D. C.: Heath & Co. pp.53 – 73.

32. Rutherford, M., 1984, "Thorstein Veblen and the Processes of Institutional Change", *History of Political Economy*, Vol.16: 331 – 348.

33. Samuels, W. J., 1989, "Austrian and Institutional Economics: Some Common Elements", in W. J. Samuels (ed.), *Research in the History of Economic Thought and Methodology*, Vol.6, JAI

Press.

34. Schneider, L. , 1963, "Introduction", in C. Menger, *Problems of Economics and Sociology*, Urbana: University of Illinois Press, pp. 1 – 21.

35. Schumpeter, J. A. , 1954, *History of Economic Analysis*, London: George Allen & Unwin Ltd.

36. Streissler, E. , 1972, "To What Extend Was the Austrian School Marginalist?", *History of Political Economy*, Vol. 4: 426 – 441.

37. Veblen, T. , 1898, "Why Is Economics Not an Evolutionary Science", *Quarterly Journal of Economics*, Vol. 12, n°3: 373 – 397.

38. ——, 1899, *The Theory of the Leisure Class: An Economic Study of Institutions*, New York: Macmillan.

39. ——, 1899, "Preconceptions of Economic Science, I, II", *Quarterly Journal of Economics*, Vol. 13, No. 2: 121 – 150, and Vol. 13, No. 3: 396 – 426.

40. ——, 1900, "Preconceptions of Economic Science, III", *Quarterly Journal of Economics*, Vol. 14, No. 2: 240 – 269.

41. ——, 1978, *La Théorie de la classe de loisir*, Paris: Gallimard.

42. Vanberg, V. , 1989, "Carl Menger's Evolutionary and J. R. Commons' Collective Action Approach to Institutions: A Comparison", *Review of Political Economy*, Vol. 1, No. 3: 334 – 360.

43. Walker, D. A. , 1977, "Thorstein Veblen's Economic System", *Economic Inquiry*, Vol. 15, No. 2: 213 – 237.

44. Witt, Ü. , 2008, "Ontology and Heuristics in Evolutionary Economics: Back to Veblen?", paper prepared for the AFEE session "How to Turn Economics into an Evolutionary Science", New Orle-

ans, January 4, 2008.

45. Wynarczyk, P. , 1990, "Comparing Alleged Incommensurables: Institutional and Austrian Economics as Rivals and Possible Complements", paper given at the EAEPE annual conference, November 15 – 17, 1990, Florence, Italy.

哈耶克的英文

许章润[*]

摘 要：哈耶克初到英国执教，曾因英语发音不准遭受学生嘲弄。这起个案提示了特定语言的强势地位对于国族实力的表征，以及具体人文实体的文明含量、品质及其在人类文明总体图景中相对领先位置的对比关系。同时，它说明了强势语言的言说权力对于其他文明生存经验的遮蔽，以及借由学习、运用强势语言而了解其文明并进行文化移植的正负后果。大凡成熟的文明总有自己的一套表意系统，它们构成了此种文明的学术、思想乃至于审美情操的物质外壳，在框含和承载着这一切的同时，担负着发育、涵养新的学思和意义的重任，规制着此种文明的运思方式，表述着此种文明的天人观念。由此，"语文作育"的重大意义恰与文明本身共荣辱，而宽容文化才是造就一个文明广博的吸纳能力的不二法门，也才是自由主义的精义所在。

关键词：语言；语文作育

一

　　哈耶克生于维也纳，长于维也纳，在维也纳接受了完整的人

---

* 许章润，清华大学法学院教授。

文教育，最终于故国撒手西归，一了百了，永息于斯城郊外。但是，综其一生，漫漫 93 载春秋里倒有将近 40 年是在英美度过的，而且因其巨大的思想影响获封英国爵位。特别是而立之后 30 年的宝贵年华，尽皆挥洒于英、美两国的明堂辟雍。不宁唯是，哈耶克的主要著述也都是以英文完成的，并借助英文的广泛传播性使自己的思想获得了世界性声誉。享誉广泛、影响深远的自由主义力作《通往奴役之路》刊行之际，《新闻周刊》上的一篇书评曾有这样的评论：

> 作者即使不是生于非英语国家，我们也可以说他的英文文采出众非常，他的文风高贵、节制而又恰到好处。[1]

这里说的是他的英文，即书面英语。那么，并非以英语作为母语的哈耶克，面对莘莘学子之时，是如何借此"外语"来传道授业的呢？传记作者为我们记录、搜罗了这些材料：

> 他的口音经常把德语的 Z 和英语的 O 搞混。[2]
> 他讲授专业经济学课程，带有德语口音……[3]
> 哈耶克的德语口音很重，我们很难听得懂他说的英语……[4]
> 昨天读到一本书，是老哈耶克写的，在这里，人们称他为冯·哈耶克。今年他将用蹩脚的英语（上帝啊，帮帮我们吧）讲二十多节课……上完一节非常漫长的课，我刚回到家，在这堂课上，哈耶克被搞得一塌糊涂，我们这些人又高

---

[1] 该篇书评见：Henry Hazlitt, *New York Times Book Review*（Sep. 24，1944），转引自：阿兰·艾伯斯坦，《哈耶克传》，秋风译，北京：中国社会科学出版社，2003，第 158 页。
[2] 专栏作家亨利·艾伦发表于《国际先驱论坛报》1982 年 12 月 18 日的评介文章。
[3] 阿瑟·塞尔登在伦敦经济学院纪念哈耶克座谈会上的讲话，回忆的是 1934 年哈耶克在该学院讲课时的情景。
[4] 埃利克·罗斯 1995 年 7 月 10 日致信上述《哈耶克传》作者，回忆哈氏在伦敦经济学院执教的情形。

兴，又有点难过。一遇到这样的情况，他就开始从牙缝里挤英语，而不是说英语，他也非常激动，我们实在听不懂他在说什么。[1]

听到哈耶克要来给研究生开一门课，我们大家都很兴奋。我们去听他的第一堂课，他开始用英语说话。几分钟后，我们都看出来了，没有一个人能搞懂他说的话。有人建议他用德语讲。他照做了，但有些人听不懂德语，只好放弃了这门课。[2]

哈耶克先生来台简直是 dominated by social activities（天天酬酢）。我当然不愿 engage（插足）到这种场合里去。因为，显然得很，这种场合是无法谈学问的。他作过几次公开讲演。在台大的那一次，我去听过。在讲演之初，他说的英语还不错，并且颇有韵律似的。可是，到后来讲兴奋了，accent（土音）纷纷夺口而出，就不分英语和德语，便难懂了。[3]

够了。无须再罗列其他材料了。先哲已逝，墓木早拱，唯有著述无声，白纸黑字俱在，且供后人再三端详思量。究竟哈耶克的英语口头表达如何，他的学生和同事们自有各自的感受，时至今日，好坏均无损于逝者。再说，出道初年，刚抵英伦履新时之偏，也难能概括其漫漫半世纪讲台生涯之全。迄将近 40 年在英美大学，包括在芝加哥大学的职业执教生涯，其实早已对此作出了清晰回答。

但是，问题在于，这一切难道只是工作语言的问题吗？为什么一个以德语为母语、英语不甚流利的思想者，却非要在英语国

---

[1] 拉尔夫·阿拉奇 1931、1932 年的信，藏伦敦经济学院历史档案。
[2] 西奥多·杜尔明 1995 年 8 月 2 日致上述《哈耶克传》作者的信，回忆的是 1932 年哈氏在伦敦经济学院上课时的情形。以上六则材料均取自《哈耶克传》中译本，第 90、132、158、336、350 页，并参详第 20 章注释 15。
[3] 殷海光 1965 年 11 月 10 日致林毓生的信，参详：《殷海光、林毓生书信录》，上海：上海远东出版社，1994，第 82 页。感谢何卓恩教授提醒我这则资料。

家度过自己的青壮年华呢？面对学子们恶作剧性的嘲弄，哈氏竟然忍受了下来，他在内心是如何说服自己的？作为一种表意体系，语言真的如此重要，甚至牵扯到文明兴衰，或者"政治正确"吗？凡此种种，才牵动了过往 20 世纪的文明神经，也是此刻这个全球化时代，重温"老哈耶克"的故事时，需要我们着力思考的问题。

二

很显然，哈耶克的英语带有浓重的德语口音。这本不奇怪，而就对于思想者的哈耶克来说，甚至于也没有什么重大的妨碍。这就如同泰戈尔的长髯究竟有多长，或者胡适之是否喜欢吃辣椒，与他们的学思和智慧本无挂搭。真真假假的艺术家，留长发或者剃光头，凡此行为不艺术，倒并不能转换成他或者她的艺术不行为。当年的英国人不是还嘲笑过新大陆的口音吗？可如今满世界都在模仿新英格兰调，"托福"成为万千学子追求幸福愿景的敲门砖，托付着许多绮丽旖旎的梦想呢！身为外籍教员，一种嘴力劳动者，基本能够传情达意是必需的，足以阐释课程内容也就差不多了。字正腔圆，气韵饱满，那是播音员的特长，传译员的饭碗；措辞华美，流利酣畅，本是演说家的才干，鼓动家的伎俩。凡此口才，只可遇，不可求。早年上海滩上洋行里谋差的，如今"合资企业"打工的，才会把它看做命根子。今日欧美各大学中，站讲台的华裔教员所在多有，除非是第二代移民，否则流利者众，磕磕巴巴的也不少，工科尤甚，致有不成句者，而几乎无不带有口音，甚至于包括出长加大伯克利分校的田长霖先生。一种语言既已混到世界性语言的地步，便不免招降纳叛，各种语言反过来对它发动侵袭，于是五音杂陈，也就势所必然。其间如哈耶克先生这样站讲台讨生活的人，但凡胜任愉快，以学术和思想作后盾，虽无巧舌如簧，却也足矣，或者，亦且甚矣。但是，毕竟多数时候,这是生计在迫使着用一种异在的语言进行思想操练,事情便多出了一层含义。因而,"胜任"可能是真的,而"愉快"就未必了。黄仁宇先生夫子自陈,一辈子"与英语作战",可谓道出了个中的欣慰与心酸。

原来,语言不只是表意工具,而且事关国族文化实力的比较。迄近代三数百年的历史,从最早的满欧尽刮法语风[1],到如今英语俨然成为世界通用语,再到汉语似乎潮起潮涌,逐渐出现了从对象语言到工作语言转型的势头,道出的无不是文明的运势。真所谓三十年河东又河西,言随运走,运通言通,言通人亦通。因而,特定语言在国际场域使用频率的消长背后,潜含着的是国族实力的盛衰,表征着具体人文实体的文明含量、品质及其在人类文明总体图景中相对领先位置的对比关系。在此情形下,强势文明的语言为弱势文明所模仿,能够使用此种语言,如同中国近百年来的情势所表明的那样,是"文明开化"的标志呢!学舌之人,常常真的是最早沟通中西的冰人,有时甚至不免承受着同胞的误解和委曲,一如其后西风炽烈,必然领受国人的心仪与追羡。而模仿是为了"取经",借由语言而了解其背后的实体,由了解、理解到选择性的文化移植。当此之际,处于强势语言地位的文化子民便先天占据了言说优势,即便身处异域,也得享使用母语进行言说的便利。否则,"从牙缝里挤"的就不是哈耶克,而是凯恩斯们了。

其实,这种便利变成了一种优势,进而成为一种权力,在实际上挤压甚至剥夺了其他语言的言说空间,无形中将诉诸于言者贬抑为次等的学术从业者之际,同时隐喻了其思想甚至于其所代表的文明的次等地位,彰显了主导性语言所传递的思想的"先进性",不言而喻的先进性。——语言居然传递了价值判断,真是匪

---

[1] 有关此时法语在欧洲的霸主地位及其在德国的风靡情形,请参详关子尹教授的论文:"莱布尼茨与现代德语之沧桑——兼论'语文作育'与民族语言命运问题",《同济大学学报》(社会科学版),2005年第1期。

夷所思，可这是至少三百年来天天都在演绎着的现实生活。君不见，在中国高等学府中召开"国际会议"，也居然要求一律用英文发言，据说"因为这是国际惯例"。可这是哪门子的国际惯例、谁家的国际惯例呢？只有诺奖得主丁肇中先生不吃这一套，硬是用母语演讲，让那些不明所以、其实是英语低保户的半瓶子醋们，一下子裸体示众。的确，丧失或者弱化话语能力，意味着丧失或者弱化了解说的身份、阐释的权威，哈耶克的"英语水准"告诉我们的，便是这一故事。前文曾说"事情便多出来一层含义"，则含义在此。

　　说来话长。迄哈耶克到伦敦执教的 20 世纪 30 年代初年，大英帝国依然是世界霸主。英美联手于一次大战中在军事上击败了后起的竞争者德意志，不仅表明自家的综合国力占据上风，而且意味着"英语文明"的优势地位，道出了政道与治道的错综关系，展示了科技与人文的万般纠结，演绎出道义和实力的错位性配置。那曾经孕育了灿如星辰般的伟大哲人、天才诗人和科学巨匠的德语文明，此刻似乎阴云密布，天幕拢合间，正在或者即将遭临一场前所未有的转型磨劫。这一情形，颇类于 17 世纪初叶"三十年战争"后德法之间的关系。与迫于种族压力而纷纷去国的科学家们类似，年轻的哈耶克自中欧来到伦敦，操起了不甚得心应手的英语作为工作语言。如今并无直接资料反映哈氏对此作何感想，迄至晚年，也没有资料证明老人曾经谈及于此。但是，揆诸常情，面对上述课堂中的尴尬，青年哈耶克能不触景生情吗？天资卓越、眼光深远、戛戛独造如哈耶克者，对此竟能心如秋水、微澜不兴？予固冥陋，亦不信矣！

　　朋友，当其时，英语文明坐镇世界，早已一跃成为文明出口国，讨生活的异邦外来者，除了尽快掌握其表意工具，还能做什么呢！哈耶克的女儿回忆，整个 30 年代，直到二次大战爆发，他们都曾打算搬回奥地利，说明一切并非如鱼得水，亦非"胜任愉快"。笔者在法学院做了近 30 年学徒，拿粉笔，卖嘴皮子，既碰到过"刁难""发难"的学生，更迭遭行政的蛮横无理，虽然难得说"生气"，但悲凉有时候不期然间竟至攻袭心头，恰像夏日暴雨骤降大地，倒是很有那么几回呢！各位教书匠，不论"老臣谋国"，还是杏坛初试，大家为哈先生设身处地，将心比心，你说呢?!

　　有时候，语言这玩意儿，甚至与"政治正确"都挂上了钩。据同事相告，有位在日本某大学执教的华人，一次陪同自己的同胞参观图书馆，原用汉语小声交谈，但恰有日本师生从旁经过，辄改说日语，告谓"他们听我们说中国话会不高兴的"。传记作者也告诉我们，居留伦敦期间，哈耶克一家原本在家说母语，但随着30年代中后期英德关系紧张，"第三帝国的野蛮面目逐渐暴露"，在家里便不再说德语，而改说英语了。[1]——一代自由主义宗师作此姿态，不管出于何种动机，遭临何种压力，基于何种选择，吾心甚悲！吾心甚悲！传记作者说他们是因为看清了第三帝国的野蛮面目，"才放弃了对于他们的日耳曼传统的忠诚"，恐怕不确，失之于简单。浩瀚如哈耶克者，如此便放弃了自己的文明忠诚，也太愤青小儿科了。其实，除开对于法西斯的憎恨，如说迫于战前紧张的时局，意在避嫌，更对故国兼怀幽怨，哪怕只是一丝一缕，反倒可能更切实际。

　　想一想吧，自由主义的公民立场和与生俱来的日耳曼文化子民的双重身份，此时此刻，万般纠结，哪里只是一个"立场"调整便可打发得了的。寄身异国，于其典章文物颇多认同，而故国情怀终非理性所能驱遣，此番情愫，本已剪不断理还乱，偏又恰逢两邦濒临交战边缘，则其间煎熬，真是才下眉头，又上心头，辗转反侧，不足为外人道也。倘若一个"放弃"的简易处理即能将一切

---

[1] 前揭《哈耶克传》，第100页。这里，对比一下索尔仁尼琴旅美期间坚持在家说俄语的故事，不无意义。固然，"冷战"时期的俄美关系不完全等同于"二战"之际的英德关系，但同为严酷之境则一。两位同为诺贝尔奖得主，益格鲁—撒克逊文明堂屋的寄居者。一以文学为业，斯拉夫主义者，旅美时已然名满天下。一以经济学和政治哲学为业，著名的自由主义思想斗士，旅英时尚未出道。是否因此之故，而有惮与不惮使用母语之别，只能留待索隐了。

放下心头，非白即黑，那天下事无不可迎刃而解了，哪会有千古人间的种种纠葛。说到底，理性与非理性，同情还是憎恨，喜好抑或厌恶，其间的拉锯，常常超过人力的掌控，更何况一傅众咻。寅恪先生说："凡一种文化值衰落之时，为此文化所化之人，必感苦痛，其表现此文化之程度愈宏，则其所受之苦痛亦愈甚。"虽寅老笔指中土观堂，但用之以状身处英德消长之际、寄身彼邦的哈老，虽不中，亦不远矣。

三

由此，所谓借由学习、运用强势文明的语言而了解此文明，由了解、理解而进行选择性的文化移植，便是一柄双刃剑了。一方面，通过学习和借鉴，将他文明的优胜资质转运于本文明，进求自强不息，可能终成善果。包括中国在内的诸多亚非国家学习西方的科学、民主和法治，乃至于生活方式，堪为其例，尽管其善彰隐不同，其果丰瘠有别。另一方面，在此漫漫长程中，大规模的文化移植对于自家文明的冲击及其所引发的心智与心性的诸多后果，包括对于传统丧失的恐慌，却常常非始料所能及。进程愈深，变化愈巨，竟至于会导致自我定位的危机和错乱，民族心灵的精神分裂，亦非耸人听闻。在这方面，广大亚非国家晚近百多年的西化运动，亦为其例。而且，即便强悍之国，位值巅峰，享受充分自信，通常而言吐纳恢宏，大开大合，因而一国之中，各色各族，五方杂处，粲然缤纷，视之以为常态，可假以时日，锱积铢累，种族人口比例逆变，原本一统"国语"竟然转为少数语言，那么，也会激起反弹，为争夺语言主导性，不，为争夺文明乃至于种族的主导权，不惜祸起萧墙，白刀子进红刀子出。这一切，人间的惨烈，难道我们看得还少吗！这就是当年杰弗逊和富兰克林坚决不能容忍德裔居民建立德语飞地的直接原因，也是今日亨廷顿教授蓦然回问"我们是谁?"的真确语境[1]，更是促使号称文化多元主义的美利坚国会近年通过英语为唯一官方正式语言法案的文化忧虑所在。

在此过程中，就具体个人而言，至少同样会遭临两种局面，而联翩引发种种意想不到的情势。一方面，特定个体经由研习异邦语言，梳理其学思，揣摩其心思，而得窥另外一种人间秩序，不啻为自己打开了一扇全新世界的窗口。借用"一花一世界"这句佛家偈语，不妨说一种语言就是一个世界，而人间世本是由万万千千的多彩语言天然营建的大千世界。因而，一国之中，有无数精通外语之人，精通无数外语，便等于打开了通往异质世界的无数扇窗口，借此开放和交流，采英撷华，自家文明的含量与品质，便可望登堂入室，永葆生机。

另一方面，在整个民族基于追羡而研习外语的风潮之下，再加上教育体制的主导，研习者虽愤愤然于母语"拖累了"自己，而竭力学习，但却可能出现外语尚未学好，而母语一塌糊涂的情形。如同当年莱布尼茨参观德国书展后的感想一般："许多人没有学好法语，竟然连德语也生疏了。"[2]但看今日中国受过高等教育者中文程度普遍下降，甚至于写不出完整句子的居然不在少数这一情形，便知笔者并非睁眼说瞎话。常常见到托福考分甚高，而中文不成句子的学生，并不以此为虑，吾人怎能不"我心忡忡"，块垒生焉。中文在自己的祖国遭受歧视，而歧视居然发生在高等学府，则意味着其背后的意义世界整体性失落，这便"兹事体大"了。此种情形，随着近年经济增长，生活改善，国民文化自信心多所恢复，而略现转机，但尚无整体性改观。与香港中文大学那位国语说得磕磕巴巴的校长主政后要求一律以英文教学相映成趣，中国高校一边倒鼓励用英语授课，并且竞相矜夸已经有多少门课

---

[1] 参详：塞缪尔·亨廷顿，《我们是谁?——美国国家特性面临的挑战》，程克雄译，北京：新华出版社，2005，第52、161页。

[2] 转引自前揭关子尹先生的论文。

采用外语教材、用外语授课云云，真可谓昧于世事与时势，反文化自觉，看似"改革开放"，实为冬烘。

而且，当今世界，任何个体首先是一族之民，也是一国之民，更是特定文化的产儿。族民、国民、公民和特定文化、宗教与政治信念的皈依者，构成了一个人的多面形貌与综合内涵，要求他担当不同的社会角色。所谓科学无祖国而科学家有祖国，正如科学家必为一国国民，具有文化忠诚的义务，同时为政治共同体的公民，享有公民选择的权利，凡此纠结，虽语焉不详，但事实俱在，道理也是实在的，为任何人所无法回避和抹杀。既然研习和运用一种语言的过程同时必然是接受和消化语词背后的意义的过程，那么，便不可避免地催生学习者和此种语言所代表的文化实体之间的亲和性，于是在有所谓英国通、美国通或者日本通的同时，也就会有所谓的亲英派、亲美派或者亲日派应运而生。个人的运思、价值和审美在接受"外语"的影响的同时，其文化心态和价值倾向，不免随之发生嬗变。自郐以下，就是国人愤激之际的诟语"洋奴"了。 —— 此词慎用，以防乡愿也，不过，对于亚非后发国家而言，这也绝非耸人听闻。"九一一"那时节，以自由主义相标榜、立马叫嚣"今夜我是美国人"的，面对超过两亿奴隶般活着的同胞，怎么就不说"今夜我是民工"呢？此为孤立事件，可一定程度上，道理则一。

因此，抛开公民选择的自由主义立场不论，则理想境界当然是将家国情怀、民族文化忠诚与对于异邦典章文物的认同善予协调一体，更抱持普世情怀，于天下一家的高远境界里追求三不朽。此类人物，顶呱呱，响当当，凤毛麟角，哈老其一也。日耳曼文化的血脉与门格尔、米塞斯为旗帜的维也纳学派传统，早已流淌于他的心中，以此观照亚当·斯密思想所主导的英语思想，遂能于相互照明中抉发精微，打破了人类具有"合理计划"能力的神话，而为20世纪后半叶的世界历史发展提供前瞻性思考。与此同时，特殊的职业生涯使得他具有承接洛克和密尔一脉自由主义传统的天然条件，在思考如何回应一个多元化世俗社会的过程中，扩而思及整个人类社会秩序，将自由、宽容和开放的观念，更作推展，遂成一代集采整个西方文化传统的宗师级思想者。林毓生教授说，哈耶克教授的思想承继了源于希腊自由精神和 17 世纪以还英国法治之下的自由主义传统，熔政治、经济、社会和法理思想于一炉，"气象笼罩着整个自由世界的存亡，思域概括着整个自由制度的经纬"，虽含情绪，当非虚言。[1]

话说回头，即便是哈老，倘若德语世界并未发生非要他移民不可的情势，经济收入、工作环境、职业声望预期和思想的愉悦程度亦均"达标"，我想，他恐怕不一定非要去和伦敦的英国学子们斗嘴皮子不可吧！

由此，我们不得不感喟近世英语文明的开放与包容性格。当年老马在普鲁士混不下去，幸好海峡彼岸收容了他，虽贫病交加，上顿不接下顿，但毕竟性命无虞，因而得享 40 年创作岁月，将一腔忧思与满腹经纶，尽述于煌煌巨帙，让这个世界激动不安。二次大战前后各方人才流美，更是人类有史以来最大规模的脑力转移。那以"法兰克福学派"名世的哲学家群体，倘无彼土庇护，说得凶险一点，怕是早已灰飞烟灭了呢。而哈耶克之所以在伦敦"得到了一份教书的工作"，原因之一就在于人家看上了他，一个奥地利青年经济学家的学术水准，而即刻想到"吸纳"。[2] 英语文明的实践理性、事功精神和实用主义，虽无狂飙突进的精神气象，亦无追奉人类意志的浮士德情怀，但唯勤唯谨，于俗常砥砺中求澡雪精神，却涵养出一种宽容文化，而事实早已证明，这才是自由主义的精义所在。宽容文化造就了广博的吸纳能力，将包括哈耶克这样"口语"不甚流利的思想者拥抱入怀。一定意义上，哈耶克们执鞭英美，等于是自动架设起英语文明吸纳德语文明思想的管道，就哈耶克来说，至少是输送维也纳学派思想的管

---

[1] 林毓生，《中国传统的创造性转化》，北京：生活·读书·新知三联书店，1988，第 331 页。
[2] 前揭《哈耶克传》，第 63—66 页。

道。百多年来，全世界各种文明的大脑都在欧美出售，特别是在
北美打工，等于无形中架设起成千上万这样的管道，而为欧美特
别是英语文明含量的增扩、品质的改善，积思积虑，广拓资源。当
年威廉·洪堡特论述语言特性，曾谓"语言所吸收的思想转化为
心灵的客观对象"[1]，进而成为心灵本身，陈述的恰为这一现象。
因而，一纸教职聘约，竟然蔚为跨越文明传统沟壑的桥梁，而又
一统于特定语言之中，天底下还有什么比这个更为精巧的事呢！

　　是的，愈是晚近，愈多楚才晋用，由此甚至造就出一种职业
上的"国际人"，尤以工商管理和科技领域为甚。全球化真的似乎
使地球成为平的。因此，学者的游走，好像已然不再沾染悲情，毋
宁是用脚投票的理性人选择而已。对于北欧这类国家或者类如香
港、新加坡这类"城邦型城市"来说，前者的知识人往往操说两种
以上语言，后者则为高度国际化的市场，因而，凡此晋楚之变，实
在是世态之常，有何大惊小怪的。而且，举目四望，愈是著名学
府，其师生构成的国际化愈高，文明的多元和统合气象，便愈是
泱泱然，浩浩然，巍巍然也。在此，统合者，非行政，更非思想，
而是语言也。前述"国际人"需要的工作语言，此处诸学府需要的
工作语言，才是问题的根本。上文"积思积虑，广拓资源"等诸项
事实，端赖于"一统于特定语言之中"这最末一项，舍乎此，这一
切就不成其为事实。语言之重要，语言的吸纳、统合功能之重要，
实在是枢机呀，朋友！

　　当今世界，哪种语言具有这一魅力和强力呢？英语而已。由
此，英语世界的人民得享全球性资讯的流通便利，最易获得思想
创发的成果，益发增强了其吸纳、统合能力。其他文明，为着赶上
这班车，也不得不赶学英语，甚至于出现了全民赶学英语的景
象，于反向中更加凸显其对于其他文明的影响力。那一度俯临欧

---

[1]　参详：威廉·冯·洪堡特，《论人类语言结构的差异及其对人类精神发展的影响》，
　　　姚小平译，北京：商务印书馆，2002，第75页。

西的法语，早已风光不再，畏缩成一种有限的地方语言，岌岌乎
危哉。但是，语言的单一化甚至唯一性，于文明整体而言，终非祥
和之象，其实是显而易见的。就当今世界的各种主要文明而言，
不可放弃母语的主导地位，更是自不待言。如此这般，才可能护
持自家文明，增益人类文明的多元景观，而为人世生活探求更为
浩瀚的可能性。毕竟，还是如威廉·洪堡特所言，语言是一个民
族所必需的"呼吸"（Odem），是民族的灵魂所在；通过一种语
言，一个人类群体才得以凝聚成民族，一个民族的特性也只有在
自己的语言之中才能获得完整的映照和表达。恰如历史学家艾伯
特·索列尔（Albert Sorel）所言，"我讲故我在"嘛！[1]

想一想吧，随着经济增长和言路渐宽，中国人大多活得像个
人样，将来中国学府雇佣来自各种文明传统的教员，来了不是用
英语、德语或者法语作为工作语言，而是用汉语，也不得不用汉
语，那时节，等于有无数座"积思积虑，广拓资源"的桥梁，哈先
生们用汉语著述教学，你看看，情形将会如何?!

絮叨这些，还是在于申明一个道理，即语言是文明的载体，
对此不能不有文化自觉，而牵扯到下节的问题。

四

1981 年，何丙郁教授即将离开澳洲，出掌港大中文系。老友
柳存仁先生往访，"倾心细谈文章写作所用语文问题"。柳公以为，
包括他们自己在内，写作多用英文，"研究成果"对于学术的贡献
仅在于"提高西方所谓汉学的水平"，而对一般中国学者帮助很
少，"也不会提高中文写作的学术水平"。此处"中文写作"，当然
非指个人中文水准，而是概指汉语世界的学术水准。柳公并谓，在

[1] 转引自：埃里·凯杜里，《民族主义》，"第四版导言"，张明明译，北京：中央编译
出版社，2002，第 63 页。

英美大学是身不由己，可如今去港大执教，自应多用中文写作。对此，将近 30 年后，何丙郁先生在自传中讲述了自己当时的想法：

> 柳存仁曾在香港任教多年，熟识当地情况。我猜想他的原意是劝我多用中文写作，以获取香港华人社会的接受，但是不便直接说出口。当时的香港大学是一所华人社会中的英国殖民地大学，一个不会用中文写作的中文系讲座教授是很难获得社会人士接受的，尤其是一个华裔教授担此重任。[1]

何教授出身大马华侨家庭，自道"原是英文教育出身的华裔物理学家，中文程度仅相当于在高中一年级时英国主办的会考中获得优异成绩"。事实上，何先生用功勤勉，"能用三种语言写作"[2]，是华裔学者中具有世界眼光和相当声誉的博雅之士。而且，难能可贵的是，何先生兼具徜徉于社会事务与打理行政的能力。不过，确确实实，仅就上列二公对话的"微言大义"而言，好像何先生的读解远未触及和风堂主的心思。

那么，柳先生的心思是什么呢？它寄托着柳先生怎样的愿景？其所为何来，又欲将何往？这便不能不说到海外汉学研究和华裔汉学家们，与更为深广的"语文作育"的问题了。晚近一两个世纪以来，与西方殖民进程相伴，对于亚非世界的研究逐渐进入西方学术建制，成为大学中的专门性学问。关于中国古典和现代中国的研究，其中之一也。要研究，便需要资料，于是田野调查和文献翻译双管齐下，传教士与专门家联袂而来。在此过程中，华裔学者的研究成果，包括在彼攻读学位的华裔学生的学位论文，仅就资料而言，便贡献甚巨。1949 年大陆易帜之后，与"二战"前大批德国犹太裔科学家齐齐入美相似，成千上万高精层次华裔学人

[1] 何丙郁，《学思历程的回忆——科学、人文、李约瑟》，北京：科学出版社，2007，第 101—102 页。
[2] 同上，第 xiii、103 页。

被迫去国，涌入北美等西方国家，其中便包括了像胡适之、赵元任、萧公权和杨联陞诸前辈。楚才晋用自不待言，将才兵用的现象，也是不可避免的。他们操用流利或者磕巴的英语作为工作语言，更是一下子极大充实了彼土汉学"研究队伍"。和风堂主本人关于道家哲学的那部名著，便是当年获颁伦敦大学博士学位的论文，对于在此领域"提高西方所谓汉学的水平"，其价值不言而喻。中文世界在此领域"学术水平"的提高倘欲得其沾溉，反倒需要转译成中文之后，庶几乎才有可能。——朋友，语言是存在的家园，它们如山似水，隔山隔水便隔世嘛！有人谓陈荣捷先生一生以在海外传播儒学为己任，事隔经年，如今说得刻薄一点，倒不如说他老人家为狄百瑞、墨子刻做了一辈子资料员更为贴切。话说回头，今日回视，真要感谢地球上还有这一方园地，接纳、善待了他们，为我华族保留了这些读书种子，使他们幸免戮身戮心的命运，偷安一方，用功耕耘。其中少数翘楚，日后得以汉语著述反馈母邦。失之东隅，收之桑榆，事情总有正反合，古人不予欺也。

本来，不同文明间各种元素的转译和借鉴是常有的事，也是自古以来人文互动的常态，目的不外是经此过程，增大本文明的含量，改善眼前的自家生活。就此而言，华裔汉学家们以英语著述，其用在于增大了英语世界的文明含量，助力于改善彼土彼水的人世生活。时下理工类学者津津乐道在《自然》或者《科学》上发文，学术行政主管部门也施行重奖，其实结果和道理一本于此。说句重话，这首先不过是用自己的经费为英文世界的科技添砖加瓦罢了。就像哈耶克以英文著述，接续了英格兰启蒙学派的自由主义学思，截短取长，从而首先是使英语文明传统中的自由主义学思更益恢弘。晚年哈老之所以不惮烦琐，将自己的作品再译为德文，正是基于同一种理路，而采取一种反向思维。道理很简单，而事情很复杂的是，西方已有的学思，譬如启蒙以来的民主法治理念，并非等于译为汉语，刊布中华，中国思想中于是便有了此种此等理念。相反，非得要中国人积数代人之功，由研习西学，观其事，通其理，得其心，明其世，再广采博纳，转以汉语著述，而且是几代人的浩繁、精微与系统著述，方能将其消化、"吞噬"下去，从而转化为汉语学思，并经由教育的浸淫传布，进而经由中国人自己的人世砥砺，有所增益和创发，赋予中国语境的验证与解说，然后才能说这是汉语学术与中国思想。当年歌德说"一种语言之力量，不在于能把外来元素排拒，而在乎能吞噬之"[1]，便是这个道理。假以时日，慢慢就会从真真假假的"这话汉语怎么说来着"，过渡到一切意义世界都有或者多有汉语对应词汇。但看今日宪政、民主早成汉语常用词，其背后的意义世界同样早成中国思想要素，便尽皆豁然。也就因此，今日一再重温西方近世启蒙以还的现代理念，其实是建设现代汉语学术与中国思想的必需，而这一过程尚未结束。[2] 也正是在此，人文学术不同于科技之务必趋新，捣鼓后现代的，并非一定"站在思想的前沿"。

接上述华裔汉学家的话题。作为回报，他们实现或者部分实现了自己的人生目标，拥有了一方安顿身家之地，满足了俗世的衣食水准，尽管午夜梦回，可能冷不丁一缕幽思袭上心头，顿生今夕何夕之慨，心意阑珊随流水。真所谓"今夜梦中无觅处，漫徘徊，寒侵被，尚未知"。——倘非如此，心如枯槁，就人文学者而言，他们可能也做不出这番学术成就的。如果说学术是普世的，造福全体人类，因此他们其实是在为全体人类服务，那在下便也就没得话说，犹譬近年有几位年过八十的美籍华裔科学家归国任教，谓之"报效祖国"，我认为也能讲得通，因为报效祖国不分年龄先后，并没有哪一条规定说非要青壮年才有资格为祖国服务。"遥体人情，悬想时势"[3]，大致了解百年中国历史和他们身世的

[1] 转引自前揭关子尹论文。
[2] 参详：黄宗智，"认识中国——走向从实践出发的社会科学"，"连接理论与经验：建立中国的现代学术"，收见氏著《经验与理论：中国社会、经济与法律的实践历史研究》，北京：中国人民大学出版社，2007。
[3] 引自：钱锺书，《管锥编》，北京：中华书局，1979，第1册，第166页。

人，都不难理解他们的心意是赤诚而炽烈的，其程度与其对于自家利益的最大化考量恰成正比。毕竟，中国是一个尊老的社会，也是一个崇洋的社会，更是一个畏势的社会。老而洋，名且势，这样的寿星最值钱，也不缺钱。不像人家西洋，号称青年人的战场，老年人的坟场，耄耋寿星往养老院一丢了事，太没素质。可是，正如此时此刻、此情此景下"报效祖国"听起来总是有点怪怪的，将学术的特定人文类型谱系和服务于特定时空的人民这一明摆着的事实，简单地用"普世"等等话语一笔勾销，总还是稍嫌武断和做作。

　　大凡一种文明，尤其是成熟的文明，总有自己的一套表意系统，尤其是学术和思想，非得凝练、绅绎为表诸具体语言的话语体系不可。这一套话语体系，是此种文明学术、思想乃至于审美情操的物质外壳，在框含和承载着这一切的同时，担负着发育、涵养新的学思和意义的重任，规制着此种文明的运思方式，表述着此种文明的天人观念。越是成熟的文明，这一套表意系统便越是发达而宏富，举凡科学、人文、艺术和宗教等各种领域，均提炼、型塑出了足以表达丰富、曲折、深邃而博大意义的成体系性的话语。——没有莎士比亚们和牛顿们，哪有今天的英语意义世界。反过来也可以说，只有当一个文明的含量和品质丰富、深邃和宏博至如此地步，才会产生相应的话语体系。因此，"语文作育"，即运用此种语言思考、创作和交往，便是在提炼、绅绎、涵育和拓展民族生活的意义空间，充实特定文明实体的精神含量，提渐其品质，开阔其境界与格局。转用前述"语言是存在的家园"这一陈述，不妨说语文作育是民族文明存续的前提。道理很简单，如果汉语既亡，虽汉籍早已译为英文，亦不能谓中国文明俱存，正如今人破译了玛雅文字，却只能说这是玛雅文明的遗迹一样。就此而言，它实在事关社会、人民和国族的身心塑造，维系着整个文明共同体的消长存亡。人分南北，地有东西，因此，它首先服务于并只服务于特定的人民，其次才有可能嘉惠全体人类。也就因此，锤炼、作育和丰富这一套表意系统，就是在维续、推展和弘扬这一文明本身，而为自家生活找寻改善之道，从而也就是以地方性知识提供和分享普世性的生存智慧。反过来说，弱化、放弃此种语言的言说，甚至于将母语自我次殖民地化，则语言不存，斯文断绝，等于是文化自杀，其身尚在，而其人实已息矣。明儒所谓亡国与亡天下之别，用在此处，亦称恰切。至于高举义旗，以文明忠诚不敌公民选择设论，则又另当别论了。

当一种文明处于弱势低潮之际，置此文明中人，常常会相率蜂拥扑向正处强势高潮之际文明的语言，模仿唯恐人后，学说争相趋前。所以特定历史时段内法语或者英语说得好便代表了优雅和高贵，自朝廷而士戍，一体咸认，便怪而不怪。[1] 当此危局，唯有少数以此文明命运托付而自觉自负之士，方会守经达权，积劳积慧，为此文明运命积攒转机。胡适之倡导白话，其用心在此。陈寅恪、钱锺书着意于以文言道新知，翻古典为今典，其志愿同样在此。其情其景，清儒凌廷堪于慨述遭逢学术之变当口清浊二流的表现时曾谓："当其将盛也，一二豪杰振而兴之，千百庸众忿而争之；及其既衰也，千百庸众坐而废之，一二豪杰守而待也。"[2] 就此

---

[1] 法学家和民族主义者恩斯特·莫里茨·阿恩特（Ernst Moritz Arndt, 1769—1860）在 1840 年出版的回忆录中载述，18 世纪最后十年中，甚至连生活在他那个德国北部小镇的农夫的女儿们，也偏爱用法语交谈。1750 年，伏尔泰到普鲁士谒见腓特烈大帝，"感到就像在法国一样，这里的人只讲我们的话，德语只是用来对士兵和对马匹说的！"传言腓特烈大帝本人就曾说："我和我的朋辈讲法语，和我的下属讲英语，和我的马匹则讲德语。"更早一些，神圣罗马帝国皇帝查理五世（1500—1558）也曾说过："我和我的马匹说德语，和上帝说西班牙语，和我的朋友说法语，和我的情人说意大利语。"对此情形，赫尔德在《另一种历史哲学》中曾经不无嘲讽地写道："所有的欧洲王子早就讲法语了，而吾人不久亦讲法语。然后——啊，幸福！黄金时代重新开始。"迄至写作《致德国人》这首诗之际，赫尔德早无嘲讽的雅兴，而是改为呼号了："讲德语，哦，你这个德国人！"而弗雷德里希·雅恩（Friedrich Jahn, 1778—1852）更是公开申言，倘若准允自己的女儿去学法语，无异于逼良为娼。有关详情，参见：埃里·凯杜里，《民族主义》，张明明译，北京：中央编译出版社，2002，第 53—55 页；前引关子尹教授的论文。

[2] "辨学"，收见氏著《校礼堂文集》，第 4 卷。另，国人对于西方国名的汉译，颇能反映中国对于外部世界的认知转型，在更大的意象上与此"兴衰"与"废待"互勘。其中详情，参阅：谢贵安，"从固守天朝立场到融入世界文明秩序——从西方汉译国名演变看中国人对西方列强的认知过程"，《学习与探索》，2008 年第 1 期，第 225 页以下。

刻主题而言，则其所守所待者何？贞下之起元也，文明之复兴也。其间，便包括了对于此种文明表意体系的坚守和革新，期求以我手写此语，以此语述我意，以我意传我心，以我心道我在，而于表里通达、灵肉一体的文明传统一脉延绵中，缔造惬意人世生活。

倘若虽经努力，而时运已尽，则文明衰亡，势成悲剧人物。如果一阳来复，则为文化英雄也。晚近先辈，如梁漱溟、陈寅恪、钱穆、熊十力、唐君毅一脉，如胡适之、殷海光、钱锺书诸贤，均为此英雄也。一如马丁·路德迻译经文，从此德意志获得了表述神性的话语，也就是讲述人性的心声。莱布尼茨、歌德、康德、黑格尔、席勒和格林兄弟语文作育的伟大实践，前后接续，各逞性情，为德意志文明提炼出广博宏富、精微渊厚的现代德语，而表述其深广的意义空间、磅礴的精神气象与浩瀚的美学趣味。1814年，萨维尼曾说："一般而言，德语不是一种适合表述法律的语言，尤其不适合用来进行立法。"[1]不足百年，以萨维尼本人为旗帜的德语法学家们语言作育的实践，却创造出了以"概念的金字塔"著称的不朽的《德国民法典》，允为法典的精准语文范本。仅仅20年前，国人谓汉字不适合电脑时代，耽误了中国的现代化，现如今还有人这样想吗？"家国兴亡梦，英雄胜败心"，历史有时候真是奇妙。[2]

回到本节开头柳、何二公的对话，则和风堂主的微言大义原

---

[1] 参详：弗里德里希·卡尔·冯·萨维尼，《论立法与法学的当代使命》，许章润译，北京：中国法制出版社，2001，第67—68页。

[2] 1826年，威廉·洪堡特曾作《论汉语的语法结构》一文，对汉语充满偏见，甚至无知。"五四"之际，愤怒的反传统者们于愤激中欲废汉字用拼音，影响所致，连军人冯玉祥也附和"欧化文字构造复杂精密，适于学术思想、著述。文艺还是应当尽量接近大众。汉字拉丁化用法简易，便于学习，对大众是最适用的文字"。凡此种种，演绎的正是语言与文明运势的关系。有关于此，分别参详：姚小平，《洪堡特——人文研究与语言研究》，第12章，北京：外语教学与研究出版社，1995；唐德刚，《胡适杂忆》，第7章"国语·拼音·拉丁化"，上海：华东师范大学出版社，1999。冯玉祥将军的话见《大公报》1936年8月10日第4版萧乾对冯的专访，转引自：萧乾，《未带地图的旅人》，收见《萧乾全集》，第5卷，武汉：湖北长江出版集团、湖北人民出版社，2005，第393页。

来在此，难怪在 2006 年香港的一次学术会议上，90 高龄的柳先生不禁喟言 21 世纪汉语将会成为世界性语言。论其为判称固当，许其为愿景亦可，可这老先生的心声，总是有根据的推断，而这，确是接受"英文教育出身的华裔物理学家"难能理喻的，或者，竟不愿认同的。无家国忧思与文化积忿，虽语言相通，而意义难通，咫尺便在天涯。如此，语言却又不完全等同于意义，奈何！

是呀，要是巴比塔终于修好了，从此人类不再备受语言隔阂之苦，那该多好，虽说丰富多彩的语言是这个星球上还算让我们流连忘返的少数动人情景之一。但是，只要一日此塔不过是乌托邦的寓言，那么，就一日不可忘记"语文作育"。这也就是文化自觉，一种自爱与自助之道，而天助自助，才是生存之道。

倘若哈耶克先生在天之灵有知，我想他老人家一定首先会用德语流畅地告诉我们，他认为这同样是一种自由主义之道。

2008 年 2 月 29 日初稿，3 月 15 日改订于无斋

哈耶克在台湾[*]

吴惠林^{**}

康德出版社的李永海先生日前到我研究室，拿着哈耶克（F. A. Hayek，1899—1992）传记的英文原版书和部分中译稿，希望我为该书中译本写篇导读或序，重点则放在哈耶克与台湾的关系。这使我有点为难，一来虽然我的记忆中是有那么一幕：好几年前在台大活动中心的演讲厅，哈耶克在爆满的观众前演说，其旁边则是已故的费景汉（1933—1996）院士。但也仅此而已，甚至忘记了哈耶克说什么，也忘了那是什么时候。二来我对哈耶克的东西实在称不上有研究，顶多知道个大概而已。

经过如此的表白，李先生还是希望我帮忙，也许因为我曾在1992年哈耶克去世时写过哈耶克的生平、学术生涯及贡献，也在《到奴役之路》（*The Road to Serfdom*）出版50周年时应杂志社之邀撰写过一篇《永远的哈耶克》。此外，也曾简介过哈耶克的《自由的经纬》（*The Constitution of Liberty*，现在比较熟悉的译名是《自由的宪章》）、《个人主义与经济秩序》（*Individualism and Economic Order*）、《不要命的自负》（*The Fatal Conceit*）以及《哈耶克论哈耶克：对话式自传》（*Hayek on Hayek：An Autobiographi-*

---

* 本文原为作者为《哈耶克传》繁体版所做的推荐序，收入本书时作了必要的修改。

** 吴惠林，"中华经济研究院"研究员。

cal Dialogue）等书。纵使如此，我对哈耶克的了解也只是皮相，真正对哈耶克思想体系下过苦功钻研者，据我所知首推已故的夏道平（1907—1995）先生，台大名誉教授施建生先生也颇有研究并写过有关哈耶克的数篇文章，他跟哈耶克也很熟识（下文会再提）。至于年轻一辈的，是经由夏道平先生引介而接触哈耶克作品的谢宗林先生，他不但精心翻译《不要命的自负》，还将哈耶克全部英文著作都读过。因此，施建生教授和谢宗林先生都比我有资格来担当这项任务。奈何李先生坚持非要我写不可，也只好恭敬不如从命地答允了。

我之所以接触哈耶克的东西，是夏道平先生引介的，因为我一向尊奉自由经济，而在夏先生眼里，若不知奥国学派的哲理，是不可能抓到自由经济精髓的，于是夏先生细心安排各种方式让我接触该学派的各代掌门人之作品，也就这样我在1980年代才得知哈耶克这号人物（他被称为奥国学派第四代掌门人）。那么，夏先生又是怎么会对哈耶克的东西着迷的呢？据夏先生自己的回忆，是在其担任《自由中国》半月刊主笔时，才真正接触奥国学派的自由经济哲理，触媒则是其武汉大学的同学詹绍启先生在1957年上半年寄给他的《美国新闻与世界报道》（*U. S. News and World Report*）杂志，该期正好刊登奥国学派第三代掌门人米塞斯（L. von Mises，1881—1973）新著《反资本主义的心境》（*The Anti-Capitalistic Mentality*）摘要，经由阅读摘要，夏先生才对"理知的自由主义"有正确认识，并从此死心塌地坚守。若非有该机缘，夏先生自认很可能会跟随殷海光或张佛泉，走上非理知的自由主义的思路，殷海光所崇拜的是罗素主张的"浪漫的"自由主义，张佛泉则是倾向于杜威的"积极性"自由主义。

夏先生读过并译介那篇摘要后，又将该书全文译出，接着又翻译了米塞斯三本著作（有兴趣的读者可在远流出版公司的"自由主义名著译丛"找到）。就因译了米塞斯的三本书，夏先生乃进而研读哈耶克的英文著作，并且翻译哈耶克三本论文集中最精华的《个人主义与经济秩序》。夏先生虽也写了几篇介绍哈耶克及其理论的文章，但其主要的贡献仍在翻译这些重要作品，由于哈耶克不用数学而是用文字表达，必须以精准的文字才能"严谨"传达真义，因而予读者艰深难读之感。所以，研读哈耶克的文章，看懂已不太容易，要再翻译并达"信、达、雅"的要求更难，准此，夏道平以译书方式将哈耶克及其他奥国学派学者的重要著作推介给台湾，其贡献不可谓不大，何况夏先生译书态度之认真、恭谨令人感佩不已呢！或许就是透过认真翻译，夏先生比起其他人更能深入哈耶克思想的内涵。夏先生虽没跟哈耶克见过面，但我认为他很可能是台湾最熟识哈耶克理论的一位。

若要说与哈耶克亲近者，除其亲朋好友外，师生关系、尤其得到哈耶克亲自指导撰写论文者应属之。在台湾，据我所知，有周德伟（1901—1986）先生和蒋硕杰（1918—1993）院士两位。前者在夏道平1986年7月发表于《传记文学》的《周德伟先生未受重视的一项业绩》一文，有所着墨，谓周先生于1933年公费至英国伦敦大学政经学院求学，得到哈耶克指导两年，之后转学到柏林大学哲学研究院进修，哈耶克又以书信方式指导其撰写货币理论的论文，1937年中日战争发生，公费停发，周先生乃结束留学返乡，1969年退休才专注于学术思想。夏先生认为周先生的两大学术业绩，一是为台湾知识群众有系统地介绍哈耶克，二是把儒家传统思想重新评估并赋予新的意义。在给台湾知识群众介绍哈耶克的业绩上，具体地在两本书体现，一是译作《自由的宪章》；另一是他写作的《哈耶克学说综述》，该书序文是哈耶克写的，而哈耶克复周先生的信及序文的原稿，都是刊在书首。夏先生以哈耶克是位严谨型学人，不会随便恭维人、敷衍人，却为周先生作序，足证周先生对哈耶克思想体系了解得精深、阐释得明晰。

谈到蒋硕杰院士，是道地道地的哈耶克弟子，蒋先生在伦敦政经学院的博士论文题目"景气循环和边际利润的波动"，是哈耶克建议，也是哈耶克指导的，这篇论文不但让蒋先生在 1945 年获得哲学博士学位，也以该年度最佳博士论文得到该校的"赫其森银牌奖"(Hutchison Silver Medal)。不过，蒋先生闻名国际的研究是属于货币领域，似乎并非得自哈耶克真传，而蒋先生自己也明言受罗伯森（D. H. Robertson）的影响最深。但正如夏道平先生所言，蒋先生从理论上不断抨击凯恩斯，却是不折不扣追随哈耶克脚步的。其实，哈耶克虽然自 1941 年开始，表面上似乎没有明确地对货币理论发表著作，但终其一生，哈耶克认为他所谈的哲理都离不开货币，这可在其最后一本著作《不要命的自负》里看得清楚（也可参见：谢宗林，吴惠林，《哈耶克的货币思想与政策主张》，载于 1997 年"中华经济研究院"出版的《经济发展理论与政策之演变》一书第五篇）。由此似亦可见，蒋先生的一生志业也没脱离哈耶克，只是蒋先生的学术文章利用诸多数理工具和图形，而且也较少有哲学层面的解析，这与哈耶克的作风截然不同。

　　谈过两位哈耶克的指导学生，接着再谈三位对哈耶克思想有钻研的学者。第一位是已故的"中央研究院"邢慕寰（1915 — 1999）院士，他在其 1986 年 8 月出版的《通俗经济讲话：观念与政策》一书中，第七讲《集体经济制度的全能与低能》和附录四《关于集体经济计划辩论的现状》，以及其 1993 年出版的《台湾经济策论》一书中附录二《自由主义经济理念压倒集体主义经济理念以后——为纪念一代宗师哈耶克逝世而作》三篇文章，都一致充分地显示他对哈耶克主张的认同。其实，邢先生和哈耶克的关系，由邢先生在其《台湾经济策论》的自序中已说得非常清楚，邢先生之所以后半生信守不渝自由经济理念，乃因其 1945 — 1946 年赴芝加哥大学进修受教于奈特（Frank Knight）、范纳（Jacob Viner）和哈耶克。邢先生特别指出，在某种意义上，对他影响更直接的是哈耶克，而哈耶克是 1946 年春季才到芝大任教，只开了一门主题是"美国企业垄断个案分析"的专题讨论课，参加者仅约十人，且几乎全都是教授、讲师，以及正在写论文的博士生。邢先生只是抱着好奇心前往旁听了几次，重要的是趁机读了哈耶克的两本名著，即 1935 年出版的《集体经济计划》（*Collectivist Economic Planning*）和 1944 年出版的《到奴役之路》。前一本书让邢先生深切领悟到集体经济计划在理性上根本不可能实行的道理，更重要的是，为着实行集体经济计划而要求人民所做的牺牲，绝对不可能实现社会主义者浪漫的憧憬，亦即超越资本主义制度的表现；后一本书在警告西方资本主义国家，不要动辄找借口干涉私经济部门，以免不自觉地陷入计划经济的泥沼，而走向奴隶之路。

第二位是上文提过的施建生教授，施教授在 1965 年担任台大法学院院长时，于该年 9 月底与"中国地政研究所"所长萧铮共同邀请哈耶克来台，作为期三周的学术性访问。施教授回忆说是借参与蒙贝勒兰学会[1] 年会之便邀请哈耶克访问台湾的，当时施教授还陪同哈耶克赴中部演讲，也曾引翻译《到奴役之路》的殷海光教授会见哈耶克，听说哈耶克对殷海光印象不错。1975 年 11 月 9 日，哈耶克获颁诺贝尔经济学奖的来年，第三度访问台湾，在台大学生活动中心演说，施教授是主持人。他也在 11 月 10 日于《联合报》发表一篇《自由经济理念的弘扬——欢迎哈耶克先生三度来华访问》引介宏文。此外，施教授在其《现代经济思潮》一书增订版（2000 年 7 月，华泰文化公司）中第八章，以九个节介绍哈耶克。当哈耶克于 1992 年仙逝时，施教授也在"中华经济研究院"出版的《经济前瞻》"哈耶克专辑"中写了一篇《哈耶克与凯恩斯》，记述两人亦友亦敌的微妙关系。

---

[1] the Mont Pelerin Society, 简称 MPS, 1947 年 4 月 1 日成立，由全球崇尚自由理念信仰者共同组成。学会初创阶段，对于会员的筛选极为严格，若非全球第一流的思想家，休想成为会员。后来逐渐放宽，以致有些并非抱持自由理念者也加入，而哈耶克和弗里德曼（M. Friedman, 1976 年诺贝尔经济学奖得主）于是都主张解散 MPS。关于 MPS 的介绍可参见：夏道平，"一个自由派国际学会的成长"，收录于夏道平著《自由经济的思路》，远流出版公司，1989，页248—265；吴惠林，"一个崇尚自由经济的学会"，收录于吴惠林著《经济学的天空》，修订五版，页114—119，翰芦出版公司；施建生，"蒙柏仑学会的成就"，载于施建生著《现代经济思潮》，增订版，页306—309。

　　第三位是谢宗林先生，他是我在"中华经济研究院"的同事，虽然他接触自由经济的时间比我晚，与夏道平先生相识也在我之后，但他对哈耶克作品的专注却令人敬佩。兹引夏先生在 1994 年写的《自由主义与宗教》一文中的说法作印证，夏先生说："……谢先生最近两三年来把哈耶克在 1944 年以后用英文写的文章和整本专著，大部分精读过，并且有深度的理解。谢先生的这一造诣，颇为惊人。"谢先生的中英文造诣俱佳，看书速度快且吸收力强。除了精心翻译哈耶克的《不要命的自负》一书外，上文提过的《哈耶克的货币思想与政策主张》则直接详细剖析哈耶克的货币理论，他又引用哈耶克的理念和我共同写作了几篇关于社会公平、社会福利、老人年金、家庭伦理和社会安全的论文。

　　以上记述的台湾学者与哈耶克的点点滴滴，只限于经济领域，其他领域的学者未涵括在内，即使是经济领域，亦恐有遗珠之憾。本文最后再记录哈耶克三次来台的经过。

　　如上文所述，1965 年 9 月底哈耶克夫妇首次应邀访台，东道主是萧铮和施建生，他俩都是蒙贝勒兰学会会员。当年三周环岛行程，共安排五场演讲，第一场 10 月 2 日在台中中兴大学，讲题是"社会秩序之原理"；第二场 10 月 6 日在屏东省立农专，讲题是"自由社会的法则"；第三场 10 月 8 日在台大，讲题是"自由之创造"；第四场 10 月 11 日在"中国土地改革协会"及"中国地政研究所"，讲题是"财产与自由"；最后一场在台大法学院，讲题是"自由竞争之政策"。当年媒体报道，哈耶克还在演讲中公开赞扬台湾的土地改革，他也表示知道台湾有着进步、繁荣的经济社会。访台结束返国后，哈耶克根据访台观感，在西德第一大报《福兰克通报》发表专文，盛赞台湾的进步，并认为台湾经济发展足资亚洲各地仿效。

　　来年（1966 年）哈耶克二度来台，作为期一周的学术性访问。9 月 22 日下午 3 时，在台湾土地银行十楼大会堂举行学术座谈会，欢迎哈耶克，并请其发表"公众福利与社会正义"简短演说，阐述"公众福利"（public good）是自由经济环境下大众经济利益的和谐发展，以及"社会正义"（social justice）则不容少数人曲解滥用以干涉社会中各个人的经济活动。会中有人询问自由经济与计划经济两种制度，事实上在若干新兴国并行不悖，似乎可以相辅相成而收折中办法之效。据媒体报道，哈耶克系以公众福利和社会正义这两个观点再作说明。会中有人鉴于当时世界经济制度有逐渐修正改进，以免各走极端的情势，乃以英国和苏联为例，认为英国对于若干工业实施国有化，而苏联共产制度也修正为重视价格、利润与报酬，将来可能逐渐走向中间路线而达和平共存境地。哈耶克的回答是：世界经济随时变迁，以后的事尚难预料，20 年后，也许苏俄共产制度将较美国资本主义更为资本主义化；但有一点可以断定，如果一国由中央政府控制经济事业，则其必然以寻求资源为借口而将冒险对外扩张，最后必然形成帝国主义而引起世界冲突。迄今近 40 年的历史演变，全球化的潮流排山倒海而来，英美带头的国营企业民营化，都倾向于哈耶克的主张。此也直接证明了哈耶克的先知性。当年哈耶克在台期间，除与各界交换有关经济方面有关问题外，还参加文化经济协会、经合会等处的会谈，并参观台北、花莲各地名胜、古迹、古物、陈列馆，以及"中研院"等。

哈耶克第三次、也是最后一次来台是 1975 年 11 月 9 日，是其荣获诺贝尔经济学奖的来年，所受的重视程度甚于以往。在十天的行程中，参加了 11 月 10 日"中国土地改革协会"举行的"自由经济与土地改革"座谈会，哈耶克表示台湾的土地改革是促成经济发展的重要因素，而耕者有其田的实现，将可促进人类的自由。当天的《联合报》刊登了施建生教授撰写的《自由经济理念的弘扬——欢迎哈耶克先生三度来华访问》欢迎词。11 月 13 日施建生教授还在台大活动中心演讲厅主持哈耶克演讲会，题目是"通货膨胀与就业"，由已故的费景汉院士即席翻译，吸引爆满的听众。11 月 14 日在"中央研究院"、台大、政大及东吴大学联合举办的"现代民主制度的优点及缺陷"座谈会中，哈耶克表示，为使民主政治更完善，各国应该提高选民与候选人的年龄，而议员一旦当选，应该绝对独立于利益团体及政党之外。他也说计划经济与社会主义、集体主义几乎是同义的，他反对计划经济，也反对政府的权力过大，政府的主要任务是为民服务，若权力过大，势必滥用权力。该次访台，哈耶克也见到了蒋经国，而且来年（1976年）10月21日还与1971年诺贝尔经济学奖得主顾志耐（S. Kuznets）一起膺选为"中央研究院"名誉院士。

由以上的简略分析，可知哈耶克与台湾的渊源并不浅，而台湾的经济学界对哈耶克也并不陌生，但因主流经济学将奥国学派置于边陲，加上数理、计量方法的盛行及喧宾夺主，经济学门的正统教学几无哈耶克的东西。在全球化、各国明显倒向自由经济、通货紧缩成为棘手课题、政治斗争、政经纠葛不清的此刻，实在必须在哈耶克的思想、著作中找答案。因此，个人亟力欢迎康德出版社致力弘扬哈耶克理念的志业，也很乐意为这本开路先锋《哈耶克传》作序。

最后值得一提的是，哈耶克访台三次都是威权体制的时代，具有计划经济的影子，哈耶克且对土改和台湾经济的成就赞扬有加，是否与其基本信念有违？这也让我想起另一自由经济巨擘弗里德曼，他曾帮智利的皮诺契特军政府从事经改，引发"为虎作伥"的激烈挞伐，并对其1976年获颁诺贝尔奖造成困扰。以哈耶克和弗里德曼对自由经济理念"道一以贯之"的坚定态度，我相信他俩是想在专制社会中灌输自由经济理念，让这些社会早日走向自由，毕竟经济自由会加速促进政治自由！至于哈耶克和弗里德曼两人曾在芝加哥大学同事过，也都对"货币理论"钻研甚深，两人有其通性或歧异性吗？两人有相互影响吗？在《哈耶克论哈耶克》一书第四部中，哈耶克谈到弗里德曼和他除了在货币政策外，其他各方面的见解几乎完全一致，但他却对弗里德曼的《实证经济论文集》（*Essays in Positive Economics*）没有提出批评深感后悔。他认为该书就某方面来看是非常危险的，与凯恩斯那本《论货币》(*Treatise on Money*)的危险性不分轩轾，哈耶克时常公开说最后悔的事情之一是没有回头批评凯恩斯的这本书。其实，由哈耶克的说法也可得知他对货币有着与主流学说相当歧异的看法，而蒋硕杰院士抱持"流量"分析，迥异于弗里德曼的"存量"分析，且公开批评弗里德曼在这方面的观点，应与哈耶克异曲同工。由此似可推知，蒋先生的确是继承哈耶克的，师生俩的见解终究是一致的。至于哈耶克和弗里德曼是否有相互影响，就得劳烦读者们在这本传记里去找答案了。

奥地利学派：时间与
无知的经济学

——评《奥地利学派经济学在美国》*

黄　雄

一、奥地利学派的困境

　　谈到奥地利经济学派，人们往往同时有两种复杂的感情。一方面是几乎所有人都认为，奥地利学派的确提出了很重要的问题，对主流经济学的批判也很到位，其中不乏极具洞见性的观点：对时间和知识的关注，坚持以市场过程来理解市场秩序，把行为人当做个人而不是作为社会集体来分析，等等；但同时另外一方面，人们也普遍感觉到，奥地利学派的方法论与主流经济学格格不入，其自身也深陷方法论之争的困境难以自拔：他们反对一种均衡式的静态分析方法，反对运用数学来模型化真实时间过程中的人类行为，然而自己又很难突破均衡理论的窠臼，来独创一门非均衡

---

　　*《奥地利学派经济学在美国》一书，由朱全红等人翻译，属于浙江大学出版社出版的"奥地利学派译丛"系列。作者卡伦·沃恩是美国乔治·梅森大学经济学教授，曾担任美国南部经济学会主席、奥地利学派经济发展协会主席，她的著作和论文成为研究奥地利学派经济学必读的文献资料。

的科学，以致奥地利学派经常被人称为"方法论学者"或者"哲学家"、"政治哲学家"，等等。当然，产生这两种复杂感情的背景就是新古典经济学占据主流地位，奥地利学派一直处于这种"大背景"的阴影之中，从老一辈身处奥地利的旧奥地利学派的前辈，到移民后在美国新大陆嫁接的新学派的各代表人物身上，他们无不在力图超越主流经济学的模式，来追寻奥地利学派经济学的独特范式。然而，完全脱离了主流经济学的分析模式，他们也不清楚自己身处何地，究竟是沉浸在昔日奥地利的旧梦里，还是真的点燃了新的美国梦呢？自己究竟是何种意义上的经济学家，是包含一切人类行为的理论家，抑或是主张某种自由主张的政治哲学家呢？

　　这里存在着某种紧张，一种力图挣脱而又无法摆脱的困境，就像一个人试图拔起自己的头发想要离开地面一样，显得十分尴尬和无助。当然，在对这种紧张的处理中，米塞斯要算做得最干脆的，他似乎洞悉了依靠现实的任何逻辑无法挣脱大背景的内幕，由此借来了康德的"先验"一词，把它标榜在自己的理论上面，借此否认任何现实经验的检验，同时又指出其理论对经验有确定无疑的指导作用。米塞斯的这一先验论的观点已经把奥地利学派推向了一种"完满的"极端。如果要说脱离主流经济学的范式，重建经济科学大厦就是奥地利学派的最后目的的话[1]，那么米塞斯就已经完成了这一大厦的奠基工作，大厦的框架结构也日趋可见，后来的继承者只要在米塞斯奠基的大厦框架中充实内容，粉刷外观即可。其实，这种"完满的"框架结构同时也暗示着大厦竣工日期的来临——其理论濒临尽头！

二、奥地利学派经济学在美国

　　正由于奥地利学派经济学处于上述濒临绝境的巨大困难当中，

---

[1] 沃恩在《奥地利学派经济学在美国》一书中写道："拉赫曼得出结论：奥地利学派经济学，如果它存在的话，就是对正统学派的根本挑战。"(p.121)

才出现了米塞斯之后的"新奥地利学派",这一"新"主要体现在"有意去突破米塞斯的理论方面"(p. 12)。新近译出的卡伦·沃恩(Karen Vaughn)教授的《奥地利学派经济学在美国》(*Austrian Economics in America*)一书就是来记述米塞斯的继承者们在突破旧体系过程中产生的新问题、新思路和新方向。为了"理解经济学领域里一个善言辞、易怒和非常专注的小群体(奥地利学派)是如何发展到现今的地步",沃恩教授通过回顾奥地利学派的思想史来解释目前相关的争论。全书分为八章,大体来说有两个部分,两部分的篇幅基本相当。前四章是第一部分,对米塞斯在内的旧奥地利学派关于时间和无知问题的思想史进行了简略的回顾,后四章着力描绘新奥地利学派在美国的复兴过程,凸显科兹纳(Israel M. Kirzner)与拉赫曼(Ludwig M. Lachmann)关于市场过程问题的争论。众所周知,罗斯巴德(Murray N. Rothbard)也是新奥地利学派的一位重要的代表人物,为什么在书中没有得到应有的位置呢?原来在作者眼里,就"突破米塞斯的理论方面"来说,罗斯巴德显然不如前两位学者。因为罗斯巴德是米塞斯理论的坚定捍卫者,甚至"比米塞斯更米塞斯",他"毫不怀疑地坚定支持米塞斯理论中最重要的自由市场、私人财产及神圣契约论……他代表了一大批对众多现存的传统经济学与政治学提出尖锐批判的人……毫无疑问的是,最终他与经济学家的对话没有他对政治观念展开讨论那么重要了"(p. 110)。[1] 所以,沃恩在书中对罗斯巴德在奥地利学派复兴过程中的主要贡献颇有微词,对其理论的阐释惜墨如金。因此,我们看到《奥地利学派经济学在美国》的两位主角是科兹纳和拉赫曼,这两位主角力争跨

---

[1] 沃恩在《奥地利学派经济学在美国》中写道,罗斯巴德甚至批评米塞斯使用消费者主权这一概念,因为这种概念潜在的含义是生产者没有权力根据他的希望去处理资产。他认为市场是基于"个人权力",而非消费者主权之上的。在 20 世纪 60 年代中期知识分子的革命观占据统治地位时,罗斯巴德把对当时经济形式主义的强烈不满与激进、令人诧异却简单明了的政治意识形态结合起来,其观念即便没有占据统治地位,但至少也算是抓住了 60 年代的精髓(pp. 108 – 109)。

出米塞斯理论体系的突破口就是源自"门格尔主题"（Mengerian themes）的关于"时间与无知的经济学"（economics of time and ignorance），沃恩认为，科兹纳和拉赫曼正是基于这一主题来理解市场过程和市场秩序的，两位主角对此问题的争论也就成为全书的一条主线。

依此可见，沃恩教授关注的主题是"目前相关的争论"，即奥地利学派内部对市场过程理论的不同理解，她甚至认为奥地利学派经济学的实质就是关于时间、无知、主观性以及过程的经济学。在她眼里，如果存在奥地利学派经济学的范式的话，那就是关于时间和无知的经济学（p.3）。但问题是，新奥地利学派内部对这一范式也没有达成统一的意见。科兹纳和拉赫曼"这两位长期保持通信往来并最终成为同事达十多年之久的学者，正是美国奥地利学派经济学运动内部巨大矛盾对立的缩影，这种矛盾对立所涉及的正是人们对市场秩序性质的认识。使这一争论具有重要意义的是他们都声称忠于门格尔、米塞斯和哈耶克的思想，对市场过程的效用和重要性方面有着共同的看法，但他们在奥地利学派经济学的特性和未来发展方向上却得出了非常不同的结论"（p.154）。

三、科兹纳 vs. 拉赫曼：市场过程理论是对主流经济学均衡模式的补充还是革命？

沃恩对于奥地利学派经济学"时间与无知"主题的描述是借助于均衡一词作为支撑点的，作者通过"均衡"这一支点似乎很容易地进入了她的二分法：主流经济学与奥地利学派经济学的二分，以及奥地利学派内部偏均衡的一派与非均衡的一派之分。首先，在沃恩那里，主流经济学的传统就是新古典主义经济学的均衡模式。为了避免其他经济学者（如制度经济学、新凯恩斯主义等）的责难，在第一章的导论部分中，作者特别谈到了"新古典主义经济学"与"主流经济学"的用词问题，她声明这两个用语在书中是当做同义词交替使用的，并没有特指任何不属于奥地利学派的经济学。她认为主流经济学指的是这样一种研究项目：将人的所有行为解释为约束条件下的最大化问题，"其中选择被认为是特定、有序和静止的，对约束的理解是广泛的……这一约束最大化范式或许可以用数学术语来规范，但即便不能，新古典主义经济学的逻辑总会提醒人们这种规范是可能的"(p. 11)。所以作者断言，"奥地利经济学派与新古典主义正统学说之间的关系之争是一场关于在经济学分析的过程中均衡模式结构的本质之争，同时也是关于新古典主义经济学的那些假定和结构原则是否恰当和有用的大辩论"(p. 13)。沃恩教授在前言中就声明了自己写作的立场，她始终不将自己称做"奥地利"学派的人，她说，"在新古典主义学者中，我为奥地利经济学的立场辩护；在奥地利学派中则提醒他们考虑新古典主义学者的观点……尽管我明显同情那些自称是奥地利学派的学者，但我仍然始终游离在奥地利经济学的边缘"。也许在罗斯巴德创办的米塞斯研究院的学者们眼里，沃恩的确还是在奥地利学派的边缘，但这也无妨一个局外的学者以一种更开放的态度来审视和检验奥地利学派的观点。

其次，奥地利学派内部的争论主要存在于科兹纳和拉赫曼的对均衡（或市场秩序）的两种不同看法上。以科兹纳为代表的一方似乎认为奥地利学派对经济过程和知识的局限性的见解，是主流经济学的一个极其重要的补充，人们可以将这些问题置于传统的新古典主义均衡分析的框架内，有时可以借助传统的工具（图解分析或数学符号）对他们作答。而以拉赫曼为代表的另一方则似乎认为主流经济学对现实的那些设想与奥地利学派试图回答的那组问题是如此不同，以至于他们必须以某种方式超越典型的新古典主义分析框架，奥地利学派必须放弃均衡模式的传统观念，并提出一种全新的奥地利学派经济学范式。相比之下，后者的观点显然要激进得多（p. 6，p. 153）。换一句话说，他们的争论是：奥地利经济学派关于时间与无知的经济学（或市场过程理论）是对主流均衡模式的补充还是革命呢？

　　有趣的是，作者认为无论是奥地利学派与主流经济学之间的争论，还是奥地利学派内部的发展方向之争，都是来源于门格尔思想对均衡模式的暧昧与含混之处。作者在第二章评论门格尔的思想时，她说，"毋庸置疑，门格尔著作中不乏均衡状态的表述，但它却因门格尔关注积极行为而不引人注目……他的交换和价格理论……可以视为在煞费苦心地定义均衡价格，但更准确地说，它实际上是一套经济过程理论"（p. 29）。她还认为，"门格尔的门徒也只是拾取他思想中近似于正在成型的新古典所讨论的观念，而不是其著作中真正独创的思想"。这种独创性的思想指的是关于知识、无知、时间和过程的观点，作者认为只有等到借助于社会主义可行性论战时，在哈耶克和米塞斯的著作中才重新发现了"门格尔主题"，第三章的标题就是"经济计算与门格尔主题的再发现"。第四章介绍米塞斯的思想，主要关注点在他对时间、企业家、均衡的看法，也提到米塞斯先验的方法论问题，指出"这种极端的方法论立场所起的作用不是突出而是模糊了米塞斯对经济学的贡献"（p. 87）。在该章讨论的结束部分，沃恩认为米塞斯提出了时间与不确定性，"但他几乎没有谈到在一个不确定的世界里，预期如何形成……他的观点——我们唯一的选择存在于市场与混乱之间，人人都可以从交易竞争中获利——要想获得重视，米塞斯还需要更为深入探索围绕和促进了市场过程的种种制度"，因为他从来没有考虑过市场内在无序的可能原因（p. 100）。沃恩教授在此处还对奥地利学派与芝加哥学派进行了比较，她认为两者对实现均衡、偏好的特性与稳定性方面作出了不同的基本假设，只不过其政策结论有类似之处而已。通过阅读前四章对旧奥地利学派追述的这一部分，读者可以了解到这位"游离于奥地利学派的边缘"的开放学者的许多新颖的观点，让人耳目一新，至少让某些自认为是奥地利学派的学者或者深信米塞斯经济学的人为之一震!

从第五章进入的第二部分,作者开始讲奥地利经济学派在美国的发展,首先是简要介绍 20 世纪 70 年代奥地利经济学派复兴过程,也正是在这里才对罗斯巴德稍有提及。如上文所说,在对罗斯巴德的介绍中作者颇有微词,她认为罗斯巴德和米塞斯一样,"从时间与不确定性中得出的潜在含义并没包括市场过程中知识分化、错误的起因与结果等等问题。学习是快速和简单的,它被认为是相对稳定的状态"(p. 107)。科兹纳和拉赫曼才是这一时期奥地利学派经济学复兴的真正旗手。在哈耶克获得诺奖的同一年(1974 年),对于奥地利学派的复兴同样起到重要推动作用的另一件大事就是:在南罗约敦(South Royalton)召开了为期一周的首届奥地利学派经济学研讨会。作者详述了这次会议的开展情况(甚至米尔顿·弗里德曼也造访过该会议),并且仔细介绍了会议组织者埃德温·多兰(Edwin Dolan)编辑整理的会议论文集《现代奥地利学派经济学的基础》[1],该书收集了罗斯巴德、科兹纳和拉赫曼关于奥地利学派经济学的理论与方法、均衡与市场过程、资本与货币理论等文章。在第五章介绍奥地利学派复兴的历程时,沃恩甚至认为 70 年代后期主流经济学的宏观经济学微观基础的工作以及对货币扩张过程中相对价格效应的研究,似乎都表明了奥地利学派批评观点对新古典经济学的巨大影响(p. 117)。第六章论及了随后 20 年来不断成长的新奥地利学派经济学的进展状况,她提到几项正式的研究项目在三个不同的大学展开:一是米塞斯讲学的纽约大学,二是布坎南、科兹纳和拉赫曼所在的乔治·梅森大学,第三个就是罗斯巴德一手创办的米塞斯研究院所在地奥本大学,并且详细介绍了这些研究机构的相关研究成果和最新的研究方向(p. 127)。另外她指出,奥地利学派经济学家们还积极与其

---

[1]《现代奥地利学派经济学的基础》一书的中译本,与沃恩的《奥地利学派经济学在美国》中译本一样,同属于本次浙江大学出版社出版的"奥地利学派译丛"系列。

他对当代经济学持批评态度的学者为盟，例如新凯恩斯主义者、演化博弈论者以及制度学派者（p. 131）。[1]

当然，整个第二部分从第五章开始到最后的第八章，主要笔墨还是在评述科兹纳和拉赫曼的均衡与市场过程的观点。在第七章的"市场过程理论"的介绍中，沃恩认为科兹纳的企业家概念与米塞斯和熊彼特都不同，科兹纳的企业家角色是"对未来机敏"，所以他认为企业家对未来的预测更接近真实的未来，"他再一次反对了企业家无中生有的说法，而认为企业家的创造是通过发现那些早已存在的机会把真正的创新带入系统中"（p. 166）。但是，沃恩问道，何以保证企业家就是这种"协调者"的身份呢？如果仅仅是协调者，那么奥地利学派的市场过程理论就正好为新古典经济学框架提供了一个非决定论的行为元素的解释，本质上并没有重大分歧。而拉赫曼的观点就更合作者的胃口，拉赫曼坚持把市场理解为"一种特殊的过程，一个没有开始与结束的持续的过程，被均衡的力量和变化的力量相互推动着……一个更好的比喻是沙克尔所说的万花筒般的世界，而不是由均衡想像出来的机械方法"（p. 169）。沃恩明显倾向于拉赫曼"非决定论的未来"的观点，但同时也"感到他只见树木不见森林"（p. 179）。最终她认为，"人类生存条件既会削弱科兹纳精心的调和工作，让拉赫曼无法形成一个综合的理论，也同样会威胁新古典经济学的基础。也许正是对时间和无知的认识破坏了任何关于秩序自成的市场过程的理论"（p. 180）。

四、以"时间与无知的经济学"视角来看待奥地利学派

由此可见，沃恩对"时间与无知的经济学"这一主线的梳理，

---

[1] 沃恩这里的观点与韦森教授经常讲到的主流经济学的前沿问题的三个方向不谋而合。韦森教授认为，当代主流经济学模式化的困境可能要借鉴这么三个学派的观点，它们分别是演化博弈论、制度经济学派和奥地利经济学派。参见：韦森，"奥地利学派的方法论及其在当代经济科学中的意义及问题"，《学术月刊》，2005年第4期。

一方面可以让我们清楚地看到奥地利学派经济学与主流经济学分歧所在，同时也看到在学派创立者门格尔的思想里本身就包含着两者之间的某些含糊暧昧之处，以致关于市场秩序均衡与非均衡的争论延续至今；另一方面也凸显了新奥地利学派突破米塞斯理论或者说突破主流经济学范式的困难所在，很难为"奥地利学派何去何从"指明确切的方向。最终，在结尾一章的"奥地利学派何去何从"中，作者还是支持拉赫曼这一派的观点，即奥地利学派经济学的未来在于它必须对其经济理论的结构原则进行彻底的重建，否则，新的奥地利学派经济学家的思想将不可避免地逐渐消失得无影无踪，或者以一种奥地利学派经济学家会认为是不得要领的方式被吸收到新古典主义正统的经济学理论中去（p. 11）。

正是基于"时间与无知的经济学"这一独特的视角，沃恩教授在进行奥地利学派的思想回顾时，对其文献和代表人物的选取"颇有讲究"，而且论及的范围主要是关注他们对市场秩序均衡或非均衡的看法，看它们是否蕴涵着有助于重建"时间与无知的经济学"的观点。这样势必遗漏了很多奥地利学派的重要代表人物，譬如庞巴维克、维塞尔等，也忽视了奥地利学派除了"时间与无知的经济学"之外的很多重要洞见和观点。事实上，在沃恩教授于1994年出版此书后，米塞斯研究院有很多学者写过不同的书评来批驳沃恩的偏颇之处，甚至认为她偏向于拉赫曼激进主观主义的观点——"重建奥地利学派范式"的企图——实际上是走向了"虚无主义"。[1] 他们批评沃恩教授主要着力于门格尔、米塞斯、哈耶克三位，不仅忽视了庞巴维克和维塞尔的作品，而且对米塞斯和罗斯巴德的评论有失公允，指出作者仅仅把米塞斯和罗

---

[1] 笔者在 http：//mises. org 网站上查到三位学者写过书评：David Gordon (1995)、Robert B. Ekelund (1997) 和 Mark Thornton (1999)，无一不对沃恩的作品给予极力反对和批评。奥本大学的 Robert B. Ekelund 就写书评说到，"此书提供的解释是一种虚无主义的召唤，正如哈姆雷特在另一个文本中提到的，去了那个未知的国度，从没人返回"（参考网址：http：//mises. org/journals/rae/pdf/RAE10_2_9. pdf）。

斯巴德看做与新古典主义经济学类似的均衡理论家，实在让人无法理解。米塞斯研究院的学者们认为沃恩的评论不仅是武断和片面的，而且作者对除了时间与无知之外的重要经济学观点熟视无睹，此外他们还指出了沃恩教授许多评论的细微之处也存在误判。其实，作者和书评者都有各自的道理。从作者方面来说，她并不是要写一本囊括所有奥地利学派经济学观点的历史文献回顾，她也不是要讨好哪一位奥地利经济学派的重要人物，而是站在目前的角度，来看将来的奥地利学派的发展方向，这仅仅是作者选取的一个视角。她个人偏向于拉赫曼的激进的主观主义进路（彻底抛弃均衡模式），因此，她对材料选择的挑剔无可厚非。就奥本大学的书评者来说，他们身为米塞斯研究院的成员，作为米塞斯和罗斯巴德的忠实信徒，完全无法忍受作者对他们深信的导师的理论的"曲解和诋毁"，这是可以理解的。沃恩教授在书中把米塞斯研究院的这帮学者描绘成不愿走出米塞斯大厦的顽固派。也许作者对奥地利学派的总结和评论有诸多不妥之处，也许她提出的奥地利学派的范式有待商榷，但是我认为，她对"时间和无知的经济学"的梳理，的确给我们提供了一个观察奥地利学派经济学的独特视角。即使这一视角不够全面，但确实给我们提供了一条进路去窥看其全貌，不失为一种很好的尝试。